本系列图书由上海立信会计金融学院
学术出版专项资金资助

序伦财经文库

政府科技资助的激励效应研究

翟海燕 ⊙ 著

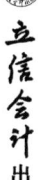

立信会计出版社

图书在版编目(CIP)数据

政府科技资助的激励效应研究/翟海燕著.—上海：立信会计出版社,2018.8
(序伦财经文库)
ISBN 978-7-5429-5825-9

Ⅰ.①政… Ⅱ.①翟… Ⅲ.①政府投资—影响—企业创新—研究—中国 Ⅳ.①F279.23

中国版本图书馆 CIP 数据核字(2018)第 193900 号

策划编辑　窦瀚修
责任编辑　方士华
封面设计　南房间

政府科技资助的激励效应研究

出版发行	立信会计出版社	
地　　址	上海市中山西路 2230 号　邮政编码　200235	
电　　话	(021)64411389　传　真　(021)64411325	
网　　址	www.lixinaph.com　电子邮箱　lxaph@sh163.net	
网上书店	www.shlx.net　电　话　(021)64411071	
经　　销	各地新华书店	
印　　刷	江苏凤凰数码印务有限公司	
开　　本	710 毫米×1 000 毫米　1/16	
印　　张	17.25　　插　页　1	
字　　数	212 千字	
版　　次	2018 年 8 月第 1 版	
印　　次	2018 年 8 月第 1 次	
书　　号	ISBN 978-7-5429-5825-9/F	
定　　价	50.00 元	

如有印订差错,请与本社联系调换

前　言

有关政府科技资助影响企业创新的研究并不是一个新主题,但长期以来倍受理论界关注(Zúñiga Vicente 等,2014)。然而现有研究仍存在许多问题:首先,研究结论不统一,存在政府资助对企业创新影响的互补观(Czarnitzki 等,2007;张东红等,2009;陆国庆等,2014)、替代观(Wallsten,2000;Catozzella 和 Vivarelli,2014;吕久琴、郁丹丹,2011)以及混合观(González 和 Pazó,2008;郭兵、罗守贵,2015),各持己见,莫衷一是;其次,样本代表性不足,围绕企业微观层面的本土研究大多采用上市公司或中国工业数据库的样本,但这只能代表已取得较好经营绩效或已达到一定规模的企业,无法反映我国企业的整体分布,其结论的说服力不强;最后,研究方法的严谨性有待提高,是否以及如何解决政府资助的内生性问题,这会影响估计结果的准确性。一些研究甚至没有正面应对该问题,存在高估偏误的嫌疑。处理政府资助内生性的传统方法有固定效应(FE)、差分法(DID)、工具变量(IV)以及 Heckman 样本选择模型,这些方法能在一定程度上减少政府选择偏差的影响,但都具有局限性。是否有更加严谨和科学的实证方法来进一步提高估计结果的可靠性?

当前,我国政府提出"提高自主创新能力,建立创新型国家"的战略方针,不断加大对企业创新的投入力度。2005—2014年《中国科技统计年鉴》的数据显示,十年间国家财政科技拨款年均增长率接近21%。在这样的现实背景下,学术界非常有必要以更加科学系统的分析框架、更加严谨的实证方法、更加有代表性的企业样本来完善对该问题的研究,从而得出更具说服力的结论,为政府提供更强的指导与借鉴。基于此,本书从上述这三个方面进行拓展,并得出具有较强突破性的研究发现。

首先,构建了更加系统的研究框架。本书基于企业异质性的视角,结合资源基础理论、委托代理理论和信号传递理论,围绕以下因果相连、逐层递进的三大研究问题展开分析:什么样的企业更容易获得政府科技资助?政府科技资助是否在整体上促进了企业的技术创新?什么样的企业能更好地利用政府科技资助进行创新?研究表明:第一,政府科技资助的动机满足竞争性假设。实际操作中,政府科技资助并非完全出于解决技术创新中的市场失灵问题,政府的补贴对象更多集中在那些有研发经验、规模较大、人力资本较高、年轻有活力、盈利能力较好、国有性质为主的企业,这基本体现了"扶优扶强"和"促进地方竞争"的原则和目的。对政府科技资助动机的研究,为放松公共产品理论的前提假定,寻求新的理论来解释和分析资助效应进行铺垫。第二,再次验证了政府科技资助对企业创新水平的影响具有积极的互补效应。本书采用D-K标准差估计法,同时借助倾向值匹配法(PSM)来处理政府资助的内生性问题,经多方验证和稳健分析,再次发现了政府资助的互补效应。第三,企业规模、所有制性质、管理层持股比例、发展时间以及研发基础都分别在政府科技资助与企业创新水平之间起着调节作用。本书发现了四种影响政府资助效果的调节机制：①企业规模和所有制性质具有联合调节效应。企业规模越大，政府资助发挥的杠杆效应越强；国有企业性质抑制了科技资助的激励程度；企业规模对资助效果的影响还依赖于企业性质，即国有性质会弱化企业规模的正向调节作用。②管理层持股比例有正向调节效应，即随着管理者持股比例的提高，政府资助的杠杆效应越强。③企业年龄有负向调节效应，即政府资助更有助于年轻有活力的企业提高创新水平。④企业研发基础有正向调节作用，即研发基础越强的企业，才能更有效地利用资助进行创新。

其次，采用更严谨、更科学的处理政府资助内生性问题的实证方法。本书借助处理政府资助内生性问题的更有效的方法——倾向值匹配法（Propensity Score Matching，PSM），得出更准确的估计结果。PSM法可以提高有资助和无资助企业在资助可能性方面的可比性，能同时从多个维度将实验组和控制组的企业样本进行匹配，达到"准实验"条件下的研究效果。结果发现，不论是否处理政府资助的内生性问题，政府科技资助与否和科技资助强度都分别对企业专利申请数和专利授予数有显著的促进作用，而且，若不处理政府资助的选择性偏差，会高估科技资助政策的作用效果。

最后，选择更具代表性的企业样本。本书以上海张江高科技园区2006—2009年2 211家企业共计5 693条观测值为研究样本。这是因为：第一，张江高科技园区是国家级高新技术园区，以软件、集成电路、生物医药、文化创意等高新技术及战略新兴产业为主导，企业的研发和创新活动非常活跃；第二，张江企业具有显著的多样性，既有大中型企业也有小微企业，既有国有企业也有非国有的民营和外资企业,既有成立不久的年轻企业也有相当成熟的企业,既有个别上市公司也有大量非上市公司,样本的多样性有利于本研究发现普适性规律;第三,地方政府向企业创新活动提供了多种形式的科技资助,覆盖范围广泛,数额庞大,便于考察政府科技资助的影响;第四,选择处于同一园区内的企业,可以在市场环境、基础设施、区域文化、行政效率等因素可比的前提下进行研究,减少外部环境的干扰,增强结论的说服力。

本文的理论贡献和创新之处主要有:

首先,对政府科技资助的动机展开更有针对性和系统性的研究。以往文献直接假定政府科技资助的目的在于解决技术创新中的市场失灵问题,但这种假定与实际情况并非完全相符:一方面,由于政府难以判断企业技术创新的前沿性和社会性收益,而难以选择那些社会收益高远于私人收益的创新项目;另一方面,政府官员往往要考虑发展经济、稳定就业、增加税收以及个人升迁等现实问题。个别研究已指出政府科技资助的动机并非出于市场失灵,还有些学者对更大范围的政府补贴的动机进行研究,但直接针对政府科技资助动机的研究相对较少,更多为了分析政府资助的内生性问题。本书基于以往研究,系统的梳理并提出了三种政府科技资助的动机:市场失灵假设、竞争性假设、生存性假设,并予以实证检验。

其次,从企业异质性的视角,围绕政府科技资助动机、科技资助的作用效果以及影响科技资助发挥作用的机制和条件,构建出更完整的政府资助与企业创新的分析框架。第一,本书发现企业规模和所有制性质在影响政府科技资助效果中具有联合调节效应,弥补已有研究分别单独从这两点进行分析的不足。政府科技资助对规模小的企业更好,还是对规模大的企业更好?学者们分别提出彼此相反的两种观点,因此有关企业规模的影响仍需深入地挖掘。本书不仅证明了企业规模在政府资助与企业创新之间发挥正向调节效应,而且又结合所有制性质,进一步分析了影响企业规模发挥作用的条件,发现国有性质的企业不仅不利于政府资助的互补效应,而且还会抑制企业规模的正向调节作用。相比国有企业,民营企业的代理成本更低,为了企业长远发展,其创新积极性更高,因此对于规模较大的企业,非国有性质企业的创新受政府资助的激励作用更强。这能更好地解释当前我国经济转型时期多种所有制和经济主体并存的情况下,政府科技资助激励企业创新的原因。第二,发现了更多影响政府科技资助发挥杠杆效应的企业异质性因素。研究表明,管理层持股比例越高,科技资助对企业创新的作用效果越好,这说明管理者持股不仅可以提高其支持企业创新的动力,还能督促他们提高对资助的利用效率;政府资助对年轻有活力的企业更有效,因为发展时间较短的企业,变革和创新的意愿更强,却面临巨大的资金缺口,因此更珍惜政府的科技资助,并充分发挥出创新潜力;研发基础越强的企业,政府科技资助的作用越好,这说明当企业研发人数的规模足以支持研发活动,并帮助其更好地实现创新收益时,政府科技资助才能发挥出更积极的效果。本书采用同一套数据,分别发现了上述调节机制,细化和丰富地揭示了影响政府资助发挥作用的复杂因素系统。

再次,研究设计更完善,样本在结构上的代表性更强,采用PSM法更好地处理了政府资助的内生问题。本书采用张江园区的企业样本,包含了大量的非上市企业,中小企业占比高达90%,其中小型企业和小微企业合计比重超过65%,而国有性质的企业仅为10%,企业经营水平良莠不齐。虽然张江园区在地域上有一定的特殊性,且企业数据是非公开性的,有较高的保密性要求,使用时效受到限制,但相比上市公司或中国工业数据库而言,本书的企业样本在整体结构上有更好的代表性。在实证研究方法上,采用PSM法后,实验组和控制组在研发人员规模、人力资本、营业收入、盈利能力、企业年龄、企业性质等方面的差异性降低,说明匹配效果理想,匹配后的估计结果更准确。通过计算政府科技资助平均处理效应ATT值,发现企业获得科技资助后,专利申请数平均增长0.611%,专利授予数平均增长0.323%。

最后,探讨地方政府优化财政科技资助政策的策略。根据科技创新的基本规律,从要素聚集类、功能提升类和环境营造类三个角度,分析和对比了发达国家及地区的财政科技资助政策的基本特点与成功经验,并结合实证研究结论,提出了财政科创政策的三维支撑体系和五大科技政策的设计原则,从明确科技投入的定位、优化科技投入的结构、合理选择资助对象、创新科技资助的投入方式、健全科技资助的监管机制以及完善科技政策的配套措施这些方面,探索建立地方政府科技创新财政政策体系。

面对当前我国企业自主创新能力仍然不足、政府科技投入成效整体依然有限的现状,本书对完善科技资助政策的制定、优化财政资源的配置、加强政府资助绩效评价都具有较强的指导和借鉴意义。

翟海燕
2018年8月

目 录

前言

1 绪论 ………………………………………………………… 1
  1.1 研究背景与问题 ………………………………………… 1
    1.1.1 实践背景 ………………………………………… 1
    1.1.2 理论背景 ………………………………………… 5
    1.1.3 概念界定 ………………………………………… 7
    1.1.4 研究问题 ………………………………………… 13
  1.2 研究目的和意义 ………………………………………… 15
    1.2.1 研究目的 ………………………………………… 15
    1.2.2 研究意义 ………………………………………… 16
  1.3 研究思路与方法 ………………………………………… 18
    1.3.1 研究思路 ………………………………………… 18
    1.3.2 研究方法 ………………………………………… 22
  1.4 研究内容与框架 ………………………………………… 22
    1.4.1 研究内容 ………………………………………… 22
    1.4.2 研究框架 ………………………………………… 25

2 文献综述与理论基础 …………………………………………… 27
  2.1 国内外研究现状 ………………………………………… 28
    2.1.1 政府资助的外生性与内生性假设 ……………… 28
    2.1.2 政府资助的互补与替代效应 …………………… 29

2.1.3 政府直接资助与税收优惠 …………………………………… 34
2.1.4 外部环境差异性的影响 …………………………………… 35
2.1.5 企业异质性的影响 ………………………………………… 39
2.2 有关研究评述 …………………………………………………… 54
2.2.1 以往研究的主要特点 ……………………………………… 54
2.2.2 以往研究的不足与未来展望 ……………………………… 55
2.3 理论基础 ………………………………………………………… 62
2.3.1 企业技术创新理论 ………………………………………… 63
2.3.2 委托代理理论 ……………………………………………… 65
2.3.3 企业异质性假设与资源基础理论 ………………………… 70
2.3.4 信号理论 …………………………………………………… 77

3 研究假设 …………………………………………………………… 82
3.1 政府科技资助的分配与决策 …………………………………… 82
3.1.1 企业参与科技资助的可能性 ……………………………… 82
3.1.2 政府科技资助动机假设 …………………………………… 85
3.2 政府科技资助对企业创新的直接效应 ………………………… 89
3.2.1 政府科技资助对企业创新的互补性假设 ………………… 89
3.2.2 政府科技资助对企业创新的替代性假设 ………………… 91
3.3 影响政府科技资助效果的企业异质性因素 …………………… 92
3.3.1 企业规模和所有制的联合调节机制 ……………………… 92
3.3.2 管理层持股的调节机制 …………………………………… 99
3.3.3 企业年龄的调节机制 ……………………………………… 102
3.3.4 研发基础的调节机制 ……………………………………… 104

4 研究设计 …………………………………………………………… 106
4.1 数据与样本 ……………………………………………………… 106
4.1.1 张江园区及其科技资助政策 ……………………………… 106
4.1.2 数据来源 …………………………………………………… 108

  4.1.3 样本分析 …………………………………………… 115
 4.2 变量介绍 ………………………………………………… 119
  4.2.1 变量选择 …………………………………………… 119
  4.2.2 变量描述 …………………………………………… 124
 4.3 研究模型 ………………………………………………… 127
  4.3.1 影响政府科技资助决策的动机模型 ……………… 127
  4.3.2 政府科技资助影响企业创新的直接效应模型 …… 128
  4.3.3 企业异质性因素影响政府资助效果的调节机制模型
    ………………………………………………………… 131

5 实证检验与结果分析 ………………………………………… 133
 5.1 影响政府科技资助决策的动机估计 …………………… 133
  5.1.1 影响政府科技资助可能性的估计 ………………… 133
  5.1.2 影响政府科技资助强度的估计 …………………… 138
 5.2 政府科技资助对企业创新的影响估计 ………………… 141
  5.2.1 不考虑资助内生性时的估计 ……………………… 141
  5.2.2 倾向值匹配法（PSM）估计 ……………………… 143
 5.3 企业异质性因素的调节效应估计 ……………………… 150
  5.3.1 企业性质和规模的联合调节效应 ………………… 150
  5.3.2 管理层持股的调节效应 …………………………… 157
  5.3.3 企业年龄的调节效应 ……………………………… 162
  5.3.4 研发基础的调节效应 ……………………………… 172
 5.4 本章总结 ………………………………………………… 173

6 国内外财政科技政策的经验比较 …………………………… 179
 6.1 国内财政科技政策的经验对比 ………………………… 179
  6.1.1 要素聚集类政策 …………………………………… 180
  6.1.2 功能提升类政策 …………………………………… 184
  6.1.3 环境营造类政策 …………………………………… 190

6.2 国外财政科技政策的经验对比 …………………………… 193
　　6.2.1 集聚项目、人才与金融等要素资源 ………………… 193
　　6.2.2 为企业开拓合作、服务、融资、国际化渠道 ……… 202
　　6.2.3 营造良好的科技公共服务、教育培训、文化氛围 …… 207

7 财政科技政策的对策研究 …………………………………… 213
7.1 明确财政科技资助政策的基本思路 ……………………… 213
　　7.1.1 建立财政科技资助的财政生态 ……………………… 213
　　7.1.2 形成科技资助政策支撑体系 ………………………… 214
7.2 确立财政科技政策的设计原则与管理机制 ……………… 216
　　7.2.1 财政科技政策的基本原则 …………………………… 216
　　7.2.2 优化财政科技投入的决策与管理机制 ……………… 217
　　7.2.3 完善财政科技投入的配套措施 ……………………… 223

8 总结与讨论 …………………………………………………… 228
8.1 研究结论 …………………………………………………… 228
8.2 理论贡献与创新 …………………………………………… 230
8.3 研究局限与展望 …………………………………………… 234

参考文献 ………………………………………………………… 237

后　记 …………………………………………………………… 256

图 目 录

图 1.1　1994—2013年国家财政科技拨款走势图 …………………… 2

图 1.2　2009年和2013年我国主要地区R&D经费内部支出来源 …………………………………………………………………… 3

图 1.3　2006—2013年国内外专利有效数与重大科技成果走势图 …………………………………………………………………… 4

图 1.4　研究技术路线图 …………………………………………… 21

图 1.5　政府科技资助动机、效果与影响机制研究模型 …………… 24

图 3.1　企业规模和性质的联合交互作用模型 …………………… 99

图 5.1　样本中各行业企业获得政府科技资助的比率 …………… 144

图 5.2　倾向得分概率值分布图(a匹配前与b匹配后) ……… 146

图 5.3　政府科技资助与企业创新水平:企业规模的调节 ……… 156

图 5.4　政府科技资助与企业创新水平:所有制的调节 ………… 156

图 5.5a　政府对非国有企业的科技资助:企业规模的调节 ……… 156

图 5.5b　政府对国有企业的科技资助:企业规模的调节 ………… 156

图 5.6　政府科技资助与企业创新水平:管理层持股比例的调节 …………………………………………………………………… 162

图 5.7　政府科技资助与企业创新水平:企业年龄的调节 ……… 163

图 5.8　政府科技资助与企业创新水平:研发基础的调节 ……… 172

图 7.1　财政科创政策的支撑体系 ………………………………… 214

表　目　录

表 1.1　1994—2013 年国家财政科技拨款金额 ………………… 3
表 1.2　政府对企业的科技投入方式 …………………………… 8
表 1.3　技术创新的不确定性 …………………………………… 12
表 1.4　研究方法 ………………………………………………… 22
表 2.1　政府科技资助对企业技术创新的影响：微观层面的研究
　　　………………………………………………………… 42
表 3.1　政府科技资助的动机假设 ……………………………… 89
表 4.1　张江园区财政科技补贴类型与范围 …………………… 108
表 4.2　"十一五"期间张江园区财政科技资助专项细则列示 …… 109
表 4.3　全样本企业行业分布 …………………………………… 115
表 4.4　全样本企业性质和规模分布 …………………………… 116
表 4.5　年度科技资助企业数、占比及资助规模 ………………… 117
表 4.6　企业研发与政府资助情况 ……………………………… 118
表 4.7　企业获资助年度累计数 ………………………………… 118
表 4.8　受资助企业的行业分布 ………………………………… 118
表 4.9　受资助企业的性质与规模分布 ………………………… 118
表 4.10　变量一览表 …………………………………………… 123
表 4.11　变量描述性统计 ……………………………………… 125
表 4.12　变量相关系数表 ……………………………………… 126
表 5.1　政府科技资助可能性的假设估计（Probit 模型）……… 134
表 5.2　政府科技资助可能性的假设估计（Logit 模型）………… 137
表 5.3　影响政府科技资助力度的假设估计 …………………… 139
表 5.4　政府科技资助对企业创新水平的影响（匹配前）……… 142

表 5.5　受资助企业与未受资助企业的特征对比(匹配前) ……… 144
表 5.6　计算获得政府资助倾向值包含的影响因素(Probit 估计) … 145
表 5.7　受资助企业与未受资助企业的特征对比(匹配后) ……… 147
表 5.8　基于邻近匹配法的政府科技资助处理效应 ATT 值 …… 148
表 5.9　政府科技资助强度对企业创新水平的影响(匹配后) …… 149
表 5.10　企业规模和所有制的联合调节效应估计(匹配前) …… 151
表 5.11　企业规模和所有制的联合调节效应估计(匹配后) …… 154
表 5.12　管理者持股的调节效应估计(匹配前) ……………… 158
表 5.13　管理者持股的调节效应估计(匹配后) ……………… 160
表 5.14　企业年龄的调节效应估计(匹配前) ………………… 164
表 5.15　企业年龄的调节效应估计(匹配后) ………………… 166
表 5.16　企业研发基础的调节效应估计(匹配前) …………… 168
表 5.17　企业研发基础的调节效应估计(匹配后) …………… 170
表 5.18　企业异质性因素调节效应的全变量模型回归(匹配后)
　　　　 ……………………………………………………… 175
表 5.19　假设与检验结果列表 ………………………………… 177
表 6.1　国内科技人才类政策梳理与对比 ……………………… 180
表 6.2　国内重大科创类政策的基本特点 ……………………… 183
表 6.3　科技金融政策对比 ……………………………………… 184
表 6.4　国内产学研合作政策对比分析 ………………………… 186
表 6.5　国内改制上市与并购制度政策对比 …………………… 186
表 6.6　国内科技金融政策对比 ………………………………… 188
表 6.7　国内产业定位对比 ……………………………………… 191
表 6.8　国内专利资助政策对比 ………………………………… 192
表 6.9　国内企业信用政策对比 ………………………………… 193
表 6.10　要素聚集类财政科技政策的国际对比 ……………… 200
表 6.11　功能提升类财政科技政策的国际对比 ……………… 206
表 6.12　环境营造类财政科技政策的国际对比 ……………… 211
表 7.1　财政科创政策横向结构体系 …………………………… 214

1 绪 论

1.1 研究背景与问题

1.1.1 实践背景

众所周知,技术创新对企业竞争力的提升和国家经济的增长具有重要作用。但是公共产品理论认为,企业技术创新的投入程度会低于社会最优水平,这是由于技术创新的成果具有公共产品的特点,其非竞争性和非排他性的属性导致了技术供给的"市场失灵",该问题的出现为政府通过税收或补贴来支持私人的研发活动提供了合理解释。

为激励企业成为技术创新的主体,各国政府纷纷对其技术创新活动予以资助和扶持,以充分发挥"看得见的手"的调节作用。例如,为了推动软件产业的发展,美国政府在20世纪60年代对该产业的资助超过了整个产业研发资金的50%(Bao等,1983)。此外,日本的大规模集成电路行业、韩国的信息技术业、印度的制药业以及中国台湾电子产业的崛起都曾受益于政府大量的资金扶持(王俊,2010)。政府资助的确起到了降低企业创新成本,提高企业创新动力的效果,并且还具有支持某产业发展和增强企业合法性的信号传递功能,带动更多社会资源投入企业创新,产生更强的放大效应。特别是对发展中国家而言,创新资助和出口退税能鼓励企业创新和加大社会福利(陈林、朱卫平,2008)。技术追赶型国家更是将政府资助作为调动企业技术创新的主要政策工具(郭兵、罗守贵,2015)。

我国政府已明确将增强自主创新作为科技发展的战略基点和调整产业结构、转变经济增长方式的中心环节。自国务院颁布《国家中长期科学和技术发展规划纲要(2006—2020年)》以来,中央和地方各级政府不断加大对技术创新的投入力度,根据1995—2014年《中国科技统计年鉴》的数据(见图1.1、表1.1),20年间国家财政科技拨款年均增长率约15.2%,自2004年以后的10年增速更是高达20.8%。国家财政科技拨款的快速增长为企业的技术创新注入了活力,政府科技投入初见成效。对比2009年与2013年的研究与试验发展(R&D)经费资金来源构成可知(见图1.2),企业R&D活动主体地位已经确立,多数地区的R&D内部支出的经费主要来自企业自身。除了北京市政府资金比例超过50%,高出企业而成为R&D经费的第一来源以外,就全国和其他主要经济发达省市来看,如浙江、江苏、上海、天津等,来自企业的R&D经费达到R&D经费总额的2/3以上,可见,在政府资金发挥重要作用的同时,企业投入已经处于主导地位。值得注意的是,比较这一时期的R&D经费资金来源,北京的企业创新对政府资金具有高度依赖性。

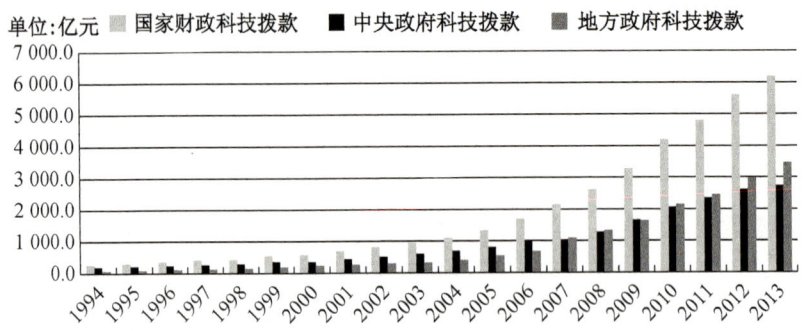

数据来源:1995—2014年的《中国科技统计年鉴》。

图1.1 1994—2013年国家财政科技拨款走势图

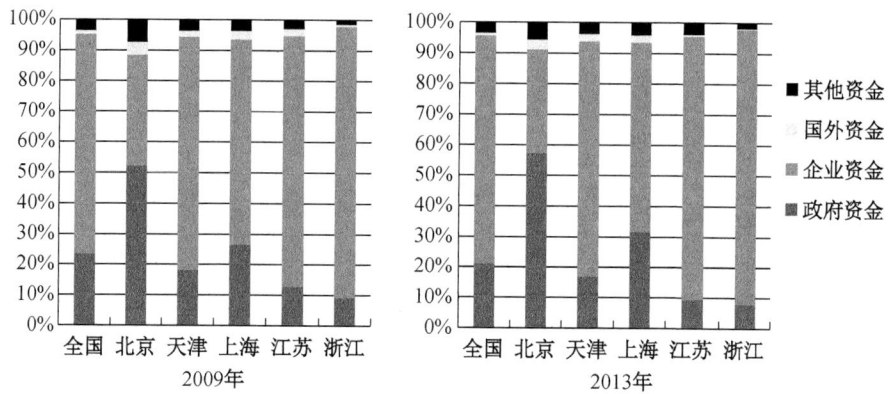

数据来源:《中国科技统计年鉴(2010)》《中国科技统计年鉴(2014)》。

图1.2 2009年和2013年我国主要地区R&D经费内部支出来源

表1.1 1994—2013年国家财政科技拨款金额　　单位:亿元

年份	国家财政科技拨款	中央政府科技拨款	地方政府科技拨款
1994	268.3	199	69.3
1995	302.4	215.6	86.8
1996	348.6	242.8	105.8
1997	408.9	273.9	134.0
1998	438.6	289.7	148.9
1999	543.9	355.6	188.3
2000	575.6	349.6	226.0
2001	703.3	444.3	258.9
2002	816.2	511.2	305.0
2003	944.6	609.9	335.6
2004	1 095.3	692.4	402.9
2005	1 334.9	807.8	527.1
2006	1 688.5	1 009.7	678.8
2007	2 135.7	1 044.1	1 091.6
2008	2 611.0	1 287.2	1 323.8

(续表)

年份	国家财政科技拨款	中央政府科技拨款	地方政府科技拨款
2009	3 276.8	1 653.3	1 623.5
2010	4 196.7	2 052.5	2 144.2
2011	4 797.0	2 343.3	2 453.7
2012	5 600.1	2 613.6	2 986.5
2013	6 184.9	2 728.5	3 456.4

数据来源：1995—2014年的《中国科技统计年鉴》。

然而相对巨大的国家财政投入，企业的创新水平却增长缓慢，自主创新能力还有待提高（温军、冯根福，2012），具有重大突破性的研发活动并不活跃。根据图1.3所示，虽然各类国内外有效专利数逐年上升，但最具突破性的发明专利的比重仍徘徊不前。相比专利数量，重大科技成果增长缓慢。目前，我国正处在经济转型时期，政府资助仍然是企业技术创新活动的重要经费来源，也是未来一段时间推动企业自主创新的重要政策工具之一（杨洋等，2015）。但这种国家大规模投入与企业创新水平不对称的现状，值得理论界和政策界的反思。

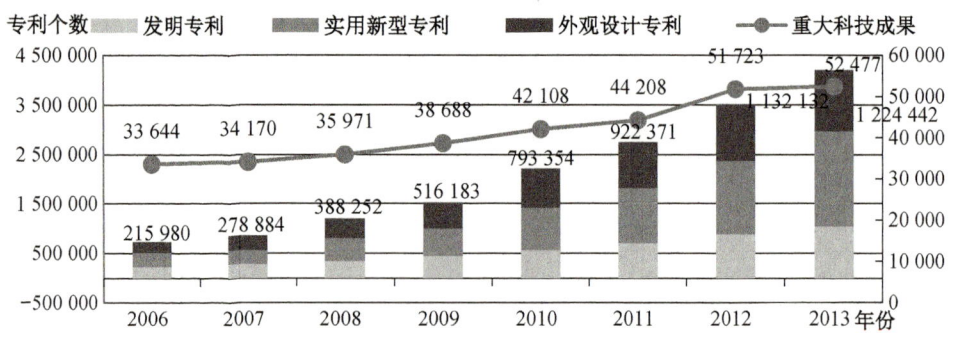

注：数据来源2007—2014年的中国科技统计年鉴；各项专利为国内外有效专利数，单位为件；重大科技成果单位为项。

图1.3 2006—2013年国内外专利有效数与重大科技成果走势图

在政府科技投入的政策实施中，存在着许多不利因素，例如补贴制度不健全、信息披露机制不完善、资金监管不到位、评审机制不合理、问责机制有缺失以及政府官员寻租与腐败，这些会导致资助前的逆向选择和资助后的道德风险问题,从而使政府资助效果大打折扣。近年来,有关企业骗取政府资助的丑闻不断曝光,如根据《北京商报》报道,为了扶持光伏产业的发展,自2009年国家推行"金太阳示范工程"补贴政策,至2013年,国家补助资金高达200多亿元,但相关部门的审计结果显示,8个金太阳工程项目违规使用资金高达2亿元,该政策受到外界"骗补贴、拖工期、以次充好"的质疑。无独有偶,2013年6月国家审计署发布公告,长虹、格兰仕等8家家电企业采用"做假账"虚构销量等手段,骗取国家节能补贴9 061万元。这些事件的曝光更引起人们对国家科技补贴"是与非、对与错"的反思。

在当前我国由中央计划经济向混合市场经济转型的背景下,有关政府科技资助的配置方式和作用效果的研究具有非常重要的现实意义(Boeing,2015)。

1.1.2 理论背景

学术界关于政府科技资助与企业技术创新关系的研究层出不穷,研究结论主要分为三类:第一类,互补效应(即杠杆效应),基于公共产品理论,政府科技资助能干预"市场失灵"问题,作为一种低成本的创新资金来源,能提高企业创新收益、激发企业创新热情,对企业创新投入和创新产出具有积极作用(陆国庆等,2014;Czarnitzki等,2007;Lach,2002;Lee和Hwang,2003;Link,1982;Wallsten,2000;张东红等,2009);第二类,替代效应(即挤出效应),由于研发资源的稀缺,政府资助通过直接提高研发人员的工资从而增加了企业的创新成本,最终间接降低了企业实际的创新投入和创新水平,或者政府资助直接替代了企业自身的研发投入(Guellec和van Pottelsberghe De La Potterie,2000;Carmichael,1981);第三类,混合效应,政府资助作用的发挥受到许多因素的影响,不是简单的互补效应或替代效应。Becker和Hall(2003)关注行业差异,发现政府资助只对低技术产业的研发投入有促进作用,而对高技术产业无影响;Clausen(2009)将企业的创新活动分为接近市场和远离市场两种,认为对"远离市场"的创新活动进行补贴能够促进R&D的私人投资,而对"接近市场"的补贴会出现替代效应;Lach(2002)认为资助效果因企业规模而异,发现资助对大企业样本没有显著影响,却激励了小企业的创新投入,某种程度上意味着小企业在缺少资助时不会加大创新力度,而大企业的创新活动即使在没有资助时也依然能进行。

近年来国内学者开展了很多基于中国情境的相关研究:秦雪征等(2012)研究了国家科技计划对中小企业的影响,采用倾向值匹配法(PSM)较好处理了政府资助的内生性问题,发现政府资助能显著提高企业产品创新和方法创新的概率;李玲、陶厚永(2013)从企业股份性质的视角,借助上市公司数据,发现对国有企业而言,政府资助没有产生互补效应,发挥着"纵容之手"的消极作用,但却极大地激发了民营企业的创新绩效;杨洋等(2015)研究了所有制和要素市场扭曲的联合调解效应,采用来自中国工业企业数据库的企业样本,发现政府资助整体上对企业创新绩效具有促进作用,但相比国有企业,资助对民营企业的作用更大,并且在要素市场扭曲程度低的地区,资助的促进作用进一步放大。

上述的研究内容和结论具有极强的说服力和启示意义,但综观国内外的文献,仍然存在进一步研究的空间。

第一,从理论分析上,虽然公共产品理论早已充分论证了政府科技资助的合理性,即资助目的在于解决因创新的外部性和市场的不完备而导致的私人创新供给不足的问题,只有大力支持那些社会收益远高于私人收益的创新活动时,才能发挥出政策的实施效果。但现实中,政府资助的动机并非完全出于解决"市场失灵"的目的,由于技术创新的复杂性、信息的不对称性,使政府官员或专家代表难以正确判断创新项目的技术前沿性和社会收益性,为避免项目失败,往往会选择那些经济收益潜力大的项目,与此同时,也会不可避免地出于稳定社会、促进就业和政治晋升的意图,而这样的资助动机与之前的理论分析存在一定差异,因此需要进一步客观地研究政府科技资助的动机是什么?以及在这样的动机下,到底对企业创新产生什么样的作用?

第二,从假设前提下,已有研究大多基于公共产品理论和新古典经济学的研究范式,将企业视为同质的、追求利润最大化的"黑箱"。但现实中,企业规模不同、所有制性质不同、发展时间不同,拥有的创新基础、创新资源、创新动力和创新决策机制也不同。企业的各种异质性因素不仅会影响政府资助的分配决策,还会影响政府资助的效果,而以往的理论分析不足以充分解释上述差异从中所发挥的作用。

第三,从研究背景上,多数研究对象以发达国家为主,而对发展中国家的企业研究相对不足。两类国家的经济发展处于不同的阶段,即使有着相同的科技资助规模,其发挥的作用也会受市场化程度、企业规模、技术水平、人力资源、社会文化等方面的影响,由此得出的结论对发展中国家的现实指导意义有限,因此应加强对发展中国家的特殊环境和背景下的探索。

第四,从研究方法和数据选取上,国内的相关研究多围绕行业和宏观层面分析政府投入的效果(肖丁丁等,2013),而对企业微观个体的考察近3年才开始逐渐增多;应用博弈论方法的较多,而实证研究的比重有待提高;样本来自上市公司、中国工业数据库的较多,而非上市企业或者规模有限的中小企业缺乏;处理政府资助内生性问题多用工具变量法、Heckman样本选择模型、DID(Difference-in-difference)方法等,而不能较好地将被资助的企业和没被资助但实力相当的企业进行对比。这些研究方法上的不足,都无法更加准确地估计出政府科技资助的政策效应。

1.1.3 概念界定

1.1.3.1 政府科技投入与政府科技资助

政府科技资助属于科技投入的范畴。一般来说,政府科技投入是指政府通过国家政策、财政、行政管理、国际贸易、法律等方式对社会科技创新资源进行投入和配置的行为和过程。整体而言,政府的科技投入主要流向企业、科研院所、高校和其他组织机构(程华等,2008)。企业是科技创新的主体,企业的技术创新是促进国家或地区经济增长、提升竞争力的重要条件。政府对企业的科技投入方式主要有两种(见表

1.2):直接投入和间接投入(秦雪征等,2012;吴晓园、钟俊娟,2010)。

表 1.2　政府对企业的科技投入方式

直接资助	间接资助
政府拨款	税收减让
无偿性预付款	税收抵扣
利率补贴	特别税率减免
贷款贴息	延期纳税
贷款、贷款担保	加速折旧
参股	设备免税购置
专项科技计划	

政府的直接科技资助主要由政府预算来安排科研经费的支出。经济合作与发展组织(OECD)在《为调查研究与发展活动所推荐的标准规范》(即《费拉斯卡蒂手册》,Frascati Manual,2000)中指出,直接资助包括政府采购和政府对企业的研发补贴两种形式。一般而言,直接资助的具体方式有政府采购合同、拨款、无偿性预付款、利率补贴、贷款、贷款担保和参股。在我国,政府一般通过直接拨款、贴息和资本金投入等方式来扶持企业的技术创新活动。另外,各国积极出台了多种激励企业技术创新的专项计划,旨在为满足条件的各类企业的科技活动提供直接的资金扶持,如美国的小企业创新研究计划(SBIR)、先进技术计划(ATP)和制造推广合作伙伴计划(EMP);英国的小企业研究与技术成就奖计划(SMART)、产品开发研究支持计划(SPUR);中国的国家科技计划以及鼓励中小企业创新的各种政策引导类计划,如星火计划、火炬计划等。

政府的间接资助主要通过税收优惠政策,使企业享受一定程度上的税收减免或抵扣,将本应上缴财政的部分资金留存给企业,如税收减让、税收抵扣、特别税率减免、延期纳税、加速折旧、设备免税购置等。

本书关注政府直接科技资助(简称政府科技资助)对企业技术创新的影响,这是因为:第一,税收优惠与直接资助的根本区别在于,前者往往具有普惠性,如规定高科技行业统一享受某个优惠的纳税比率,这种方式下企业拥有选择创新项目的主导权,而与之不同的是,政府科技资助在出台相关政策后,先让企业提交项目申请,然后由政府筛选项目和审核批准,这体现出更强的政府意愿,而政府能否有效干预技术创新中市场失灵问题的关键在于能否对申报项目进行有效的筛选(Boeing,2015),因此,关注政府科技资助的研究能更好地发现和解释政府在调动私人创新中"有形的手"的作用。第二,政府科技资助是扶持企业创新的重要手段之一,直接资助的手段形式多样,金额庞大,受众广泛。如何更有效的配置科技资助,合理地评价资助效果,是政策制定者们高度关注的问题。第三,对创新活动给予直接补贴是众多政府激励手段中最好的一项政策(Romer,1990),直接表明了国家对创新活动的引导方向和规划举措,在创新过程能发挥出强烈的信号传递作用(Lerner,2000),从而调动企业创新热情,帮助企业吸引外部融资,对全社会的创新能量产生放大效应。第四,由于我国地方政府利用税收制度的弹性非常有限,权限大多由中央政府严格掌控,因此与税收优惠这种间接资助方式不同,地方政府可以在配合中央科技政策的前提下,因地制宜地出台多种直接补贴办法和措施,自主操作空间较大。

1.1.3.2 技术创新及特征

奥地利经济学家 Schumpeter(1912)在《经济发展理论》一书中提出了创新概念(innovation),他从工业生产的角度,认为创新是"建立一种新的生产函数",就是在生产体系中将各种生产要素重新组合。Schumpeter 所指的创新不仅包括技术创新,也包括市场、组织和管理创新,这些活动都可以提高资源配置的效率。2004 年美国国家竞争力委员会在发布的《创新美国》计划中给出了官方的定义:创新是把感悟和技术转化为能够创造新的市值、驱动经济增长和提高生活标准的新产品、新方法、新过程和新服务。

1. 基本概念

有关技术创新的研究仍然是目前学术界关注的热点,学者们从不同的角度对技术创新的概念进行解释,其概念可大体分为宏观和微观两个层面:

(1) 微观层面。技术创新的著名学者 Freeman(1982)认为创新就是应用新知识,来制造产品或提供服务。Betz 和 Fitzgerald(1993)指出发明新技术或用此新技术来制造新产品、引入新工艺、提供新服务、进入新市场的过程就是创新。OECD给出的定义是：技术创新是通过对技术发明的开发、生产和销售而获得商业上的成功。1999年我国政府在《关于加强技术创新、发展高科技、实现产业化的决定》中明确了技术创新的含义：企业应用创新的知识和新技术、新工艺，采用新的生产方式和经营管理模式，提高产品质量、开发生产新产品，提供新服务，占据市场并实现市场价值。

（2）宏观层面。任何研发成果，只有通过微观层面的技术创新，才能转化为现实生产力，通过创新扩散，才能提高宏观的技术水平。日本技术专家森谷正规认为，技术创新是应用新技术来开辟新市场、刺激国家和地区的经济发展，形成推动社会和生活方式变革的新的经济实力。毋庸置疑，宏观视角下的技术创新是影响国家的经济实力和综合国力的重要因素。

本书围绕微观范畴的技术创新概念展开分析，因此仅关注技术创新直接产出的有关研究。总的来说，微观层面的技术创新是企业围绕新产品的制造、新工艺过程或设备的首次商业化应用有关的技术的、设计的、制造的商业性活动，以实现超额利润和赢得竞争优势的过程。技术创新包括创新投入和创新产出两个方面，前者主要体现在企业的R&D投入、研发强度、研发人员规模。而创新产出有直接产出和间接产出，直接产出表现为专利申请数量、专利授予数量、产品开发、工艺改进；间接产出包括成本的降低、生产效率的提高、企业销售收入的增加、人员规模以及创新融资能力等。

2. 技术创新的特点

（1）公共产品属性。公共产品与私人产品的不同之处在于产品效用的不可分割性、收益的非排他性、消费的非竞争性。其中，效用的不可分割性表示社会成员都能同等地享用产品的效用；收益的非排他性指集体共同地消费该产品，个人无法或者难以独享；消费的非竞争性则是指公共产品一旦开始提供，任何个人对其消费将不会影响其他消费者的利益或整个社会的利益。

经济学家萨缪尔森(Paul A. Samuelson)用公式来区别纯粹私人产品和纯粹公共产品。私人产品表示为:$M = \sum_{i=1}^{n} M_i$(公式1.1),即商品总量(M)等于每个消费者的消费量(M_i)的总和,表明私人产品可以在不同的消费者之间进行分割。而公共产品的公式为:$M = M_i$(公式1.2),意味着商品总量(M)是任一消费者可支配的公共产品数量(M_i),即产品在消费者之间不可分割。

尼尔森(Nelson)和阿罗(Arrow)的技术创新研究以及后来的大量研究表明,创新研发具有公共产品属性。阿罗(Arrow,1962)指出研发活动能生产技术知识或信息,而信息具有公共产品属性,信息产出者难以完全占有产品收益。故私人机构将会减少创新投入。创新知识一旦被创造,任何个体都能免费享用,普遍存在"搭便车"行为,创新者难以凭借创新获得全部回报,创新积极性备受打击(Nelson,1966)。但同时,创新知识也并非纯粹的公共物品(赵建强,2009),因为若对研发成果,例如论文、发明专利、技术管理模式等,设定一定形式的保护,则可增强产品的排他性,并提高独占性收益。

(2) 外部效应。外部效应即溢出效应,是个体的生产或消费行为对其他个体产生了无需补偿的收益或造成了不可补偿的成本(J. M. Buchanan)。设U^A表示个体A的效用,若$U^A = U^A(X_1, X_2, \cdots, X_n; Y_1)$,其中$X_1, X_2, \cdots, X_n$表示个体$A$控制的活动,$Y_1$为个体$B$所控制的活动,可以说个体$B$对个体$A$存在外部影响。在现实生活中,当个体生产或消费的产品时,若使得其他社会成员获得收益,存在正向外部效应;若使得其他社会成员遭受损失,则存在负向外部效应。

技术创新具有外部性,即企业研发行为将导致自身收益低于社会收益,即溢出效应,从而降低了企业的投入的意愿,引发创新资源配置不良的问题(Arrow,1962;M. Smith,1984)。针对创新外溢性的特点,企业常采取模仿战略以使得私人收益扩大,在没有相关知识保护措施下,知识溢出效应将导致"搭便车"行为,企业的模仿战略正是出于对知识溢出效应采取的行动(Schlie,1982;Mansfield,1984),从而不利于企业的自主创新。为防止市场失灵,相关知识产权保护和研发支持显得尤为重要。

(3) 创新的不确定性。不确定性是指个体在行动前不能准确预知某种决策的结果,当决策行为会带来多种可能结果时,就存在不确定性。不确定性的产生是由于个体无法或者难以完全掌握所有的相关信息,对后果不能做出明确的判断,个体可以基于事物的不确定性的特征和可能的后果,相应估算出决策风险。

技术创新的整个过程具有明显的不确定性。根据阿罗的观点,技术创新的不确定性存在于技术、市场和商业等多方面,贯穿于整个创新研发过程,随着技术创新难度的增大,不确定性增高。李正凤(1999)也提出创新活动面对的是一个不确定性的世界,不确定性的存在既是创新存在的根据,也是创新行为发生的阻碍。

技术创新的不确定包含多个方面。由于创新研发是技术、企业、市场、环境等多种不确定因素的集合,因此创新的不确定性包含技术不确定性、企业不确定性、市场不确定性、环境不确定性这四个方面(见表1.3)。技术不确定性涉及技术研发项目的难度与复杂程度、创新者自身实力和能力、技术工艺瓶颈、技术合作等因素的不确定性;企业不确定性指创新活动需投入人力、物力、资金、土地、空间等财务资源的不确定性,收益不确定性;市场不确定性包括市场需求前景、研发期内市场变化、竞争性企业研发状况、合作方等多个不确定性;环境不确定性是对社会经济发展影响的不确定性、外部宏观政策环境的不确定性、公众偏好的不确定性等。

表1.3 技术创新的不确定性

技术创新不确定性	不确定性体现
技术不确定性	项目难度和复杂度、技术工艺瓶颈、创新者能力限制
企业不确定性	财务风险、生产管理风险、收益风险
市场不确定性	市场变动、市场需求前景、行业内竞争和合作
环境不确定性	公众偏好改变、政策环境变动、社会经济发展趋势

(4) 创新的高风险。首先,技术创新存在投机风险。纯粹风险是某种行为只会对经济主体产生损失但不会取得获利机会,而投机风险则存在盈利、损失和不盈不亏三种可能后果。技术创新的结果也有三种:可能有创新成果,实现预期目标,获得利益;可能创新失败,无法实现预期目标,损失了前期的研发投入;也可能未能达到完全成功的目标,但可以实现投入和盈利基本持平。其次,技术创新的风险具有复杂动态性。技术创新的整个过程会受到企业内外部各因素变化的影响,宏观环境的变动包括社会经济、政策制定和实施、市场波动等方面,微观因素涉及研发阶段、人员调整、市场推广等,均会对创新造成不同程度的影响,并导致风险发生,这会严重影响企业独自开展创新活动的积极性。故企业会偏好那些自身可以承受的、投资量较少、持续时间较短的项目,而很少涉足或根本不参与那些投资量大、持续时间长、多学科多单位共同攻关的复杂项目,即企业对不确定性风险采取自动规避的对策。

然而,创新活动的风险在一定程度上是可以防范和控制的。一方面,企业作为技术创新的主体,可采取树立风险意识、测算风险概率、设立应急预案、加强风险管控等办法,使技术创新活动在可控范围内进行。另一方面,政府也可进行适当的政策安排,来降低企业投入风险和激发企业创新动力。整个创新过程即是不确定性被不断消灭的过程。

1.1.4 研究问题

面对当前我国政府大规模的科技投入与企业创新水平不对称、政府科技资助饱受质疑的现状,本土的相关研究仍需丰富、深入和细化。因此,本书围绕企业微观个体的层面,依次分析政府科技资助的动机、政府资助对企业技术创新的直接效应,以及什么样的企业能够更好地利用科技资助进行创新。不同的企业,由于规模大小、发展阶段、技术实力、所有权性质和股权结构等方面存在差异,获得政府资助的可能性会有所不同,并且其创新基础和创新潜力亦会不同,进而影响政府资助对企业创新的作用效果。

本书基于企业异质性的视角,从企业所有权性质、企业规模、企业年龄、技术基础、管理者持股这些因素出发,深入分析政府科技资助的动机、科技资助对企业创新的作用效果以及影响企业利用科技资助的机制和条件。

基于此,本书主要回答以下三大问题:

(1)什么样的企业更容易获得政府科技资助?该问题旨在探索政府科技资助动机和决策模式。它一方面能从影响政府科技资助的企业特征中,更好地了解政府资助的行为特点和目的所在,另一方面,对该问题的回答有助于分析政府资助的内生性,并为解决该问题进行铺垫。

(2)政府的科技资助是否在整体上促进了企业的技术创新水平?研究结果可以验证在中国目前市场环境不完善、制度不健全、产权保护不给力的现实条件下,政府资助对企业技术创新的影响是促进还是抑制。这有助于厘清政府科技资助是否真正发挥出调节"市场失灵"的作用。

(3)什么样的企业能更好的利用政府科技资助进行创新?政府资助是否在不同的所有权性质、规模、发展阶段、研发基础、管理者持股的企业中产生不同的促进效果?企业的创新决策主要由公司董事会讨论制定,企业管理者负责实施,而公司治理结构作为一种制度安排,无疑会对利益相关者的创新决策和创新行为产生影响。而企业所有权性质和管理者持股是公司治理机制的基本方面。该问题主要从以下四个方面展开:

第一,企业所有制性质和规模的差异性是否会对政府科技资助的作用效果产生影响?这又可以分解成三个小问题:政府科技资助对哪种所有权性质的企业影响更好?对哪种规模的企业促进效果更强?企业规模和企业性质是否能联合调节来影响科技资助的作用效果。

第二,管理者持股在科技资助与企业创新之间起到何种调节作用?它是加强了科技资助的杠杆效应,还是阻碍了科技资助作用的有效发挥?

第三,企业的经营时间长短对政府资助发挥杠杆效应有何影响?它对越年轻企业的创新水平效果越好,还是对越成熟企业效用越大?

第四,企业研发基础越好,越有助于利用政府资助提升创新水平吗？研发基础在其中到底扮演什么样的角色？

1.2 研究目的和意义

1.2.1 研究目的

本书基于企业异质性的视角，结合委托代理理论、资源基础理论和信号传递理论，在系统梳理政府科技资助与企业创新相关研究文献的基础上，依次回答三个重要的问题：什么样的企业能获得政府科技资助？政府科技资助对企业创新到底产生什么样的影响？什么样的企业能更好地利用政府科技资助进行创新？研究这些问题的目的在于：

第一，深入分析政府科技资助的动机与意图，探索科技资助的决策机制。公共产品理论充分阐述和论证了政府科技资助的合理性，指出政府应该支持那些社会收益高于私人收益的创新活动，只有这样才能产生激励私人创新的作用。但现实中，私人创新收益难以辨别，那么政府科技资助是否完全出于解决技术创新中市场失灵的目的呢？如果不是，那么其资助动机又是什么？这为放松公共产品理论的前提假设，为寻求新的理论来解释政府科技资助发挥效应的作用机制和条件作出铺垫，也充实和丰富了相关政府科技资助动机的研究。

第二，在发展中国家和转型经济背景下，再次检验政府科技资助对企业创新的作用效果。政府资助对企业创新到底产生"杠杆效应"还是"挤出效应"？以往研究采用的样本大多来自发达国家，由于经济发展水平、政府支持力度和方式等都存在差异，会导致不同的资助效果，故来自西方的研究结论并不都适用于发展中国家的环境和制度，有必要关注和加强对该类国家的相关研究，并且本书采用了解决政府资助内生性问题的更有效的方法，目的是得到更准确、更可靠的估计结果和研究结论。

第三，从企业异质性的视角，结合委托代理理论、资源基础理论、信号传递理论，系统的分析和研究影响政府科技资助发挥"杠杆效应"的条件和机制。以往研究发现了市场环境、行业特点、企业规模、企业性质等不同方面会影响科技资助的作用程度,但是很多研究结论并不统一,而且并非都来自于同一个样本,样本的差异是导致研究结论不同的重要因素之一。以往零散的、孤立的有关研究说服力也有限。而本书采用的样本都来自上海张江园区,有助于排除样本来自于不同区域时所存在的环境干扰,使本书能够关注于企业自身特征,从影响技术创新投入决策和创新效率的企业内部异质性因素——企业规模、所有权性质、企业年龄、研发基础和管理者持股这五个方面,探索影响政府资助效果的原因和机理。对这些问题的回答一方面能充实和寻求更多的理论解释,另一方面也有利于厘清政府投入如何才能对技术创新发挥出最佳的资源配置效率的问题,为政策的制定者和决策者提供有价值的借鉴与参考。

1.2.2 研究意义

本书采用上海张江高科技园区 2 211 家企业的 2006—2009 年共计 5 693 条非平衡面板数据,应用 PSM 法控制政府资助的选择偏差,深入分析不同规模、不同所有权性质、不同发展阶段、不同管理者持股状态的企业,由于资源禀赋的不同,如何获得并借助政府补贴开展创新,企业内部的异质性如何影响政府科技资助发挥作用。本书的价值与意义体现在理论和实践两个方面。

1.2.2.1 理论价值

第一,从企业个体微观层面分析政府资助的效果。目前国内有关政府资助影响技术创新的研究更多围绕行业、地区或国家等宏观层面,而基于企业微观个体的考察相对不足。技术创新是基于微观个体的行为,企业才是技术创新的真正主体,各种政策和环境变化最终都会影响到企业动机和具体行为,宏观层面的研究无法排除高校、科研机构的创新贡献,以及由于创新溢出导致行业间的相互影响,行业数据加总也会掩盖企业创新的个体差异。本书选取企业为样本,进一步充实国内该研究领域微观层面的实证研究。

第二,进一步澄清政府科技资助"杠杆效应"和"挤出效应"的争论。以往研究不仅发现政府资助对企业创新有促进作用,也发现政府资助的抑制问题,并且大量文献更多关注政府科技资助与企业 R&D 投入之间的关系,而较少研究科技资助对企业创新产出的影响。事实上,政府资助不仅旨在激励企业加大科技投入,也为了借此形成更多的创新成果。而本书重点研究政府科技资助对企业创新产出到底产生了何种影响。研究发现,政府资助的确对企业的专利成果数量具有促进作用,这再次印证和增加了政府资助发挥"杠杆效应"的经验证据。

第三,结合资源基础论和信号理论来解释政府的资助行为。什么样的企业会容易获得政府资助,并获得多少资助?资源基础理论认为企业的异质性资源形成企业间的差异。从体制上来说,国有企业与非国有企业在资源禀赋方面的最大差异就是前者拥有政府的庇护和扶持,并享受着更多的财税优惠、垄断资源和盈利机会,国有企业的技术创新也会更容易获得政府青睐。另外,根据信号理论,在企业获取政府资助的过程中,只有释放出有关"创新类型"和"创新规模"等信号后,政府才会优先考虑给予补贴,因此企业规模、人力资本、研发基础、发展历史等方面都能表明其具有一定的创新动机和创新能力,这些信号都有利于企业吸引到政府资金。有关政府资助行为的研究为讨论政府投入内生性问题进行铺垫。

第四,打开企业技术创新过程中的输入与输出之间的"黑箱",深入探索影响企业创新决策和创新成效的条件与机制。本书结合资源基础理论、委托代理理论和信号传递理论,从企业规模、所有制性质、管理者持股、发展时间、研发基础等方面探索影响政府资助作用的调节效应。

第五,采用 PSM 法解决政府投入的内生性问题。PSM 法是目前处理政府研发资助内生性的较科学的方法。与其他方法相比,当样本包含的变量较多时,它能较容易的进行样本之间的比较和匹配。目前应用该方法处理政府科技投入内生性的研究逐渐增多,更多的采用 Heckman 两阶段模型或固定效应等传统方法。本书拟采用该方法控制变量的内生性,得到更准确的估计结果。

1.2.2.2 实践意义

面对当前我国企业自主创新能力不足,政府科技资助成效有限的现状,本书的实证结果和研究发现对科技政策的优化具有较强的现实价值。

首先,提高政府资助的针对性,对民营企业提供资助时,可以更多地考虑规模较大的企业,大规模民营企业出于保持和领先市场地位的需要,加大创新投入和提升创新水平的迫切性更高,能凭借已有的创新基础,更能充分发挥创新资源的利用效率。

其次,加快国有企业改制。研究发现,与非国有性质的企业相比,国有性质会对政府资助的杠杆效应产生不利的影响。因此,要完善国有企业的公司治理机制,降低委托代理成本,实现高管任命和升迁的市场化机制,从而提升国有企业的创新能力。

再次,深入分析如何促进中小企业提高创新能力和创新绩效,并据此调整和优化相关科技政策。研究发现,小企业难以获得政府资助,并且小企业利用政府资助提升创新的有效性不强,所以政府应出台更多针对高科技中小企业的鼓励政策,为小企业打造多元化和健康可持续的融资体系,推进行业的有序竞争,创新公共服务平台等。

最后,政府应从创新环境、创新氛围、制度保障等各方面为企业营造健康良好的创新生态系统。例如,加强基础研究,为企业创新奠定坚实的科学基础;优化财政科技投入的实施机制,减少政策执行过程中的效率损失;完善财政科技投入的绩效评估,不断调整和改进财政科技政策等。

1.3 研究思路与方法

1.3.1 研究思路

本书的研究以文献梳理为基础,结合实地调研,明确研究问题,构建研究模型和提出假设,通过一手和二手数据相互补充,逐步深入的开展实证研究,整体上包括以下几个阶段。

第一,文献梳理阶段。定向收集国内外重点学术期刊的相关文献,梳理、归纳、汇总,评述当前有关政府科技资助与企业创新的研究进展、理论视角、已有结论,从中发现以往研究的不足与局限性,并结合实地考察,深入企业和政府开展调研、访谈,从企业视角,发现和探索影响政府科技资助和企业创新水平的线索和因素,为明确研究问题做准备。

第二,模型构建阶段。提出本书的研究问题、理论基础、模型与假设。本书的理论模型由13个假设组成:首先,有关政府科技资助动机的假设有3个,分别为市场失灵假设、竞争性假设、生存性假设;其次,有关政府科技资助影响企业创新的直接效应假设有4个,分别为互补效应假设(2个)和替代效应假设(2个);最后,有关影响政府科技资助效果的假设有6个,包括企业规模和所有制性质的联合调节机制假设(3个),管理者持股的正向调节机制假设(1个),企业年龄的负向调节机制假设(1个),研发基础的正向调节机制假设(1个)。该阶段为后续的数据收集、变量选择和实证分析奠定基础。

第三,数据收集阶段。本书选择在上海张江高科技园区经营运作的企业为样本,这是因为园区内汇聚了众多创新活跃的高科技企业,而且地方政府的科技资助形式多样,覆盖面广。此外,张江企业具有显著的多样性,上市的以及大量非上市的、年轻的和成熟的企业,样本代表性较好。张江环境影响可控性也较强,有助于排除样本来自于不同区域时所存在的环境干扰,使本研究能够得出更加客观的结论。研究样本先后由一手调研数据和二手统计局数据汇总而成:第一套数据是在浦东新区科技委员会的协助下,向张江高科技园区的曾在2006—2009年申报过政府科技资助的企业发放调查问卷,最终回收有效问卷459份,该样本中从未获得资助的企业较少,主要涉及科技补贴、研发投入、专利申请与授予等企业信息;第二套是在浦东新区统计局的协助下获得的张江园区企业的年度统计数据,包括企业性质、经营指标、股权结构、创新活动等更全面和翔实的基本情况,将两套数据予以合并和整理,一方面补充了第一套数据中企业经营信息缺失的部分,另一方面第二套数据包含了大量未曾获得过科技资助的企业样本,这为本书采用 PSM 法来处理政府资助内生的问题创造了充足的条件。删除关键变量缺失、信息明显有误的问题数据后,最终的研究样本是张江园区的 2 211 家企业 2006—2009 年的共计 5 693 条非平衡面板数据。

第四,实证检验阶段。首先,本书借助数据处理软件 stata12 版来运行数据和回归分析,在完成数据整理的基础上,正式实证检验之前,为提高模型估计的一致性、准确性和有效性,对数据处理如下:①对主要连续变量取对数,以降低异方差的影响;②对主要连续变量在 1‰ 水平进行缩尾,以降低异常值的干扰(连燕玲等,2012);③对模型中所有解释变量和控制变量进行方差膨胀因子 VIF 检验,以排除多重共线性问题的嫌疑,结果显示所有变量的 VIF 值在 1.04~2.44 之间,表明不存在多重共线性。其次,又对交互项进行中心化处理,以进一步降低多重共线性的影响(贺小刚等,2010)。在实证检验过程中,慎重选择估计方法,由于本研究采用的是面板数据,会存在异方差、时间序列相关和横截面相关的问题,故常用的面板模型会低估标准误差致使估计结果有偏,而借助 Driscoll—Kraay 标准差得到的估计结果才是无偏的、一致的和有效的(Driscoll 和 Kraay,1998),因此,本书还同时采用了 D-K 标准误估计。值得一提的是,本书还使用了能有效解决政府科技资助内生性问题的最新研究方法——PSM 法,以进一步提高估计结果的准确性和科学性,而且对比没有匹配前的估计结果,发现没有处理资助内生性时,政府科技资助的作用效果往往会被高估。最后,本研究还力求借助两种实证估计方法和替换因变量的方式,来增强研究结论的稳健性。

第五,政策梳理与对策研究阶段。结合案例分析、文献研究、归纳总结等方法,基于科技创新的基本规律,根据要素聚集类、功能提升类和环境营造类这三个角度,对国内外发现国家和地区的财政科技资助政策进行梳理和对比。其中,要素聚集类涉及科技人才、重大科创项目、科技金融等三类政策,功能提升类包含产学研合作、改制上市与并购支持、科技服务平台、国际化促进等四类政策,环境营造类则指生态园区、知识产权、企业信用这三个方面的政策。选取了具有代表性的美国硅谷、伦敦科技城、以色列特拉维夫、德国巴登符腾堡等科技园区、中国台湾、加拿大、芬兰等国家和地区作为国际经验分析的对象,而国内政策梳理则侧重对比上海张江园区、北京中关村、深圳高新区、苏州高新区等可比地区。借鉴国内外的成功经验,结合实证研究结论,探索建立地方政府科技创新财政政策体系。

上述研究思路和有关研究方法如图1.4和表1.4所示。

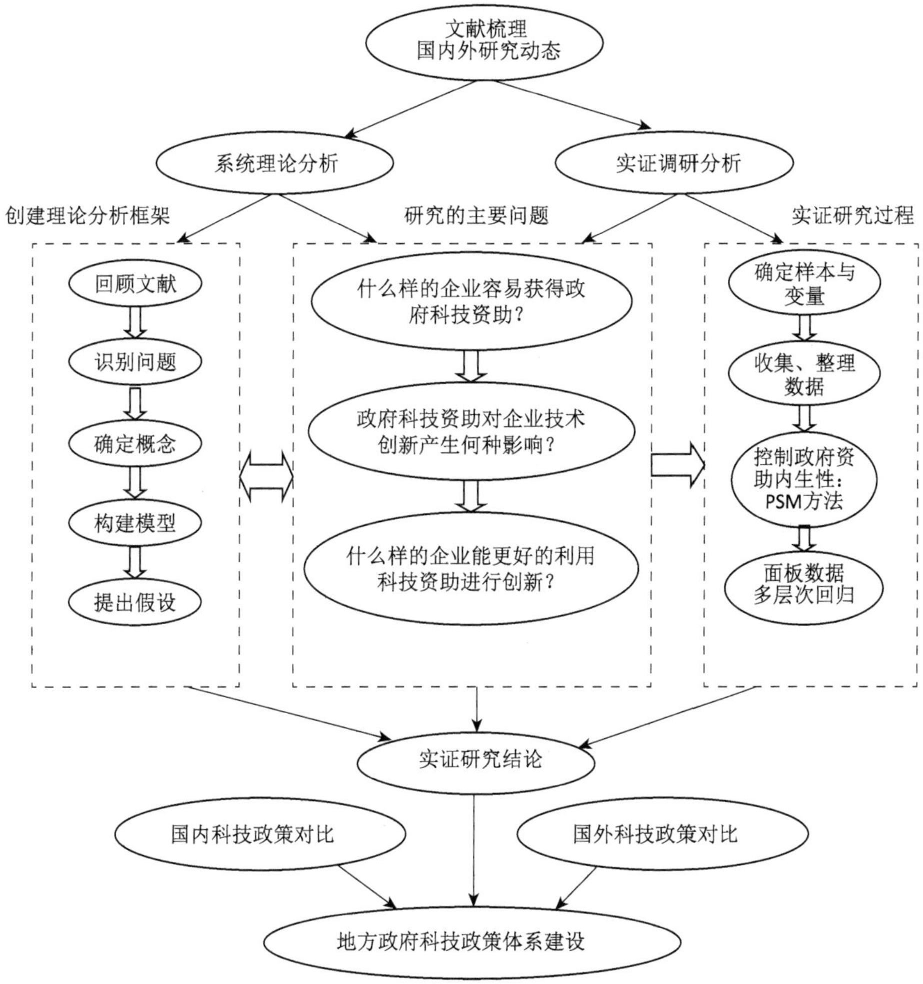

图1.4 研究技术路线图

表 1.4 研究方法

研究阶段	研究内容与问题	研究方法
文献梳理	已有研究发现和结论、局限、未来展望	文献研究、归纳汇总
模型构建	确定研究问题、提出理论模型和假设	调研、访谈
数据收集	样本选择、变量选取	
实证检验	政府科技资助的动机	Probit、Logit、混合 OLS 固定效应模型、D-K 估计
实证检验	政府科技资助对企业创新的直接效应	混合 OLS、PSM 法、D-K 估计
实证检验	影响政府科技资助效果的企业异质性因素	混合 OLS、PSM 法、D-K 估计
对策研究	国内外财政科技政策的经验对比、我国地方政府科技政策体系建设	案例分析、文献研究、归纳汇总

1.3.2 研究方法

围绕不同的研究阶段，根据不同的研究问题，采用不同的研究方法(见表 1.4)。其中采用 probit、logit 和固定效应模型来估计政府资助的动机模型，而在检验政府资助的直接效应和调节机制时，除了使用一般的混合 OLS 估计、固定效应模型、D-K 标准差估计以外，还使用了处理政府资助内生性更有效的方法——PSM 法，以提高估计结果的准确性。

1.4 研究内容与框架

1.4.1 研究内容

本书采用了上海张江高科技园区的 2 211 家企业 2006—2009 年共计 5 693 条非平衡面板数据，采用 PSM 法处理政府资助选择的内生性偏差，从企业异质性的视角，深入分析不同规模、不同性质、不同发展时间、不同研发基础和不同管理者持股程度的企业，由于资源禀赋的不同、代理成本的差异以及传递创新信号的强弱，如何获得和借助政

府科技资助提升创新水平以及影响政府资助效果的作用机制。具体来说,本书涉及因果相连、循序渐进的三大研究主题:

第一,在中国转型经济背景下,探讨政府科技资助的决策机制。 政府必须能识别那些私人收益与社会收益落差较大,企业没有资助就不愿大力开展的技术创新活动,而且政府科技资助往往针对某个创新项目,不同项目的投资规模会因企业和项目情况而不同。因此,本书关注的第一个问题是:哪些企业更容易获得政府资助?由于企业拥有异质性的资源和能力,向外界传递创新类型和创新程度的信号不同,因此获得政府科技资助的可能性和力度会不同,并且政府科技资助决策中,往往无法避免考虑企业社会责任的承担情况,出现与企业创新无关的"非理性"化的资助行为。研究发现,政府科技资助的对象多集中在那些有研发经验、规模较大、人员素质较高、年轻有活力且盈利能力相对较好的国有企业,基本体现出"扶优扶强"的特点;而政府会给那些盈利能力差,但研发经验丰富、人员素质较高、规模较小、年轻有活力的企业更强的资助力度。

第二,在政府科技资助更多出于"扶优扶强,促进竞争"的动机下,分析政府科技资助对企业创新水平的直接影响效果。 在中国转型时期,政府科技资助是推动企业创新的必要手段。但政府资助与企业创新之间是互补还是替代?这部分的研究采用PSM法处理了资助内生性问题,通过对比匹配前和匹配后的估计结果,发现无论是政府资助与否和政府资助强度大小,匹配前后都对企业的专利申请数和专利授予数具有正向促进作用。研究还发现,若不处理政府资助的内生性,将导致资助的互补效应被高估的偏误。根据匹配后政府资助的平均处理效应ATT值,企业获得科技资助后,专利申请数平均增长0.611%,专利授予数平均增长0.323%,充分证明了政府资助对企业创新水平发挥了"杠杆效应"。

第三,发现政府科技资助对企业创新影响产生"杠杆效应"的作用条件。 什么样的企业能更好的利用政府资助提升创新水平?本书结合资源基础理论、委托代理理论和信号传递理论,基于企业异质性资源和能力,分析在政府资助影响企业创新的过程中,企业规模、所有制性质、发展时间、研发基础、管理者持股这些因素所发挥的调节作用。具体来说,发现企业规模和所有制性质对政府科技资助效应产生联合交互影响,企业规模越大,政府资助对创新的促进作用越好,而国有性质会弱化政府资助的效果,资助对非国有企业的创新激励作用随着企业规模的扩大而不断增强;此外,企业研发基础、管理者持股比例都分别具有正向强化作用,企业年龄发挥出负向调节效应。

本书的理论研究模型如图1.5所示。本书首先根据影响政府科技资助的企业异质性因素,阐述并检验三种政府资助的动机:市场失灵假设、竞争性假设、生存性假设;其次从整体上验证政府科技资助对企业创新产生的直接影响,是互补作用?还是替代作用;最后,在发现政府资助杠杆效应的基础上,进一步研究影响政府资助效果的企业异质性因素从中发挥的作用。

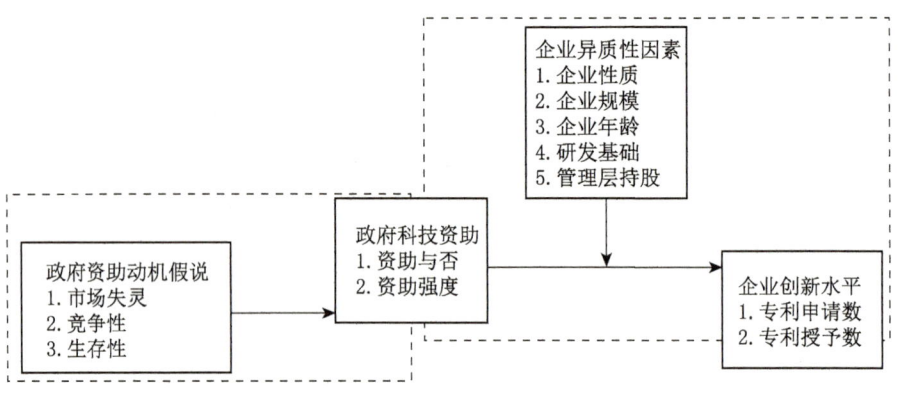

图1.5 政府科技资助动机、效果与影响机制研究模型

第四,探讨地方政府优化财科技资助政策的策略。根据科技创新的基本规律,从要素聚集类、功能提升类和环境营造类这三个角度,分析和对比国内外发达国家及地区的财政科技政策的基本特点与成功经验。同时结合实证研究的发现与结论,提出财政科创政策的三维支撑体系和五大科技政策的设计原则,并从明确科技投入的定位、优化科技投入的结构、合理选择资助对象、创新科技资助的投入方式、健全

科技资助的监管机制以及完善科技政策的配套措施这些方面,探索建立地方政府科技创新财政政策体系。

1.4.2 研究框架

全书由 8 章组成:

第 1 章是绪论。从理论背景和现实情况出发,提出本书的研究问题,然后指出研究的目的和意义,并就研究思路和研究方法予以说明,最后介绍了全书的研究内容和整体框架。

第 2 章是文献综述和理论基础。首先,搜集、回顾、梳理了国内外有关政府科技投入与企业创新的微观层面的经典文献、研究现状、理论视角、研究结论、研究方法等,并给予简要评论;其次,介绍本研究所采用的理论基础,对委托代理理论、资源基础理论以及信号传递理论的主要内容和相关应用进行阐述和分析。

第 3 章是研究假设。结合委托代理理论、资源基础理论和信号传递理论,从企业异质性的视角,提出有关政府科技资助的动机假设、科技资助对企业创新的作用效果假设,以及影响科技资助促进企业创新的调节机制假设。

第 4 章是研究设计。首先,说明样本的选择和数据的收集过程,分析样本的基本情况;其次,介绍变量的选取、测量及其统计描述;最后,归纳出有待检验的实证模型,其中对倾向值匹配法(PSM)予以详细地说明。

第 5 章是假设检验与结果分析。采用已整理好的数据,借助适当的统计分析方法,对有关研究假设进行估计和检验,并就理论假设是否成立进行说明和解释。

第 6 章是梳理和总结国内外财政科技政策。按照要素聚集、功能提升和环境营造三大类别,系统地分析和对比了国内和国外发达国家及地区的财政科技政策的特点,由此探讨国内科技政策的成功经验。

第 7 章是财政科技政策的对策研究。借鉴国内外的成功经验,提出优化财政科技资助的基本思路,围绕着打造利于创新的财政生态和财政科创政策的三维体系,探讨财政科技政策的基本原则以及相应完善的决策和管理机制。

第 8 章是总结和讨论。归纳研究结论,总结理论贡献和价值,并指出存在的局限性及未来的研究方向。

2 文献综述与理论基础

公共产品理论支持政府在调节市场失灵(Market failure)方面的必要性和重要作用(孙晓峰,2005)。为了调动企业的创新热情,加大企业的创新投入,政府需要进行一定程度的干预来弥补市场缺陷。政府通常的做法有三种:一是建立知识产权制度,创建保护私人研发活动的法律环境;二是通过国家实验室或研究机构进行研发,提供公共知识和技术;三是出台激励政策,提供资金资助,以提高企业创新动力。

总体而言,以往国内外有关财政科技投入与企业技术创新之间关系的研究非常丰富,整体可分为宏观和微观两个层面。宏观研究主要采用国家、行业或地区层面的数据,分析财政科技资助对行业或不同地区与国家的影响。宏观层面的研究结论较统一,大多肯定科技资助对企业创新的促进作用(杨华、程华,2008;Guellec 和 van Pottelsberghe De La Potterie,2000;Levin 和 Reiss,1984;Levy 和 Terleckyj,1983;Wolff 和 Reinthaler,2008;程华等,2008;许治、师萍,2005;朱平芳、徐伟民,2003)。

本书以企业微观主体为研究对象,因此重点围绕微观层面的有关文献进行梳理和评述。微观研究聚焦企业或项目,并以此为样本,集中探讨政府科技资助对企业技术创新的影响。技术创新是基于微观个体的行为,企业才是技术创新的真正主体,各种政策和环境变化最终都会影响到企业动机和具体行为,宏观层面的研究无法排除高校、科研机构的创新贡献,以及由于创新溢出导致行业间的相互影响,地区或行业数据加总也会掩盖企业创新的个体差异。由于假设前提、变量选择、样本大小、研究时间、数据来源、数据类型等多方面的差异,该层面的有关研究仍没有形成确切而统一的结论。

2.1 国内外研究现状

2.1.1 政府资助的外生性与内生性假设

政府资助是随机分配,还是有所选择?早期的研究往往默认前者,因此在研究方法上采取一般OLS的回归估计较多,但随着研究的科学性和严谨性的提高,越来越多的学者从政府资助的客观情况出发,认识到资助具有选择性。但无论采用哪种前提,即使在同一种前提下,研究结论也不尽相同。

政府资助的外生性假设认为,政府科技投入是随机分配给企业的(Jaffe和Trajtenberg,2002;Klette等,2000),不受企业规模、研发基础等因素的影响,不考虑政府选择偏见的问题,仅将其作为影响企业科技投入和产出的外生变量进行分析。代表性研究主要有Link(1982)、Scott(1984)、Branstetter和Sakakibara(1998)、Lerner(2000)、Czarnitzki和Fier(2001)、Lee和Hwang(2003)等。

政府资助具有内生性,这意味着政府资助并不是随机的,政府对企业的资助决策主要受到来自政府和企业两方面因素的影响。例如,政府产业导向、企业的人员规模、创新能力、销售收入、税收贡献及政企间的关系等。这些错综复杂的因素使企业获得政府资助的过程具有较强的自我选择性(self-selection),导致资助带有内生性。在绝大多数的资助计划中,如ATP、SBIR、SPUR等,企业先应提交申请,政府会根据企业情况及其申请的技术创新项目的社会效益和商业价值,来决定是否给予资助(Lerner,2000;Irwin和Klenow,1996)。例如,小企业获得资助的可能性较小,技术创新能力强的企业更有可能获得资助(Hanel等,2003)。拥有良好理念的企业由于更愿意进行研发投入,因此更容易获得资助(Jaffe和Trajtenberg,2002)。Feldman和Kelley

(2003)通过调查参加美国 ATP 计划的企业发现,政府注重知识的扩散潜力,比如那些开展校企联合次数越多的企业,越有可能赢得评审专家的青睐。

当政府资助是内生变量时,若将该变量直接放入回归方程中,而又恰好与误差项相关,应用 OLS 方法则会导致估计值有偏,就无法对政府资助效应进行正确衡量和分析。处理政府资助内生性的常用方法有:固定效应(FE)、DID 法(difference-in-difference)、工具变量法(IV)、Heckman 样本选择模型。值得关注的是,Lach(2002)、Czarnitzki 等(2007)、González 和 Pazó(2008)、秦雪征(2012)等都应用过匹配方法进行相关研究。倾向值匹配法(Propensity Score Matching,PSM)是目前处理政府资助内生性的较科学的方法。该方法由 Rosenbaum 和 Rubin 于 1983 年提出,并在医疗实验、人员培训等研究领域得到普遍应用。PSM 法通过估计企业"获得资助的可能性",将实验组与控制组进行匹配,以降低科技投入效果评估中的选择偏差。与其他方法相比,当样本包含的变量较多时,能较容易的进行样本之间的比较和匹配(Rosenbaum 和 Rubin,1983)。

2.1.2 政府资助的互补与替代效应

2.1.2.1 政府资助的互补效应

政府投入会刺激私人扩大投资,私人投资被"挤进"资本总量,即政府资助对企业技术创新产生正向影响。杠杆作用产生的原因:政府投入能增加企业研发收益,减少企业 R&D 私人收益与社会收益之间的落差,从而带动企业创新。

早期的学术界,仅将政府资助作为影响企业创新的因素之一,通过对多种影响因素的回归,初步发现政府资助的作用。例如,Link(1982)同时研究企业利润、产品多元化、行业集中度、政府资助强度以及所有权控股类型对企业研发强度的影响,通过对美国 1977 年的 275 家制造业企业样本采用多元 OSL 估计,发现政府投入总体上促进了企业 R&D 投入强度。随后,Scott(1984)对比影响企业 R&D 投入的企业效应和行业效应,借助同样的方法对美国 1974 年 437 家企业进行研究,也证明了企业 R&D 支出与政府科技投入之间的正向关系。

在关注政府资助直接效果的代表性研究中,Lerner(2000)分析了美国的 SBIR 计划对企业创新的长期影响,通过比较 541 家有资助和 849 家无资助企业前后 10 年(1985—1995 年)的销售收入和就业规模的变化,以企业是否参加 SBIR、政府资助金额以及两者的交互项为解释变量,结果显示政府资助对企业的收入和规模具有微弱的正向影响,并且在高科技行业中效果更强,说明政府资助发挥出挑选"成功者"的作用,资助能证明企业的实力和能力,具有认证和宣传价值,有助于企业吸引风险投资和其他社会资本。但该研究受数据的限制,用销售收入和就业规模作为企业创新投入的代理变量,虽然进行了充分的阐述,但仍显牵强。Czarnitzki 和 Fier(2001)研究德国政府资助对企业净创新投入强度的影响,其中,企业净创新投入强度(企业创新投入强度—政府资助强度)可以反映政府过去的资助与现在企业研发投入的相关性,政府资助强度过去 5 年企业取得的资助总额/销售额。通过对 2 541 个企业观测值进行 OLS 估计,结果显示:1 单位的政府资助将诱导企业增加自有科技投入 1.37 个单位,并且在第 2 年仍具有持续的激励效果。Lee 和 Hwang(2003)针对韩国 23 个行业 500 多家企业进行分析,对比 IT 行业和其他行业,寻找 IT 企业 R&D 投资的影响因素:国际货币基金资助、市场结构、企业资产、市场前景(利润增长率)、内部现金流(红利/销售),在控制这些变量后发现,政府的资金支持有力地推动了 IT 企业的技术创新投入。此外,Klette 和 Møen(1998)对挪威企业、Suetens(2002)对比利时企业的研究中,都考虑了资助滞后 1 年的情况,均验证出政府资助的积极作用。

一些学者还细化并深入考察政府资助对企业不同创新方式和类型的影响,Hewitt-Dundas 和 Roper(2010)将政府资助对企业创新效果分成三类:开展创新活动的广泛性,即企业进行 R&D 活动的比例增加;增加渐进性创新的产品改进活动;增加根本性创新的新产品开发活动。他们分析了 1994—2002 年爱尔兰和北爱尔兰数据,结果表明政府资助均促进了这三种方面的创新。

上述研究没有正面回应和处理政府资助的内生性问题,降低了估计结果的准确度,很多学者在解决政府选择偏差问题后,也发现了资助的杠杆效应。Holemans 和 Sleuwaegen(1988)采用固定效应法来控制资助的内生性,采用了 1980—1984 年挪威 816 家高科技企业的截面数据,证明出政府资助对企业研发投入的促进作用。Klette 和 Møen(1998)也用该方法,关注政府研发资助对电子和电气设备行业企业的创新影响,并得出结论:从短期来看,政府资助对企业的研发投入无作用,但长期来看,却成为激励的推动力量。

Branstetter 和 Sakakibara(1998)分析了政府资助对企业研发投入和专利成果的影响,选择了 1983—1989 年日本的 226 家企业为样本,其中 141 家至少参加过一次资助计划,以企业参加资助计划的次数为解释变量,同时控制企业研发投入、固定资产、年份及行业,结果显示政府资助对被资助企业的创新投入和成果都有显著的正向作用。之后他们又应用 DID 法,控制了资助内生性后,作用仍然显著。另外还发现,由于知识溢出,政府资助对技术关联性较强的非资助企业的创新也有促进作用,即具有间接促进效果。

Busom(2000)通过 Heckman 样本选择模型来解决资助内生性。他构建出 4 个结构方程以分别衡量:企业申请研发资助的可能性、政府授予企业资助的可能性、未获得资助企业的研发效果、获得资助企业的研发效果。前两个方程为选择方程,应用 Probit 以及 Logit 模型,后两个方程纠正内生变量的选择偏差后,来估计有资助和无资助对企业研发投入和研发人数的影响。以 1988 年西班牙 154 家有研发的企业为样本,研究结果是:第一,相对大企业,小企业更容易获得政府资助,这正反映出西班牙政府的政策意向;第二,总体而言,政府资助具有促进作用,但受数据限制,不能估计出具体的互补效应;第三,无论企业是否获得资助,其创新成果与企业规模有关。

Lach(2002)首次使用事前和事后匹配法来处理资助内生性,采用以色列 90 年代的企业数据,计算出具体的政府资助杠杆效应:从长期来看,政府每增加 1 美元的科技补贴,会使企业增加 41 美分的研发投入。有意思的是,没有考虑资助内生性之前的估计结果却表明,政府资助的作用虽然为正但并不显著,即政府资助效应存在被低估的偏误。

Czarnitzki 和 Hussinger(2004)研究德国企业在获得政府资助后是否增加自有研发投入,首先采用 Probit 模型估计企业获得资助的可能性,发现资助概率与企业规模、适应能力、是否持续研发正相关,与地区人口密度负相关;然后使用 PSM 法,证明了有资助企业和无资助企业的研发强度和研发投入存在显著差异,发现政府科技补贴对企业创新的积极作用。González 和 Pazó(2008)也利用该方法,对西班牙制造业企业的研究显示:政府资助对企业存在较强的诱导效应,而且低技术密度和小规模的企业在无资助时不会开展研发活动。

国内有学者早期应用博弈论方法进行研究。柳剑平等(2005)构建了一个三阶段的博弈模型,分析政府补贴行为与 R&D 溢出效应,数理推导证明,在 R&D 溢出程度较高时,政府应该补贴企业 R&D 投入;当溢出程度较低时,应该在补贴的同时,对企业研发投入予以征税,这样的政策安排是最优的。刘楠、杜跃平(2005)也应用该方法,比较税收优惠和科技补贴对企业创新的激励作用,并证明:相比前者,科技补贴无法提高企业 R&D 的努力程度。钱昇、武健(2007)、张东红等(2009)在该法下,也赞同政府投入能促进企业研发投入的观点。

近年来,越来越多的中国学者开始从政府资助的定性分析向实证研究发展。唐清泉等(2008)对比政府的直接资助和间接补贴的作用,选取了 2002—2005 年从事研发活动或取得政府资助的共计 1 122 条企业观测值为样本,采用 OLS 方法后发现:间接补贴比直接资助更有效;而且前者对竞争性行业的效果最好,后者更适用于公共性质行业。此后,解维敏等(2009)运用 Heckman 样本选择模型控制了政府资助的自选择问题,对 2003—2005 年 3 890 家上市企业的实证研究显示:直接资助和间接资助都能刺激企业的研发支出,而且间接资助对企业研发支出的正向效应大于直接资助。

秦雪征等(2012)是国内较早采用倾向值匹配法进行研究的学者。

2 文献综述与理论基础

他们重点考察了参与国家科技计划对中小企业创新的影响,选取了2009年四川德阳地区震灾后的496家中小企业为样本,以是否产品创新和是否方法创新作为因变量,以政府资助、企业自筹研发投入、管理者人数、技术人员规模为自变量,并控制了所有制、企业规模、行业等因素,不考虑政府资助内生性之前,发现该资助计划有利于企业创新。然后应用PSM法处理政府资助内生性,将企业进行资助前后的对比,结果表明参与资助计划对产品创新和过程创新的促进作用更明显,并且与低研发密度企业相比,科技政策更能促进高研发密度企业的创新。该项研究强有力的支持了科技资助对企业创新的互补效应。

2.1.2.2 政府资助的替代效应

很多对企业微观层面的研究也发现了政府科技投入具有抑制企业R&D投入的不良后果。在政府资助的影响下,能直接或间接地使企业减少科技投入,例如提高了创新要素的价格,进而加大企业研发成本(David和Hall,2000;Goolsbee,1998),或是直接"挤出"企业自身的R&D投入,最终降低了科技投入总量(Dominique和Bruno,2000)。

Carmichael(1981)首次应用Sharp-Linermodel(资产定价模型)进行数理推导,根据风险和收益进行投资决策的基本原则,来刻画企业的投资决策行为,然后采用美国92家企业观测值进行验证,发现政府每1美元的资助产生92美分的企业科技总投入,即政府科技投入替代了少部分的企业自身投入,而且对大公司而言,该替代程度更强。Higgins(1981)利用1977年美国174家企业的截面数据,发现政府资助强度的增加会减少企业研发投入,即表现出显著的挤出效应。

Lichtenberg(1984)指出过去的研究由于没有考虑时间变量和企业特征,导致系数被高估。为了克服这个问题,他选用991家企业为样本,分三个阶段进行回归,结果显示:政府的科技投入使企业间的研发强度差异显著,但政府增加或减少科技投入对企业自身的研发投入并无影响。之后,他又应用混合OLS法,分析了1979—1984年获得美国政府采购合同的187家企业,研究表明政府科技投入对企业研发投入没有作用(Lichtenberg,1987)。

Wallsten(2000)借助工具变量法和 heckman 两阶段模型,围绕美国小企业创新研究计划(SBIR),对比政府资助对小型技术密集型企业创新的短期和中期影响。该计划需要企业通过竞争获得资助,并分三个阶段:第一阶段企业提交申请书,政府根据其科技价值和可行性,最高提供10万美元的资助;获得资助的企业才可申请第二阶段操作,并可能获得最高75万美元;第三阶段是研究结果的商业化运作,此阶段并无资助。他从美国11个不同的政府资助计划的数据库中选择样本,样本分成三组:获得资助的企业367家、申请但被拒绝的90家、有资格申请但并没申请的20家。他建立了3个方程来说明政府的资助过程和对企业的作用效果,用SBIR的总预算作为企业可能获得政府资助的工具变量,通过三阶段最小回归法,发现政府资助没有影响企业的人员规模,但是与企业R&D投入呈现显著的负向关系,平均而言,1单位的政府资助降低企业科技投入0.82个单位,即政府资助几乎完全替代了企业的自筹研发投入。

Catozzella 和 Vivarelli(2014)选用意大利2000年的746家企业数据,将企业创新投入和创新产出融合成一个可以衡量企业创新投入产出效率的指标,发现在不考虑企业异质性时,政府资助对企业创新效率具有负向影响。

国内学者吕久琴、郁丹丹(2011)采用我国 2007—2008 年上市企业 721条观测值,先从总体上检验出政府科技补贴与当年、来年的企业科技投入分别负向相关,然后对比补助组、研发组、补助研发组,结果发现资助完全挤出了补助组企业的科技投入,产生的替代效应最强;对研发组企业没有影响;对补助研发组而言,当企业不追加研发投入时,资助依旧呈现替代效应。

2.1.3 政府直接资助与税收优惠

大多数学者将政府科技投入划分为直接资助和间接资助(即税收优惠)两种方式,David 等(2000)论述了两者的差异,指出税收优惠可以减少企业研发成本和研发边际成本,而直接资助会增加边际收益,前者没有明确限制企业的 R&D 项目,因此企业有更多的研发自主权,而后者往往投资在特定的研发领域,容易抬高研发要素价格,故作用效果不如前者。Mamuneas 和 Nadiri(1996)的研究结论与此一致,他们采用 1956—1988 年美国 15 个制造业的面板数据,研究发现,整体来说,政府资助"挤出"了企业私人的研发投入,即使对比高研发密度和低研发密度的行业,资助对后者的替代效应更严重,而科技税收优惠政策对企业创新却有正向影响。Guellec 和 van Pottelsberghe(2003)采用 17 个 OECD 国家的 1981—1996 年的数据,对比研究了政府补贴和税收优惠这两种不同的激励手段对企业创新的影响,结论是:无论是政府补贴还是政府购买,它们对企业研发都有积极的作用,平均而言,1 美元的政府资助导致 1.70 美元的企业研发投入;相比之下,税收优惠在短期内也能促进企业的自有研发投入;政府补贴和税收优惠这两种政策工具的稳定性和持续性越强,对企业创新的激励效果就越好;直接资助和税收优惠之间具有替代性,增加直接资助的强度就会削弱税收优惠的激励程度。中国学者刘虹(2012)也支持这一观点,并认为政府在直接资助过程中信息不透明,企业有寻租空间,而间接资助的市场化程度较高,寻租空间有限,因此作用效果更好。张继良、李琳琳(2014)不仅证明了该结论,而且深入对比了政府科技投入的不同方式对企业研发投入、中间产出、最终产出这三个阶段影响的差异性,发现直接资助对研发投入的正向促进作用较强,对后两个阶段的影响微弱,而税收优惠对三个阶段都产生互补效应,因此激励效果整体好于直接资助。与之不同的是,张宗益、陈龙(2013)以中国战略性新兴产业为研究对象,发现税收优惠与企业研发投入之间呈负相关性,即使滞后一期时仍然具有负向影响,这是由于税收优惠政策存在严重的滞后性,加大了企业研发的技术风险和市场的不确定性,因此直接补贴的促进作用更大。

2.1.4 外部环境差异性的影响

越来越多的研究发现,资助对企业创新的互补效应或替代效应及其作用程度会受到企业外部因素和环境的影响,主要包括两方面:政府资助的差异性,行业、市场环境以及地区的差异性。

2.1.4.1 政府资助的差异性

1. 政府资助方式与类型的差异

政府资助的合约特点影响其作用效果。Lichtenberg(1988)采用竞争性和非竞争性资助下的两组对比样本,发现竞争性的政府采购合约对企业研发投入的作用为正。但用潜在政府产品合同为工具变量时,资助效应为负。这说明企业通过竞争获得的资助对其研发投入有积极影响,而非竞争性的资助对其没有作用。

选择性资助与非选择性资助对企业创新的影响不同。Massimo 等(2008)根据政府资助的项目评价和资助流程的差异,将资助分成选择性资助(selective subsidies)和非选择性资助(automatic subsidies):前者是由专家团队对申请资助的企业进行严格筛选,通过企业竞争和比较,择优选出创新实力和条件更好的企业,并给予大力扶持;后者则指只要申请企业达到特定要求和标准,不需要彼此竞争,就能获得政府扶持。选择性的资助计划往往扶持大型项目,因此资助金额较多,并且由于要通过激烈的竞争和淘汰,可以减少信息不对称问题的影响,更容易选择那些社会收益较高的项目,因此对企业创新的促进作用要高于非选择性资助。通过选取1994—2003年550家意大利企业为样本,结合广义距估计(GMM)和固定效应(FE)的估计方法支持了这一观点。

国内学者张兴龙等人(2014)对比事前补贴(一次性直接拨付,不监督其用途)、补贴率方式(需企业落实相应的配套资金,严格管理,专款专用)、事后补贴(以专利奖励、科技奖励等方式发放)这三种政府资助方式,认为事前补贴往往缺乏对企业研发的监督和激励,不能有效诱导企业加大创新投入,而后两种方式的监督机制较完善,降低了企业的寻租空间,因此对创新的促进效果显著,并以中国2007—2013年A股医药制造业上市公司为样本加以证明。

2. 资助金额或资助强度的差异

资助规模不同,资助效应会有所不同,分析政府资助金额或资助强度的差异性影响,有利于政府资助资金的合理配置和利用效率。

Czarnitzki 和 Fier(2002)将资助规模分成大小四类,研究表明资助金额越大,对企业的互补资助效应就越强。但与之不同的是,Görg 和 Strobl(2007)仅将企业样本分成政府资助规模大和小两类,分组估计政府的资助效应,发现小规模的资助对爱尔兰本土企业的创新产生了积极作用,但大规模的资助却具有消极影响。

还有许多学者认为政府资助效应随着资助强度的提高呈现出"倒U"型曲线关系。资助强度即资助比率,通常指资助金额占企业研发投入的百分比。在边际效应递减规律的作用下,政府资助并非越多越好,超过一定程度,资助效果会适得其反(David,2000)。Guellec(2003)研究了 OECD 的 17 个成员国企业的创新活动,证明政府资助的促进作用随着资助强度的变化而变化,作用效果是先上升后下降,当资助强度达到 13%后,对企业研发投入的互补效应就会变小,超过 25.4%时,效果发生反转,出现替代效应。

国内学者胡永健、周寄中(2008)探索政府直接资助强度与中小型技术型企业创新投入的关系,采用创新基金 1999—2004 年资助的 6 038 家科技型中小企业为样本,以企业新增投资来衡量企业研发投入,创新基金资助额度总量与企业新增投资之比表示创新基金资助强度,通过对混合截面数据的回归分析,发现政府投入强度与企业创新的关系呈"倒U"型关系:当资助总量占企业研究费用的比例超过 40%后,会降低对企业创新的促进作用。随后,刘虹等人(2012)对中国上市公司 2007—2009 年的数据研究后,也得出类似的结论,而且推算出最优补贴金额是 1.33 亿元。

鉴于选择的样本与方法不同,不同实证研究估计出的资助率临界值差异较大,Aschhoff(2009)认为企业创新项目规模越大,所需的政府资助就越高,因此最佳资助比率与项目大小关系密切,并没有确切的最优数值。

2.1.4.2 行业、市场环境以及地区的差异性

1. 行业因素

第一,行业的技术水平是影响政府资助效果的一个非常重要的因

素。行业技术水平越高,技术溢出效应就越强,企业私人收益和公共收益差距越大,市场失灵的问题会就越严重,此时,政府资助对高技术行业企业的杠杆效应就会更大。例如,Bernstein(1989)的研究证明在R&D投入密集度高的行业,R&D 的社会收益比私人收益最大高出115%,而在其他行业则最高为72%。Almus 和 Czarnitzki(2003)用德国2000多家制造业的企业数据,应用PSM法计算政府资助对企业创新的平均处理效应,结果证明,在技术含量高的行业,政府资助对企业创新投入的促进作用更强。此外,Blanes(2004)对西班牙企业数据的实证研究也赞同这一结论。David(2000)认为技术密集型行业对R&D的依赖度要大于劳动密集型行业,例如纺织行业与电子行业相比,后者的企业更需要通过技术创新取得竞争优势,企业创新的主动性就高,创新投入和产出的规模就大,政府资助的互补效应也会更明显。

然而,也有学者得出相反的结论,González 和 Pazó(2008)同样运用匹配值法处理政府选择偏差后发现,政府资助的杠杆效应对行业技术密集度低的企业作用更大。程华、赵祥(2008)对中国大中型工业企业的研究表明:政府资助对中、低技术行业企业具有显著的促进效果,但对高技术行业企业没有影响,这可能因为高技术行业的研发活动具有较强的技术前沿性,知识隐晦性更高,而政府对高科技企业的偏好,使企业便于向其传递有关创新的虚假信号,进而更容易将政府资助直接替代企业自身的研发投入(郭兵、罗守贵,2015)。

第二,行业的竞争程度也会影响政府的资助效果。Takalo 和 Tanayama(2010)认为越是在竞争激烈的行业中,企业越想迫切地通过技术创新增强自身核心竞争力,而且政府的科技投入表明了国家的行业发展方向和市场需求的信号,对社会的创新投入和产出能发挥更大的带动和引领效果。Lee(2011)指出行业的竞争程度越强,企业越可能享受到R&D成本降低效应,政府R&D资助的杠杆效应也会越高。

2. 市场环境因素

企业所在的市场环境不同,对政府科技资助的反应也会不同。杨洋等(2015)对要素市场的扭曲程度进行分析,由于地方政府在要素市场上的管制和干预,导致中国要素市场的市场化进程严重滞后,这会抬高企业从政府补贴中获取创新资源的交易成本,而且由于要素市场和产品市场的巨大差异,寻租会带来超额利润,从而引诱企业将政府补贴转化为寻租投入,最终削弱了资助对企业创新的杠杆效应。其实证研究结果表明当要素市场扭曲程度低时,政府资助会促进企业的创新绩效;反之,会产生抑制作用。

3. 区域因素

还有学者采用多国的样本和数据,同时考虑其他宏观经济变量对企业创新的影响,认为政府资助在不同国家对企业创新具有不同的作用。例如 Levy(1990)通过对美国、加拿大等 9 个 OECD 国家 1963—1984 年的数据分析,发现政府资助和企业创新在 5 个国家中是互补关系,在 2 个国家中是替代关系,而其余的则不显著。Pottelsberghe 等 (1997)从 7 个 OECD 国家 1973—1990 年的面板数据的实证研究中发现,政府资助对企业创新的作用在美国和英国是互补的,而在加拿大、法国、意大利却是替代的,在其他国家的影响则不显著。Dirk 和 Georg (2006)虽然发现不论是德国东部还是德国西部,政府资助对企业创新都具有激励作用,然而互补效应的程度却不同,资助对德国东部的企业产生的互补效应更大。

2.1.5 企业异质性的影响

企业自身各方面的异质性特征也会对政府科技资助效果产生重要影响。企业在规模大小、所有制性质、创新类型等方面的差异,都会导致政府资助呈现互补效应和替代效应交替并存的局面,或者影响某种效应的强弱程度不同。

2.1.5.1 企业规模

大量文献表明大企业和中小企业的创新行为存在系统性差异 (Dodgson 和 Rothwell,1996;Klepper 和 Cohen,1996),因此,科技资助的作用效果在不同规模的企业中也会存在显著差异,但政府资助对大企业的创新激励效果更好,还是对中小企业的效果更好,理论界仍未取得共识。

一些学者支持大企业的资助效果更好的观点,因为大企业拥有创新方面的资金优势,风险承受能力更强,更有条件进行创新。Blank 和 Stigler(1957)最早研究并发现不同规模的企业对政府资助的反应不同,通过采用 1951 年 1 564 家制造企业的截面数据,对比获得资助和没有获得资助的企业,发现前者的科研人员比重显著低于后者,表明政府投入有替代效应,但当改变样本,用企业员工人数超过 5 000 的大型企业为子样本时,资助效果却提高为互补效应。Holemans 和 Sleuwaegen(1988)分析了挪威政府的研发资助对本国电子等高科技企业研发支出的影响,通过对比大、中、小型三类企业,发现资助对中型企业的激励效果最弱。Cerulli 和 Potì(2012)实证研究也证明了意大利政府的 R&D 资助对大企业自有的 R&D 投入表现出互补性影响,但却挤出了小企业的 R&D 投入。白俊红(2011)也发现了企业规模越大,政府资助对其创新效率的促进作用更好,但却是基于行业层面的研究。

与之相反,一些学者认为企业规模越小,政府的资助效果越好,因为小企业的研发意愿更强烈,但融资约束较大,创新资金不足,而政府资助恰好能缓解其资金困境,从而起到鼓励创新的作用。Folster(1992)采用企业新增研发投入与政府投入之比来衡量政府投入对企业创新投入的杠杆效应,估计结果显示小企业的杠杆效应更高。Lach(2002)对以色列国家统计局调查的约 180 家制造类企业 1990—1995 年的数据进行分析,考虑政府投入滞后一年的影响,对总样本和大企业、小企业子样本分别回归,结果显示资助对总样本和大企业样本没有显著影响,却激励了小企业的创新投入,并指出旨在促进中小企业的资助计划却将 75% 的经费投向了大企业,因此降低了政府资助的杠杆效应,该结论从某种程度上意味着多数小企业在缺少资助时不会加大创新力度,而大企业的创新活动即使在没有资助时也依然能够进行。González 和 Pazó(2008)也发现仅就那些从事研发的企业样本而言,资助并没有对其自有创新投入产生显著的促进作用,但对其中的小型企业(员工人数不多于 200)来说,却发挥了互补效应。

2.1.5.2 企业性质

国有企业、民营企业和外资企业是三类基本的所有制类型,由于产权不同,企业创新行为也具有差异性(吴延兵,2012),而政府资助对不同性质企业的创新会产生不同的影响。许多研究都发现政府资助对民营性质企业的作用效果最好,而对国有企业并不理想,这主要因为国有企业效率低下,自身创新意识不强,虽然凭借良好的政府背景获得资助,也不能有效加以利用。李玲等(2013)以2010年974家上市公司为研究样本,对比政府资助对民营企业和国有企业的创新投入与产出的影响效果,证实政府资助有利于民营企业的创新,而不利于国有企业,即资助分别发挥出"引导之手"和"纵容之手"的作用。张兴龙(2014)通过对上市医药公司的实证研究发现,政府各种形式的资助对国有性质企业的R&D投入都没有显著影响,但总体上能带动民营企业的创新投入。杨洋等(2015)研究了企业所有制性质和要素市场扭曲的联合调解效应,采用来自中国工业企业数据库的企业样本,发现政府资助整体上对企业创新绩效具有促进作用,但相比国有企业,资助对民营企业的作用更大,并且在要素市场扭曲程度低的地区,资助的促进作用进一步放大。

2.1.5.3 企业创新类型

企业创新的类型不同,政府科技投入发挥的作用也不同。Link(1982)较早比较了政府科技资助强度对企业三种不同类型R&D研发投入的影响,发现政府资助抑制了基础研究投入强度,却促进了发展研究投入强度,而对应用研究投入强度没有作用。Clausen(2009)从成功概率和不确定的角度,将创新分为接近市场和远离市场两种类型,通过挪威对创新活动调查数据的研究结果发现,对"远离市场"的创新活动进行补贴能够促进R&D私人投资的增加,而对"接近市场"创新的补贴会降低私人对技术创新投入的预算,具有挤出效应。

政府科技资助对企业技术创新的影响:微观层面的研究如表2.1所示。

表 2.1 政府科技资助对企业技术创新的影响：微观层面的研究

作者	来源	样本时间	政府资助假设	因变量	自变量	数据/样本	方法	结论
Hamberg(1966)	美国	1960	外生	研发人员/人员总数	政府研发资助合同金额/企业总资产	截面 $n=160$	Regress (Weigh. OLS)	混合：在医药、电子通讯、其他电子设备、办公设备行业正向显著；在飞机和半导体行业不显著
Howe 和 Mc Fetridge (1976)	加拿大	1976—1971	外生	企业 R&D 投入/销售收入	政府资助金额	面板 $n=256$	Regress (Weigh. OLS)	混合：仅在电子行业正向显著，其他行业不显著
Shrieves(1978)	美国	1965	外生	企业研发投入(对数)	政府科技资助	截面 $n=256$	Regress(OLS)	替代
Carmichael(1981)	美国	1976—1977	外生	企业研发投入	政府科技资助合同金额	面板 $n=256$	Sharp-linemodel, Regress (Weigh. OLS)	替代：对大企业的替代性更强
Higgins 和 Link (1981)	美国	1977	外生	企业研究费用/研发总投入	政府科技资助	截面 $n=174$	Regress(OLS)	替代：资助研发弹性为-0.13
Link (1982)	美国	1977	外生	企业研发支出/销售净收入	政府科技资助/销售净收入	截面 $n=275$	Regress(OLS)	混合：对企业总支出是互补，但对企业的开发支出是互补，对企业的研究支出是替代
Scott (1984)	美国	1974	外生	企业自主研发支出/营业收入；企业自主研发支出(对数)	政府科技资助(对数)	截面 $n=437$	Regress(OLS)	互补

（续表）

作者	来源	样本时间	政府资助假设	因变量	自变量	数据/样本	方法	结论
Lichtenberg (1987)	美国	1979—1984	外生	企业自主研发支出	政府科技资助	面板 $n=1122$	Pooled OLS	互补：在约束模型中是互补的，在非约束模型中不显著
Lichtenberg(1988)	美国	1979—1984	内生	企业自主研发支出	政府科技资助的科技资助与非竞争性的科技资助	面板 $n=1122$	Regress (Weigh. OLS, IV)	替代：不考虑内生性时是互补，但借助IV考虑内生性时是替代
Holemans 和 Sleurwaegen(1988)	挪威	1980—1984	内生	企业研发支出(对数)	政府研发资助(对数)	面板 $n=816$	Regress (Weigh. FE)	互补：对小企业和大企业的促进作用更强
Antonelli(1989)	意大利	1983	外生	企业研发支出；企业研发支出(对数)	政府研发补贴/企业研发支出	截面 $n=86$	Regress(OLS)	互补：资助研发弹性为0.31～0.37
Leyden 等(1989)	美国	1987	内生	实验室的研发预算	实验室的政府研发补贴；设备资助	截面 $n=137$	Regress (3SLS, 2SLS, OLS)	互补：额外1美元的政府资助带来2.29美元私人研发投入
Klette 和 Moen (1991)	挪威	1982—1995	内生	企业研发总投入	政府科技总补贴	面板 $n=697$	Regress (FE, First Diff, OLS)	混合：短期没有替代作用，但滞后两年后是互补
Toinvanen 和 Niminen (1998)	芬兰	1989, 1991, 1993	内生	企业研发支出	政府研发资助(包括贷款和补贴)	面板 $n=399$	Regress (First Diff, IV)	混合：对大企业是替代，对小企业没影响

(续表)

作者	来源	样本时间	政府资助假设	因变量	自变量	数据/样本	方法	结论
Branstetter 和 Sakakibara(1998)	日本	1983—1989	内生	企业专利数(对数)	企业参加资助计划的次数	截面 $n=1\,456$	Regress (OLS, DID)	互补: 资助对技术关联性强的非资助企业的创新促进作用更强
Lerner(1999)	美国	1983—1985	内生	企业销售增长率; 员工规模增长率	是否参与政府 SBIR 资助; 政府 SBIR 资助金额	面板 $n=1\,435$	Regress (Pooled OLS)	互补: 10年间受资助企业的企业销售和员工规模的增长都高于未受资助企业; 在高科技行业更显著
Busom(2000)	西班牙	1988	内生	人均研发投入; 研发人数	是否受到政府补贴	截面 $n=154$	Regress (Probit OLS) Heckman 选择	互补: 相比没有受资助企业, 政府对受资助企业的创新激励更强
Wallsten(2000)	美国	1990—1992	内生	企业1992年的 R&D 投入	政府 SBIR 资助数量, 政府 SBIR 资助金额	截面 $n=468$	Regress(3SLS) Heckman 选择	替代: 员工越多、专利越多, 企业越容易获得资助; 政府资助次数和资助金额会减少企业研发总投入, 1美元的资助使企业自主研发投入减少0.82美元
Czarnitzki 和 Fier (2002)	德国	1996, 1998	外生	私人研发投入/销售收入	受到政府资助的可能性; 政府资助强度(五年资助总额/销售额)	截面 $n=1\,084$	Matching (PS-Probit, NNM)	互补: 受资助企业的研发强度提高 5.7%

2 文献综述与理论基础

（续表）

作者	来源	样本时间	政府资助假设	因变量	自变量	数据/样本	方法	结论
Lach(2002)	以色列	1990—1995	外生	企业自主研发投入	政府研发补贴金额	面板 $n=325$	Regress (Pooled OLS)	混合：对小企业有正向作用（当期替代，滞后一期互补）；对大企业无影响
Almus 和 Czarnitzki (2003)	德国	1995, 1997, 1999	内生	私人研发投入/销售收入	是否受到政府补贴	混合截面 $n=925$	Matching (PSM Prob. NNM)	互补：受资助企业的研发强度平均提高 4%
Janz 等(2003)	德国、芬兰	1998—2000	外生	私人人均研发支出（对数）	是否受到政府补贴	混合截面 $n=1\,049$	Regress (Tobit ML)	不显著：对两个国家都不显著
Aerts 和 Czarnitzki (2004)	比利时	1998—2000	内生	私人研发支出(对数)	是否获得政府资助	混合截面 $n=1\,049$	Matching (PS-Prob. ernel)	互补：政府资助处理效应是 2.2%～2.8%
Czarnitzki 和 Hussinger (2004)	德国	1992—2000	内生	企业研发总支出/销售收入	是否获得政府资助	混合截面 $n=3\,779$	Matching (PS, Probit, NN)	互补：政府资助处理效应是 1.15～1.89
Duguet(2004)	法国	1985—1997	内生	私人是否提高研发强度	是否获得政府资助	混合截面 $n=1\,672$	Matching (PS, Logit, kernel)	互补：平均而言，政府资助提高了私人中投入，但 1987 年中是替代

45

(续表)

作者	来源	样本时间	政府资助假设	因变量	自变量	数据/样本	方法	结论
Falk(2004)	澳大利亚	1995—2002	外生	企业年度人均研发支出的增长率(对数)	政府研发资助强度(改府资助/企业研发总支出)(对数)	面板 $n=1\,064$	Regress (FE, Partial Adjust)	互补：政府资助的滞后效应更强,当期的资助研发弹性是0.02；滞后一期是0.06
Streicher等(2004)	澳大利亚	1997—2002	外生	私人研发总支出	政府资助总额	面板 $n=2\,194$	Regress (FE, GLS)	互补：政府资助研发弹性是1.26~1.54
Kaiser (2004)	丹麦	2001	内生	私人研发支出(研发总支出/销售)	是否获得政府资助	截面 $n=1\,101$	Regress (OLS, IV) Matching (PS, Kernal)	不显著
Hyytinen和Toivanen (2005)	芬兰	2002	外生	私人研发支出	政府研发资助	截面 $n=724$	Regress (Tobit, ML, OLS)	互补：政府资助对那些需要外部融资的行业更有效。小企业的研发难以获得外部资金支持,资助能缓解小企业资金压力
Ali-Yrkkö (2005)	芬兰	1996—2002	内生	企业自主研发投入	政府资助总额	混截面 $n=1\,640$	Regress (OLS, IV)	互补：短期和长期都互补,即使对不受资金约束的企业也互补
Ebersberger (2005)	芬兰	1994—1996 1998—2000	内生	企业研发强度	是否获得政府资助	面板 $n=2\,462$	Matching (PS, Logit, kernel)	互补：不存在完全和部分挤出效应,政府资助效应6%~25%

2 文献综述与理论基础

（续表）

作者	来源	样本时间	政府资助假设	因变量	自变量	数据/样本	方法	结论
González (2005)	西班牙	1990—1999	内生	企业研发强度（对数）	政府研发资助强度（政府资助/企业研发总支出）	面板 $n=2\,214$	Regress (Tobit, ML)	互补：政府资助的作用比较微弱，但其作用随着资助程度的提高而增强，资助强度从20%提高到60%，企业研发强度提高2%到6%
Koga (2005)	日本	1995—1998	内生	企业研发总支出（对数）	是否获得政府研发补贴	面板 $n=642$	Regress (FE, OLS, IV)	互补：在当期和滞后一期都显著，尤其对发展成熟的企业作用更强
Lööf 和 Heshmati (2005)	瑞典	1998—2000	内生	企业人均研发支出	是否获得政府研发补贴	面板 $n=770$	Matching (PS Prob. kernel)	混合：对小型企业互补，对中型和大型企业不显著
Aerts 和 Czarnitzki (2006)	比利时	1998—2000	内生	私人研发支出（对数）；私人研发支出/营收入	是否获得政府研发补贴；政府资助总额	面板 $n=777$	Matching (PS Prob. NNM) Regress(IV)	互补：受资助企业的研发支出提高了 50%~100%，政府资助的处理效应 0.85%~1.34%
Czarnitzki 和 Licht (2006)	德国	1994, 1996, 1998, 2000	内生	企业研发总支出（对数）；私人研发支出/营业收入（对数）	是否获得政府研发补贴	混合截面 $n=6\,462$	Matching (PS Prob. NNM)	互补：西方国家中政府资助的处理效应大于东方国家

47

（续表）

作者	来源	样本时间	政府资助假设	因变量	自变量	数据/样本	方法	结论
Herrera 和 Heijs (2006)	西班牙	1998—2000	内生	私人研发支出/销售收入×100%	是否获得政府研发补贴	混截面 n=681	Matching（PS-Logit, NNM）	互补：政府资助的处理效应1.85%
Feldman 和 Kelley (2006)	美国	1998	外生	是否有新的R&D项目，是否有新的研发伙伴，校企联系、商业联系	是否被资助D	截面 n=362	Logit 回归	互补：资助对企业创新的后续融资能力有积极作用
Clausen (2007)	挪威	1999—2001	内生	私人研发支出（对数）；研究费用；开发费用（对数）	"接近市场创新"的资助（对数）；"远离市场创新"的资助（对数）	面板 n=1 074	Regress (2SLS Ⅳ)	混合：对"远离市场"的创新活动的补贴有互补；对"接近市场"的创新活动补贴是替代
Czarnitzki 等 (2007)	德国 芬兰	1996, 2000	内生	私人研发支出/营业收入（对数）	是否获得政府研发补贴	混截面 n=2 502	Matching (PS-Prob, NNM)	混合：在德国不显著，但在芬兰却互补
Czarnitzki 和 Toole (2007)	德国	1998—2000	外生	私人研发支出（对数），企业研发强度（对数）	政府资助总额	混截面 n=1 627	Regress (Tobit)	互补：资助对企业研发支出的边际增长率39%
Görg 和 Strobl (2007)	爱尔兰	1998—2002	内生	私人研发支出（对数）人均研发支出（对数）	政府研发补贴（对数）；补贴规模大、中、小	混截面 n=4 192	Matching (PS-Prob, NNM) Re-gress(DID)	混合：小规模补贴是互补，大规模补贴是替代，政府补贴效应倒"U"型

(续表)

作者	来源	样本时间	政府资助假设	因变量	自变量	数据/样本	方法	结论
Aerts 和 Schmidt (2008)	德国 比利时	1998—2000 2002—2004	内生	私人研发支出(对数)和企业研发强度(对数)	是否获得政府研发补贴	混合面 $n=11\,603$	Matching (PS Prob, NNM)	互补: 受资助企业的研发强度比不受资助的高出64%~100%
González 和 Pazó (2008)	西班牙	1990—1999	内生	私人研发强度(滞后一期);企业研发总投入/销售收入	是否获得政府资助	混合面 $n=9\,455$	Matching (PS Prob, NNM)	互补: 总体来说,政府资助的处理效应达72%。资助对小企业、中型企业以及高科技效果更好
Hussinger (2008)	德国	1992—2000	内生	私人人均研发支出	是否获得政府资助;过去资助总额(对数)	面板 $n=3\,744$	Selection (Probit PS Heckman)	混合: U型关系,开始是替代关系,到达某个零界点,变成互补关系
Berubé 和 Mohnen (2009)	加拿大	2005	内生	技术创新的性质;新产品和显著改进的产品数;最新引进产品的(经济成功)	是否获得政府科技资助	混截面 $n=2\,785$	Matching (PS Prob, NNM)	互补: 同时获得政府补贴和税收优惠的企业比仅享受税收优惠的企业更有创新
Herrera 和 Martinez (2009)	西班牙	1995—1999	外生	私人研发支出;私人研发支出/销售收入	政府研发基金	混合面 $n=793$	Regress	互补: 每增加1美元政府资助,使企业增加自有研发投入44美分

（续表）

作者	来源	样本时间	政府资助假设	因变量	自变量	数据/样本	方法	结论
Czarnitzki 等 (2011)	比利时	1999—2007	外生	私人研发支出；技术研究支出；技术开发支出	是否获得政府资助	混藏面 $n=3\,684$	Regress (Tobit RE, Wooldridge)	混合：资助能缓解企业在研究阶段的融资压力，有助于研发活动，但对开发支出的作用不显著
胡永健，周寄中 (2008)	中国	1999—2004	外生	企业新增投资金额	创新基金资助额度总量/与企业新增投资	混藏面 $n=4\,195$	Regress(OLS)	互补：资助总量占企业研究费用的比例达到40%，作用会降低，即呈倒U型
唐清泉，卢珊珊，李懿东 (2008)	中国	2002—2005	外生	企业研发费用	政府直接研发补贴，政府间接研发补贴	面板 $n=5\,672$	Regress(OLS)	互补：政府间接补贴的作用大于直接补贴
解维敏，唐清泉，陆姗姗 (2009)	中国	2003—2005	内生	企业当年是否有研发支出	是否获得政府资助	面板 $n=3\,890$ 上市公司	Heckman (two steps)	互补：政府的直接补贴和间接补贴都有利于企业创新，政府间接资助的作用更强
胡永健，周寄中 (2009)	中国	1999—2004	外生	基金立项后企业新增投资	政府资助金额；政府资助强度（政府资助/企业新增投资）	面板 $n=4\,295$ 上市公司		互补：自主有利于企业技术创新投入的增长，促进作用随着额度的变化而变化，当政府资助强度达到40%时，作用开始降低

(续表)

作者	来源	样本时间	政府资助假设	因变量	自变量	数据/样本	方法	结论
余明桂、回雅甫、潘红波(2010)	中国	2002—2008	内生	企业收益(ROA);社会收益(税收贡献、就业创造)	政府补贴(扣除增值税返还后)/企业净利润	面板 $n=779$ 上市公司	Regress(2SLS)	混合:建立政治联系的民营企业获得的财政补贴与企业绩效及社会绩效负相关,而与无政治联系的企业获补贴正相关。支持了民营企业建立政治联系的寻租假设
邵敏、包群(2011)	中国	2000—2006	内生	是否出口、新产品开发力度=新产品产值/工业总产值,	企业补贴程度=补贴收入/销售收入 企业补贴决定={0,1}	混截面 $n=46\,719$ 《工业统计年报》	Heckman (two steps)	替代:政府补贴程度决定行为更多在保护弱者;政府倾向扶持出口企业,对开发力度较强的、生产率较高企业的补贴对象和补贴程度均显著向国有企业倾斜
秦雪征、伊志峰、周建波、孔欣欣(2012)	中国	2009	内生	企业上一年是否有产品或服务创新;上一年是否有流程/方法创新	企业上一年是否参加科技项目	截面 $n=716$ 中小企业	Matching(PS、Prob、Kernel)	互补:参加计划使企业进行产品创新的概率平均提高20%,方法创新的概率平均提高24%

51

(续表)

作者	来源	样本时间	政府资助假设	因变量	自变量	数据/样本	方法	结论
夏力,李舒妤(2013)	中国	2010—2011	内生	企业研发投入强度	是否有政治关联 D;政府补贴强度	截面 n=318 创业板	Regress(OLS)	混合:补贴只促进无政治关联企业的创新投入
李玲,陶厚永(2013)	中国	2010	外生	新产品销售收入/销售收入	政府补贴/销售收入;高管持股比例;独立董事人数比重	截面 n=974 主板和中小板	Regress(OLS)	混合:补贴促进民营企业创新,对国有企业没有影响;高管持股正向强化了补贴与企业创新的关系;独立董事没有作用
汪秋明,韩庆潇,杨晨(2014)	中国	2002—2011	外生	主营业务收入的对数(研发投入的代理变量)	政府补贴金额(对数)	面板 n=800 上市公司	Regress (RE, FE, IV)	混合:总体而言,补贴没有促进战略性新兴产业中单个企业的创新,补贴对新能源和新能源汽车产业是有效的
陆国庆,王舟,张春宇(2014)	中国	2010—2012	外生	企业营业收入(创新绩效的综合反映)	政府补贴(当年补贴×85%;企业上年补贴+研发投入(研发费用×85%)+上年研发费用×85%)	面板 n=813 中小板与创业板	Regress (IT3SLS) FIML, PLS, IV)	互补:政府战略性新兴产业创新补贴是有效的;对单个企业的作用效果不大,但创新的外溢效益显著;公司治理和财务风险对政府补贴绩效有影响

(续表)

作者	来源	样本时间	政府资助假设	因变量	自变量	数据/样本	方法	结论
张小红,逯宇铎(2014)	中国	2005—2007	内生	企业研发费/工业销售值	是否获得政府资助	面板 n=584 294 中国工业数据库	Matching (PS-Prob.)	互补:政府研发补贴使受补贴的企业平均增加0.184%的研发强度,也有利于企业新产品产值
霍海燕,董静,汪江平(2015)	中国	2006—2009	内生	政府直接科技资助金额	企业研发投入	面板 n=459 上海张江园区企业	Heckman	互补:政府科技资助对企业研发投入在短期内有促进作用,但长期而言,作用有限
杨洋,魏江,罗来军(2015)	中国	2003—2007	内生	新产品产值/总产值	政府直接补贴;是否国有企业;要素市场扭曲程度	面板 n=207 944 中国工业数据库	Regress (Tobit, FE, 2SLS, IV)	补贴对民营企业创新作用更大;要素市场扭曲程度低的地区,补贴对企业创新作用更大。所有制影响要素市场扭曲程度的调节作用
董静,霍海燕,汪江平(2016)	中国	2006—2009	内生	专利数量(对数)	政府资助强度	面板 n=4 878 上海张江园区企业	Matching (PS-Prob.) Regress D-k	互补:政府科技资助对大规模非国有企业资助效果更好

53

2.2 有关研究评述

2.2.1 以往研究的主要特点

2.2.1.1 微观层面的研究结论和解释不统一

综观上述研究,学者们对宏观层面的研究基本达成一致,即支持政府科技资助促进企业创新活动的观点。但在微观层面来看,即使控制了资助的内生性后,政府资助与企业技术创新之间的关系仍没有得出一致的结论。

科技资助产生互补效应的原因:一是政府补贴能降低企业创新成本,提高创新项目的盈利性,从而鼓励企业加速在研项目,增加创新项目和研发投入,并进一步促进企业形成新的科学知识,提高其技术创新能力;二是如果科技资助用于建立或更新研究设备,当这些研究设备在企业内部具有共享性时,可降低其他研究项目的固定成本,从而增加项目的营利能力;三是政府资助的项目大多具有高风险和高溢出性,对企业的科技资助,一方面可以降低其从事研发活动的风险,强化研发动机,诱导其增加自筹的技术支出,另一方面,由于知识的溢出,不仅能降低企业研发成本,还能扩大企业基础知识,提高其创新能力。

科技资助产生替代效应的原因:一是政府决定创新项目、资助对象和资助方式,因此科技资助就是政府行为,政府会有意识地挑选,而不是由市场机制进行自然淘汰,政府资助往往存在扭曲行为,从而不利于社会研发资源的合理配置;二是在价格机制的影响下,资助只提高了企业的名义研发投入总量,而非实际总量,政府投入起初能够促进企业的研发活动,伴随着企业对R&D资源的需求增加,使原本有限的研发资源变得更加紧缺,进而抬高了研发成本(David 等,2000;Goolsbee,1998),如研究人员的工资上涨,企业研发经费的增加主要源自人工成本的提高,而实际R&D总量可能会降低;三是政府科技资助会替代甚至完全"挤出"企业的研发投入。政策的决策者和执行者——政府官员为了追求短期内的政绩或避免公共财政资源的浪费,容易注重眼前利益,而更青睐那些商业回报高和成功概率大的,但企业原本就会投入的项目,此时,资助会被企业直接用于替代一部分自身的研发投入。从而导致研发投入总量并无增加,使资助政策不能发挥杠杆作用;四是间接的降低了没有受资助的竞争企业的研发投入。受资助企业降低了研发的成本和风险,从而加大研发投资;相比之下,在知识溢出能力有限的情况下,没有被资助的企业会面临研发成本的上升,使研发投入回报率降低,从而减少有关技术创新的投入和行为。

2.2.1.2 政府资助的效果受到多种因素的影响

政府科技资助对企业创新是正向作用还是负向作用往往取决于多种因素的影响,关注较多的影响因素可分为两个层面:第一,企业内部的异质性特征:企业规模、所有制、创新类型等;第二,企业外部的差异性环境:行业技术水平、行业竞争程度、地区或要素的市场化水平、政府资助的方式与力度等。因此,当前微观层面的研究越来越重视考察企业异质性因素对政府资助效果的影响。

2.2.1.3 研究方法、样本来源、数据类型多样化

研究方法方面,案例研究、博弈论分析占少数,而数学建模与实证分析占主流,并且多数会应用 Heckman 样本选择、工具变量、固定效应、匹配等方法控制政府资助的内生性后,进行更加精确的估计。数据来源广泛,从上市公司到非上市公司、从二手数据到一手数据,从短期数据到长期数据,从美国、日本、德国等发达国家,到以色列、中国等发展中国家。

2.2.2 以往研究的不足与未来展望

在成熟发达的市场与日益强大的政府干预的共存中,以往研究都从不同的视角探讨政府补贴对企业技术创新的影响,结论仍未统一。为解开这些观点互相矛盾的谜底,非常有必要从以下几个方面深入推进政府科技资助与企业创新之间因果关系的实证研究。

2.2.2.1 应关注企业内部异质性因素的影响

早期文献多是基于新古典经济学的研究范式,将企业视为利润最大化的"黑箱",认为技术创新活动是企业效用最大化的经济行为,却忽视了企业内部的异质性因素从中所产生的影响。近期的研究已意识到这一点,并且围绕企业的异质性展开讨论已逐渐成为研究政府资助效应的发展趋势。

目前,学者们更多关注政府资助的类型与方式(Görg 和 strobl,2007;Massimo 等,2008;Aschhoff,2009;刘虹,2012;张兴龙等,2014)、行业技术特征与竞争程度(Blanes,2004;González 和 Pazó,2008;Takalo 和 Tanayama,2010;Lee,2011)、地区的市场环境(程华、赵祥,2008;杨洋等,2015)等众多企业外部性因素影响政府科技资助效果的作用机制,并得出丰富而有价值的结论,但有关企业内部特征的差异还有待理论界的广泛关注和深入研究。

总的来说,企业异质性基于企业自身现有条件和状况,在规模大小、发展历史、经济性质、组织方式、技术基础、人力资本等方面具有差异,最终体现在企业生产和技术效率的差异性(贾戎,2013),从而影响到企业对政府科技资助的利用效果。企业是创新的主体,是政府创新补贴作用于经济增长的微观基础,因此,需要进一步打开从政府投入企业创新这个过程中的"黑箱",更多地聚焦影响企业创新投入决策和创新活动效率的内部异质性因素,分析政府资助发挥作用的条件和边界。

已有学者分析了企业所有权性质对政府科技资助效果的影响,发现不同性质的企业会影响政府的资助偏好以及对公共资源的利用程度,并普遍认同:相比其他性质的企业,国有性质的企业削弱了政府科技资助的互补效应(Liang 等,2012;李玲、陶厚永,2013;张兴龙,2014;杨洋等,2015)。但这些实证研究更多的是以中国上市公司或上规模的大型工业企业为样本,存在样本代表性不足的固有缺陷,其结论是否对中国广大的非上市公司或中小型企业适用,这需要有更具代表性样本的经验证据。而且,在现实中,技术创新的决策过程是企业所有者和经营者进行协商的结果,除了受所有制性质的影响,企业股权结构尤其是对创新进行决策和监督的管理层是否有意愿和动力来有效地利用政府资助,这可能与管理层持股这一长期激励措施有关系,因此,管理层持股也会是影响政府资助效果的企业内部异质性特征之一。

同时,一些研究也发现,企业规模大小对政府资助效果存在显著差异,但资助对大企业的创新激励效果更好,还是对小企业的效果更好,学者们仍有争议,这也值得理论界展开更多的机理分析和实证研究。

此外,还应关注其他的企业异质性因素。例如,企业发展时间长短,也是影响其创新能力和动力的重要异质性特征。企业是生命的有机体,随着时间的推移,其内部的资本结构和资源配置效率会随之变化,知识的吸收能力也会不同,这些都会影响企业对创新资源的利用效果。因此,政府资助对发展时间短的年轻企业作用大还是对发展时间长的成熟企业作用大?企业的研发基础也是其开展创新活动的必要条件和技术保障,企业研发基础越好,其技术创新越活跃(Helfat,1994),创新效率更高、见效更快、发展潜力更大,技术溢出所带来的社会效应也更好(Tsai和Wang,2004),也为其有效利用政府科技资助、提升创新水平提供了必要支持,从而影响政府资助对企业创新的激励程度。

基于上述分析,未来的研究应更多地从企业内部异质性的因素和特征来发现和探讨政府科技资助的作用机制,从而揭示即使在同一行业、同一地区,受到同种类型资助的影响,企业创新也呈现出不同水平和成果的原因和机理,以期得出更丰富和更有指导性的结论。

2.2.2.2 应关注政府资助对企业更多创新类型和行为的影响

大部分实证研究往往把企业创新投入,尤其是企业R&D投入视为一项单一或者同质化的行为,然而,许多学者早已强调,研发活动涵盖了一系列复杂且不同的任务(Aerts和Schmidt,2008;Clausen,2009),至少从最传统的划分方式来看,研发活动的两种主要类型——研究活动和开发活动值得深入探讨。

研究活动和开发活动具有不同的特点和范畴,特别是研究活动的不确定性(uncertainty)和无形性(intangibility)的程度都高于后者,并且研究活动更能提高企业的"吸收能力"(absorptive capacity),而这正是一项形成企业竞争优势的重要无形因素(Cockburn 和 Henderson,1998)。并且,研究支出比开发支出更有利于企业生成专利(Czarnitzki 等,2009)。

同时,研究项目的结果所具有的不确定性和无形性,也让企业无法从中独占收益。Nelson(1959)和 Arrow(1962)都指出,由于研究活动的回报难以独享,因此投资不足的企业对研究活动的投入比对开发活动的投入更谨慎和严格。从这个角度而言,政府补贴会有助于减少社会回报和私人回报两者之间的差距,从而鼓励企业的研究活动(Czarnitzki 等,2011)。与研究活动相比,开发活动通常所面临的不确定性和无形性更低,更"接近市场","与企业实际中解决某项特定问题的活动相类似"(Clausen,2007),并且开发项目有更明确和具体的商业目标,使企业更有动力去实施和推动,以最大程度地获得预期收益(Aerts 和 Thorwarth,2008)。据此,与研究活动相比,传统市场失灵之说(market failure argument)在解释政府资助干预企业开发活动的合理性方面,说服力更弱。

已有个别研究从这两种类型出发并展开分析,得出了不同的结论。比如,Aerts 和 Thorwarth(2008)证实公共研发活动往往会减少企业自身的研究支出,但对企业的开发支出却具有正向影响。与此相反,Diamond(1999)和 Czarnitzki 等(2011)分别证明了政府科技资助仅对企业的基础研究活动支出产生激励作用。更有意思的是,Clausen(2007)将政府补贴分为研究导向和开发导向这两种类型后,发现技术导向的政府补贴能提高企业技术研究方面的支出,但开发导向的补贴却不利于企业技术开发活动的投入。因此,日后的研究需要细化政府资助对企业更多不同创新类型活动的影响,并寻找更合理的理论解释。

2.2.2.3 应关注企业获得政府资助的历史延续性

很多文献都提到,在财政科技政策的实际操作过程中,政府资助往往具有时间上的连续性,会持续向某些企业提供帮助(Hussinger,2008;Duguet,2004;Aschoff,2009),上一期或曾经获得资助的企业再次得到政府青睐的概率很高。但是企业被资助的历史如何影响其研发投入和创新水平,这种影响对企业创新是"互补"还是"替代"? 这在理论上鲜有研究。

那些曾经成功获得政府资助进行创新的企业,会在资助项目方面积累更多的经验、知识和信息,从而有助于今后提高申报项目的命中率。由于以往的成功经验和心得,使企业能降低项目申报的成本,并进一步调动企业持续关注和申请政府资助计划的积极性,增加企业参加资助的频率和次数。因此,那些企业多次获得资助是因为他们更熟知资助计划的规则、要求和流程,即使实际中他们并没有受到财务方面的困扰;也就是说那些有项目申报经验的企业再次获得资助,并不是因为他们真正需要钱,或是有更好的创新项目,而是因为他们更懂得如何准备申报材料,从而提高了申报效率和命中率。

政府更容易选择那些有资助成功经验的企业,一方面,为了尽可能地提高资助项目的成功概率,政府官员们往往扮演"成功挑选者"的角色;另一方面,也会遵从一些特定利益集团的指示,优先选择某些企业,例如,地方政府会配合上级政府的科技政策,优先给那些已获得上级政府资助的项目提供一定比率的配套补贴。在这种两种情况下,政府资助会优先考虑那些从项目申报书的内容上看,具有研发实力和预期成功概率高的企业。不过那些企业大力投入具有较高预期回报率的创新项目原本也容易获得企业的大力投入和外部投资的支持。

根据上述分析,与首次获得资助的企业相比,频繁获得资助的企业会使政府科技资助对创新的"替代效应"更严重。因为获得资助的企业更有可能减少创新项目融资的风险和成本,结果是,频繁获得资助会导致企业降低私人研发投入和创新水平,从而导致科技资助的"替代效应"。

但是也有另外一种相反的可能,对那些经常获得资助的企业来说,政府科技资助能更好地发挥对创新的"互补效应"。因为许多资助计划实施周期往往比较短,例如1年、2年等,通常都小于技术创新项目的开发、成果转化直至商业化的周期,因此,那些凭借某个项目获得资助的企业,会迫切需要后续的科技资助以不断推动该项目的实施直至成功。对受资助的企业而言,这些科技资助计划应该更加持久和稳定,才有助于企业不断加大自身的研发投入,开展更持久的创新活动(Hussinger,2008)。所以,对那些相对频繁获得资助的企业而言,政府科技资助能更好地发挥对其创新的"互补效应"。

2.2.2.4 应注重资助对企业创新的长期影响

政府资助具有针对性和短期性的特点,而企业创新是一项长期积累和持续的过程。很多研究受样本、数据类型等因素的限制,侧重分析资助对企业的短期创新投入和产出的作用,而对企业长期的创新能力甚至竞争水平的提升关注不够。

企业创新投入和产出是一个周期较长的过程,政府资助的作用会随着时间发生改变。Levy和Terleckyj(1983)指出,平均而言,政府资助对企业滞后三年内的创新投入具有"杠杆效应"。Klette和Møen(2012)则发现,大部分情况下,在政府资助项目结束后的头两年,仍然会促使企业加大创新投入。而Lach(2002)的研究表明,政府资助在滞后一年时发挥出了"杠杆效应",但滞后两年时,则变得不显著,即资助的作用消失了。

政府资助的影响可能比资助项目本身更持久,获得资助的企业可能会在下一期或今后进行更多的创新活动。David等(2000)认为,从长期来看,政府科技资助会对企业创新产生两种积极的影响:首先,企业在资助的帮助下,所形成的新知识和新技术会对自身产生溢出作用,从而增强企业的技术机会甚至创新能力;其次,政府资助有助于企业获得高素质的技术和研发人才,提高技术创新的组织和管理能力,而这些都会对企业日后的创新产生更持久的积极作用。

政府资助的影响具有滞后性的另一个主要原因是,调整企业的研发活动是有成本的(Lucas,1967),调整研发活动在实际操作中比较复杂,涉及获取新资源,重新配置现有资源,例如配备研发人员。如果企业研发投入的最优规模非常高,那么就可能需要繁重而复杂的再调整和再配置,若这些调整活动要在更长的时间内完成的话,则会形成更高昂的成本,这可能导致企业会利用几年甚至更长的时间来逐渐实现其创新投入的目标。因此,政府资助对企业创新活动的影响不仅不会是短期的,而且会在更长的时间里发挥作用。

2.2.2.5 应注重分析不同层面和不同类型的政府资助

在大部分国家,有很多不同性质的政府机构都在资助企业创新。特别在17个欧洲联盟国家中,存在国际的、中央政府的、地区政府的多种资助计划,而在美国,有国家政府和州政府的各种扶持项目。多数实证研究并没有区分这些资助的不同来源,只单纯地研究某种层面的政府资助,因此,得出的结果只是资助对企业创新的平均影响效应。然而,一些学者已开始探索来自国际官方机构、国家政府、地区政府的不同层面的资助影响(González 和 Pazó,2008;Czarnitzki 等,2007;Herrera 和 Martinez,2009)。虽然一些结论不尽相同,但其中多数学者在研究不同来源的政府资助的平均效应后,还是认同了资助对企业创新的互补效应。Blanes 和 Busom(2004)发现企业之间、行业之间、政府机构之间的差异会影响企业参与国家政府和州政府不同层面资助计划的情况。

不同层面或不同来源的政府资助对企业创新的影响是否会因不同资助的特点而具有差异性?这需要理论界进一步的研究。特别是,不同政府机构的资助要求和条件不同,资助方式和手段不同,这就更有必要和价值去考察不同类型、不同来源的资助计划如何对企业创新产生"互补"和"替代"作用(Klette 等,2000)。

即使一些不同来源的资助计划在申报条件和资助标准上差异不大,但一些企业在向某个政府部门申请资助后,有可能会向另一家政府机构就同一个项目再次提出申请(Blanes 和 Busom,2004)。最终,企业会从多个不同的政府部门获得资助用以支持同一个创新项目。在这种情况下,政府资助最有可能"挤出"企业自身的创新投入,企业也因为忙于奔走多种资助计划,而疏于自主创新,并且更可能会因同一个项目享用过多的公共资源,特别是一些小规模的创新项目。即使企业会凭借不同的项目从不同的部门获得资助,但也有可能会将所有的资助进行重新配置,从而"替代"某个创新项目的投入。但也会有截然相反的情况,企业可能会为一个投入大并且风险大的项目从不同政府部门获得资助,此时,不同来源的政府资助就会同时鼓励企业的创新投入,发挥出杠杆效应。它们到底会对企业创新产生何种影响和作用机制,还有待理论界的深入研究。

2.2.2.6 应注重对发展中国家的研究

以发达国家为研究对象或背景的有关文献非常丰富,而针对发展中国家的实证研究相对不足。发达国家有着成熟的经济体制和稳定的制度环境,与中国这样典型的新兴经济国家不同,两类国家处在不同的经济发展阶段,企业规模、技术实力、人力资源、社会文化、制度体制等众多方面存在很大差异,政府资助效果会受到这些因素影响。特别是我国正处于经济转型期,由于信息披露不健全、市场经济不成熟、制度建设存在缺陷,从而造成政府科技资助的"政府失灵"现象时有发生(王俊,2010),往往会出现资助前政府的逆向选择和资助后企业的道德风险,导致政府有可能会选择那些研发能力较弱的企业(安同良等,2009),而企业也可能会将科技补贴挪作他用,或者用来扭亏为盈,资助往往带有政府"保护弱者"的色彩(邵敏、包群,2011)。

加强针对发展中国家的政府科技资助对企业创新影响的研究,厘清政府资助在体制和机制不健全环境下的作用条件和影响机理,由此得出的结论才会对发展中国家更有现实的指导意义,也会为改革和完善各类政府治理机制提出迫切的要求和合理的解释。

2.3 理论基础

除了传统的企业技术创新理论,本书从企业异质性的视角,结合委托代理理论、企业异质性假设、资源基础理论和信号理论,围绕政府科技资助影响企业技术创新的过程,展开因果相连、逐层递进的实证研究,以深入分析政府科技资助的动机、作用效果和情景机制。

2.3.1 企业技术创新理论

创新理论由美籍奥地利经济学家约瑟夫·熊彼特(Joseph A. Achumpeter)在其经典著作《经济发展理论》(1912年)中提出,首次提出经济增长的核心要素是创新,并以此解释资本主义经济发展规律。在熊彼特的理论中,创新代表"建立一种新的生产函数",主要属于技术创新范畴,但同时也包含组织管理创新,即在生产体系中引入关于生产要素和生产条件的创新组合。其中包括:第一,产品创新,生产新产品或挖掘产品新特性;第二,工艺(技术)创新,将新的生产方法用于生产中;第三,市场创新,改变市场策略,挖掘新的市场空间;第四,资源创新,获取新资源渠道,丰富资源多样性。熊彼特在20世纪初最早提出创新理论,但有关技术创新的研究论述可以追溯到亚当·斯密(A. smith,1776)在《国民财富的性质和原因的研究》(简称《国富论》)中谈到的技术创新对经济增长的意义。他认为分工是导致国民财富增加的主要因素,因为分工有助于劳动者技能因专业化而提升,有助于节省工作间转换所花费的时间,有助于改良工具和机械发明,进而促进劳动生产率提高,使劳动者在劳动中表现出更熟练的技巧和判断,最终加快增进经济发展。斯密还提出了两种可以提高产量的方法,即通过改进生产者工作能力和改良生产机械来提高社会现有劳动力的生产能力,并增加社会的实际有用劳动量。而提升工作能力和机械效率都与技术进步有关,因此,除了资本和劳动投入,技术创新也是推动经济增长的关键要素。

随着新技术革命的兴起,技术进步成为经济增长的主要推动力,熊彼特的理论引起广泛关注和讨论,并衍生出了三个发展方向:一是以弗里曼、纳尔逊等为代表的技术创新方向,主要探讨技术变革和技术推广,研究重点包括技术创新阶段、技术轨道与范式、技术创新集群、技术创新扩散及长波等,形成了一些重要的创新理论。其核心是创新发明的市场价值,以及对创新发明的实施和应用。二是以罗默等为代表的新增长理论方向,研究将技术创新与经济长期增长结合,认为技术进步是经济持续增长的关键核心,有助于劳动分工深化和人力资本提升,技术创新对经济增长产生重要影响。三是以诺斯、莫顿等为代表的制度创新方向,将制度和创新结合,主要探讨制度变革和制度形成,研究制度创新的原因和动力、制度创新过程、制度创新时期和模式。

  企业创新理论认为企业是创新发展的主体,创新能力体现了企业的核心竞争力,代表了其市场竞争水平和可持续发展能力。企业的创新行为是以市场需求为导向的,包括了产品创新、资源要素创新、经济管理模式创新、市场行为创新等多方面的内容和行为(李兴文,2007)。一般包括技术创新、管理创新、市场创新三方面的内容。其中,企业创新理论的核心是技术创新,包括产生新产品、新工艺、新方法,其最终目的是通过科技成果转化实现利润增长,从而推动企业发展,同时技术创新也是其他创新的基础和推动力量。管理创新是企业创新发展的保障,管理体制机制的创新,从根本上激发了个体的创新力,创造了必要的管理环境和条件,为技术创新和市场创新提供了良好的组织保障。市场创新是企业创新发展的实现方式,企业创新成果的竞争力和真实价值需要通过市场需求来实现,高新技术企业尤为如此,因此以适应市场需求为目的的市场创新是企业发展的根本途径。管理学大师彼得·德鲁克曾指出,"创新的成功不取决于它的新颖度、它的科学内涵和它的灵巧性,而取决于它在市场上的成功",创新需通过市场来检验。

  对技术创新与企业成长之间关系的研究主要继承了熊彼特的理论,即强调技术创新对企业持续成长的重要作用。大部分研究认为企业提升创新能力可增强自身竞争力,通过技术和市场掌控力的提高获取更多利润,更好地向技术密集型企业转变(Poon,2004)。也有学者提出,企业技术产品创新有利于生产更多高附加值产品,使企业逐步进入产业链和价值链的高端位置,促进企业向先进前沿方向转型升级(Gereffi,1999)。同时,技术创新一定程度上降低了生产成本,使得企业具有价格优势,有利于获取更多利润。孔伟杰(2012)对中国企业的研究也发现了创新对企业发展的关键作用,大部分企业转型升级的过程都与其自身创新能力的提升密不可分,当然也不能排除有部分企业创新投入失败的案例。肖兴志和王伊攀(2014)认为企业的创新活动是由利润驱动的,但我国企业技术创新带来的实际收益较低且难以维持,因而使科技创新难以形成生产力,造成企业研发创新投入与收益不对等。其中主要的瓶颈包括:技术创新的定位与市场需求有偏差,产品技术创新与工艺创新以及商业模式和渠道创新等不匹配,知识产权保护不力导致的侵权和利益损害问题,以及在现行会计制度下技术创新形成的无形资产无法得到价值认同等。这些瓶颈问题的存在,影响了企业创新投入转化为商业利益的有效性程度,进而抑制了企业创新投入的积极性。

2.3.2 委托代理理论

委托代理理论(Principal-agent Theory)是20世纪70年代初经济学家深入企业"黑箱",研究企业内部的信息不对称和激励问题而发展起来的重要学说(张维迎,1999)。企业创新的水平和能力会受到委托人和代理人关系的影响,企业的经济性质及其所有权结构不仅影响其创新水平,还会影响其获得政府科技资助的能力以及对科技资助的利用效果。

企业的委托代理关系就是一种契约关系,它是企业剩余索取权和控制权分离的产物。早在18世纪个人业主型的企业中,所有者就是经营者,所有权和经营权合二为一,并没有出现委托代理关系。进入19世纪中期,随着生产社会化程度的提高和企业规模的扩大,企业迫切需要具有专业的经营知识和管理技能的职业经理人,以提高其运作效率和竞争优势,因此,企业的所有权和经营权出现分离,委托代理关系初现端倪。而现代股份公司极大地推动了委托代理关系的发展,数量众多且分散的股东们(即企业所有者)无法直接管理和支配企业的经营活动,必须交给职业经理人(即企业管理者)来打理,所以,企业管理者受企业所有者们的委托,拥有了企业的经营决策权,企业"所有和控制"的分离更普遍和广泛。现代企业中,委托代理关系集中体现在董事会和高管层之间的关系,同时也遍布在所有组织的每一个管理层级中。

2.3.2.1 委托代理理论的假设与模型

委托代理理论是建立在委托人和代理人两者之间信息不对称和利益不一致的前提下,由于这两方面的原因,代理人会产生"逆向选择"和"道德风险"的行为。相比委托人,代理人有信息优势,可能凭借这一优势做出损害委托人利益的行为,具体而言,当代理人与委托人两者存在利益冲突的时候,代理人常常会出现机会主义行为,使委托人付出"代理成本",这就是委托代理问题的缘由。

企业中的委托代理关系不是一般的雇佣关系,所有者作为委托人,授予管理者(即代理人)较大的经营决策权。由于所有者难以全面了解管理者的活动和企业的情况,故他们是信息的劣势方,而管理者是信息的优势方。并且,所有者和管理者的效用函数不同,即利益诉求不同:前者希望企业利润最大化;而后者追求个人报酬最大化,除了经济性收益,还包括非经济性收益,如有支配更多资源的机会、更响亮的头衔、更优越的办公环境、更多的在职消费等,因此管理者会出现有损于企业所有者利益的不道德行为。

委托代理理论旨在研究"如何设计一个补偿契约,来驱使代理人作出有利于为委托人利益的行为"(Rose, 1973),即委托代理理论的核心就是如何帮助委托人设计出一套机制,来解决代理人的激励问题。该理论通过建立严谨的数据模型,以信息不对称和利益不一致为前提假定,来探讨对代理人的激励模型和约束机制。基本模型由委托人的效用函数、代理人的效用函数、两个约束条件所构成(Mirrless, 1975, 1976)。

$$委托人的效用函数: W = W[\pi - S(\pi)] \quad (3.1)$$

$$代理人的效用函数: D = D[S(\pi) - C(e)] \quad (3.2)$$

其中,π是代理人可以观察到的委托人的努力结果,例如利润、收益率等企业经营绩效,并且π受到两个因素的共同影响:代理人的努力

程度 e 和其无法控制但却影响经营结果的其他因素 θ（自然状态），因此，企业的经营结果用 $\pi(e,\theta)$ 表示。委托人由于无法获得代理人行动的具体和完备信息，只能根据 π 支付代理人的报酬 $S(\pi)$，因此委托人的效用是 $\pi - S(\pi)$ 的函数。代理人的回报一方面包括从委托人那边拿到的报酬 $S(\pi)$，另一方面应扣除自身努力付出的成本 $C(e)$，该成本是代理人自身努力程度 e 的函数，最终，代理人的效用是 $S(\pi) - C(\pi)$ 的函数。

委托代理模型中，委托人要实现效用最大化，必须要满足有关代理人的两个约束条件：参与约束（Participation constraints）和激励相容（Incentive compatibility）。前者是指代理人接受委托时的期望效用不小于做其他工作所得到的回报，即不小于机会成本；后者是指代理人在满足委托人效用最大化时，也要追求自身效用的最大化，即委托人要给予代理人足够的激励。

总而言之，委托代理理论的基本模型就是要在保证激励相容和参与约束这两个条件满足的情况下，选择和设计一套能够激励和引导代理人行为的机制，使代理人的行为满足委托人的利益，降低代理成本。委托代理模型得出的结论主要是：第一，在最优的激励机制中，代理人应承担一定的风险，因为信息的非对称性使委托人监督困难，并且成本高昂，为了满足"激励相容"，只能让代理人承担部分风险，而相比拥有更多财富的委托人，代理人是风险厌恶者；第二，如果代理人是风险中立者，那么最优的激励办法是让代理人承担完全的风险。之后的委托代理模型都是在放宽上述基本模型的假设条件下的拓展，例如委托人通过建立畅通的信息系统来监督代理人，而具备一定的信息优势；或者委托人对企业的经营结果也有直接的贡献等。

2.3.2.2 委托代理问题与企业技术创新

1. 股东和管理者之间的委托代理问题

根据委托代理理论，管理者出于自利动机，在企业投资选择上，偏好选择那些风险较小的项目，而对风险大但收益高的项目投入不足（Coles 等，2006）。技术创新投入具有高度的资产专用性、不确定性以及收益的弱排他占有性,而一旦成功,企业会享有巨大利润和发展空间。但因为信息不对称、偏好不一致、结果不确定,具有风险规避倾向的经营管理者们在技术创新中存在代理行为,从而不利于企业开展技术创新活动(Lee 和 O'Neill,2003)。

委托—代理与企业创新之间的问题,核心就是要激发企业的代理人——即管理者,尤其是高管的热情,让他们像股东一样积极创新,这就需要设计有效的激励机制,使管理者的努力目标和所有者的要求目的更一致,努力降低企业技术创新中的代理成本:策略一是从经营者报酬结构入手,例如股权激励被视为激励管理者的"金手铐",高管持股使得管理者和股东的利益趋于一致,能防止"管理者的短视行为";策略二是完善公司治理机制,企业会面临谈判、签约、履行合同等方面的交易成本,而且与管理者缔结的薪酬合同是不完全的,无法依靠"完全合同"来解决代理问题。因此,在激励不相容、信息不对称和合同不完全的委托代理关系中,要完善公司治理,加强监督和激励,控制经理人的机会主义行为,使其有效配置资源,以影响技术创新项目的执行效果。

公司治理主要解决企业层面的激励约束问题,是一组规范公司各方的责、权、利关系的制度安排(董红星,2010)。该制度的功能在于"通过有形的规则程序和无形的文化模式"为企业经营活动提供激励约束结构(王昌林、蒲勇健,2005)。完善公司治理可以激励董事会和经理层去实现那些符合股东、经营者和其他利益相关者的利益,也可以提供有效的监督,激励管理者提高资本的利用效率。企业所有权结构与性质是基础性的内部公司治理机制,决定公司的经营目标、行为取向以及公司的决策、投资、交易和分配等行为(胡洁、胡颖,2006)。不同的所有权结构影响着公司的技术创新决策和创新效率。Tylecote 和 Ramirez(2006)认为,企业技术创新的权、责、利配置必定是在公司框架内运作的,因此公司治理机制对技术创新的投入决策、利益分配和权力配置具有决定性的影响。

2. 股东和董事会之间的委托代理问题

委托代理关系也存在于广大股东与董事会之间,股东大会(或股东会)选举产生董事会,董事会需要代表广大股东的利益,对公司的经理层进行监督。董事会作为技术创新决策的监督者,对企业技术创新具有较大的影响,它对经理层的监督意愿和监督能力都影响其功能的发挥。根据委托代理理论,董事会成员的持股比例越高,他们监督经理层的机会主义行为的动机就越强烈,越有助于企业长远发展,企业的技术创新投入力度越大,创新的效率越高。

根据委托代理理论,大股东更关注企业的长期发展和盈利能力,有利于解决在监督过程中的"搭便车"问题,在一定范围内缓解经理人和股东之间的代理冲突。企业在股权集中度高的情况下,为了追求长远利益,有更强烈的动机增加自有的创新投入,也能更好地监督创新投入资金的有效运用,从而提高技术创新水平。

3. 国有企业的委托代理

第一,国有企业的多重委托代理问题。名义上讲,国有企业的所有者是全体人民,而国家代表着全体人民,可国家又不能是"法人",所以国家将国有企业委托给各级政府机构,而各级政府又委托给各级出资人机构——国有资产管理部门(徐传谌、闫俊伍,2011)。当前,我国国有资产监督管理委员会就是由中央和地方政府分别代表国家行使出资人职责,拥有所有者的权利和义务,管理国有企业的人、事和资产的组织机构。因此,国有企业经过层层委托后,履行出资人职责的机构和各级政府已从国有企业的所有者变成了代理人,并且当他们又将企业委托给终极代理人时,又具有委托人的角色,即在多重委托代理过程中,出资人机构、中央与地方政府拥有代理人和委托人的双重身份。这种双重身份使履行出资人职责的机构和各级政府既无需对国有企业的经营不善承担连带责任,又不用对其最终的债务负责,各级政府往往从中出现机会主义行为,例如损公肥私、以权谋私、无所作为等不择手段地实现个人利益最大化。

第二,国有企业的所有者缺位。国家将国有企业或资产委托给各级政府,履行出资人职责的机构依法享有制定公司章程、参与重大决策、选择管理者和分配资产收益等多项权利。在实际操作中,国有资产管理部门履行出资人的职责,并接受同级政府的监督。表面上,出资人机构似乎是企业的所有者,但其利益取向并非与各级政府一致,也有自己的效用偏好,在监控不利时,会以自身利益为导向,损害国有财产。事实上,国有企业真正的所有者也不是履行出资人职责的机构,长期以来都存在所有者"缺位"的问题,从而使国有产权具有激励和约束不足的特点。

第三,国有企业代理人的特殊性。首先,国有企业的管理者并非是职业经理人。国有控股企业的董事长和总理经理通常由各级履行出资人职责的机构和政府部门予以任命,并非通过经理人市场的筛选和聘用,他们是"政治人",而非"企业家",更关注自己的政治业绩和仕途发展。他们拥有很大的控制权,却没有或拥有很少相应的分红权,为了保住"官位",往往怀着"不求有功但求无过"的心理,他们的管理能力和职业抱负必然导致其无法对企业进行有效的经营运作,并且注重企业短期利益,忽视企业的长期发展(Frye 和 Shleifer, 1997)。他们通常是风险厌恶者,因此并不太热衷于高风险和投资期过长的技术研发项目,因为这样做的成本大大高于相对谨慎地提高国有企业竞争力和绩效所带来的政治回报(Megginson, 2005)。与非国有企业相比,面对同样的政府科技投入,国有企业的实际控制人会继续追求个人的政治目标,缺乏跟进创新投入和监督资源利用的热情。

2.3.3 企业异质性假设与资源基础理论

企业异质性假设是对新古典经济学逻辑起点的颠覆,更符合现实中对企业的认识和分析,是资源基础理论的重要前提。企业的创新需要资源的支持,而资源匹配方式和利用效率也影响企业创新的能力和行为,对企业创新意义重大。企业的异质性因素不仅会影响其获得政府科技资助的可能性与资助强度,而且也会对政府资助激励企业创新产生进一步的作用。

2.3.3.1 企业异质性假设

在企业异质性假设提出以前,新古典经济学、交易成本理论、产业组织理论以及波特的竞争战略理论都以企业同质化为最基本的假设前提和逻辑起点。以价格理论为核心的新古典经济学首先假设企业是完全同质的最优化的生产单位,从投入的生产要素到提供的产品与服务都是无差异的,是既定生产技术条件下的生产组织形式,价格机制决定了企业的经济活动和资源配置(德姆塞茨,1999)。交易成本理论在新古典经济学的分析框架下进行拓展,仍以同质性企业为分析起点,指出在交易成本不为零的情况下,企业和市场是相互可以替代的资源配置机制(Coase,1937),以此解释企业的本质和边界。Masson 和 Bain 也以新古典学派为基础,提出产业组织理论的 SCP 分析范式(市场结构—企业行为—企业绩效),用于研究企业利润的来源。随后波特又根据产业组织理论创建了以五力竞争模型为核心的竞争战略理论,来探讨企业竞争优势的形成,他们都强调是企业外部市场结构的不完全性决定了企业利润和竞争优势,即企业利润和优势都是外生性的。

企业同质性假设是新古典理论对企业的抽象化和概念化,是对企业的简单描述和假定,是理论化的而非现实的。现实中的企业受经济发展、文化基础、地理环境、技术条件等多方面的影响,彼此之间呈现出很强的差异性。而且经验证据表明,企业超额利润的主要来源不是市场的结构特征,而是企业内部的资源禀赋(Rumelt R. 1984)。

20 世纪 80 年代,出于对企业同质化假设与现实相矛盾的反思,演化经济学从异质性出发,主张企业的发展与演化是自然选择的过程,而企业异质性是其获得"经济租金"和形成竞争优势的原因,企业必须不断地积累知识和技术创新,才能持续获得超额利润(Winter 和 Nelson, 1982)。进入 90 年代,受演化经济学的启发和影响,企业资源基础理论(Wernerfelt, 1984; Barney, 1991)、企业知识理论(Demsetz, 1988)和核心竞争力理论(Prahalad 和 Hamel, 1990)等都注重从企业内在结构的差异性来研究企业行为和制度安排。相比之前的新古典理论和交易成本理论,这些理论具备更令人信服的前提假说。

刘刚(2002)总结出企业异质性假设的两个基本内涵:第一,企业在不断的演化和成长中获得和积累的知识与能力是独特而有价值的;第二,这些知识和能力作为企业关键生产要素,具有非竞争性、难模仿和难替代性,因此无法在市场上购买,对手的模仿和替代行为也受到高昂成本的约束。资源基础理论就是基于这样的企业异质性假设,主张企业凭借核心知识和能力,采取相应的竞争行为,来获取超额利润和赢得持续的竞争优势,充分说明了企业竞争能力是内生性的。

2.3.3.2 资源基础理论的基本思想

资源基础理论(Resource-based Theory,RBT)是战略管理领域中的重要学术流派。它旨在回答两个问题:企业竞争优势来自哪里?同一产业内不同企业的绩效为何存在差异?该理论深入企业内部,关注其资源与能力,将竞争优势的源泉由波特的"产业分析理论"转移到了企业内部的"资源基础理论",从而丰富和深化了战略管理理论。

Selznick(1957)最早提出了资源基础观(Resource-based View,RBV),认为使组织表现优异的因素就是其独特能力(Distinctive Compentence),并指出了RBV的基本观点"各公司所具有的资源具有异质性"。最早使RBV得到理论支撑的是英国经济学家Penrose(1959)采用经济学的原理,以资源基础观来研究了企业资源与其成长之间的关系,指出"企业是被一个行政管理系统协调并限定边界的资源集合",并认为企业的成长源自其内部的资源。随后,Wernerfelt(1984)对资源基础理论做出了推动性的贡献,在其论文《企业资源基础观》(A Resource-based View of the Firm)中主张:企业的内部环境比外部环境更重要,更大程度上决定了其竞争优势和市场地位,影响企业绩效的关键因素是企业内部的资源、知识和能力。之后又经过Barney(1986,1991,2001)、Peteraf(1993)、Rumelt(1982,1984,1991)、Collies等(1995)、Grant(1996)等众多学者的努力,资源基础理论从最初的观念发展成为系统和完善的理论体系。

资源基础理论用企业异质性资源来解释企业的本质和企业间绩效的差异,认为企业由各种有形资源和无形资源组成,其本质就是异质性资源的集合体,该理论以企业所拥有的各种异质性资源作为战略决策的出发点和逻辑中心,通过分析和运用这些独特的能力和资源,来构建企业竞争优势,并推动其成长和发展。资源基础理论在两个重要的前提假设上,来探讨企业是什么和企业为什么存在?第一,企业资源的异质性(Heterogeneity)。由于各种不同的原因,导致企业拥有的资源各不相同,异质性资源的形成可能源于市场失灵或市场的不完全性(Penrose,1959;Peteraf,1993),也可能是因为资源难以被模仿和难以被替代(Dierick 和 Cool,1989),或者企业资源开始时是同质的(Homogenous),但后来由于隔离机制(Isolating Mechanisim)而变得不同(Rumelt,1982),这些异质性的资源使企业获得经济租金,从而成为竞争优势的源泉(Barney 和 Clark,2007)。第二,企业异质性资源的稳定性。因为一些资源优于其他一些资源,导致市场失灵,从而使生产性要素产生不同的效率,而效率的差异使企业异质性资源具有可持续性(Penrose,1959)。

资源基础理论创立了一种以企业异质性资源为出发点和核心的竞争优势内生理论,突破了波特战略理论中外生性的研究假设,将企业竞争能力来源的视角从外部环境转向企业的内部资源,实质是以企业为分析单位,从企业内部的资源出发,寻求和建立竞争优势,从而建立了"资源—战略—绩效(R-S-P)"分析范式。波特战略理论的"向外看"与资源基础理论的"从内看"相辅相成,前者强调重视企业所处的产业环境,后者聚焦于企业内部的优势资源,两者相互补充,丰富和深化了企业竞争战略的分析框架。资源基础理论为企业核心能力观、企业知识观以及动态能力观的提出和发展奠定了理论基础,他们都是 RBT 的拓展和延伸。

2.3.3.3 企业异质性资源的特性与分类

1. 异质性资源的特性

Barney(2001)对企业一般性资源和战略性资源概念进行区分,并在完善以前研究成果的基础上,构建了资源基础理论 VRIO 框架,概括了企业战略性异质性资源要素的四大特性:第一,价值性(Valuablility),企业有价值的资源能帮助其抵抗环境中的威胁,并抓住和利用环境中的机遇,资源的价值性体现了在创造价值方面企业所具有的资源和能力的差异性。第二,稀缺性(Rarety),若竞争对手也拥有价值性的资源,企业就难以形成竞争优势,因此,稀缺的、有价值的资源才能帮助企业胜出。第三,不完全模仿性(Imperfect imitability),这包含了难以模仿性和难以替代性,只有当竞争者难以低成本地成功模仿和复制企业的异质性资源,或者对方难以用其他资源进行替代时,企业的竞争优势才更有可持续性。第四,组织性(Organizating),当企业更有能力对资源加以有效的整合和配置时,异质性资源的价值性、稀缺性和不完全模仿性才能真正地发挥作用。

资源基础理论 VRIO 框架包含两个层次:价值性、稀缺性和不可完全模仿性属于第一个层次,是企业竞争力来源的潜在因素,是低级别的层次;组织性则是第二层级,是高级别的,反映了有效整合前三种资源特性的组织能力,而且,组织性根治于企业文化、组织惯例和工作流程等更抽象的资源中,是无形能力的外在体现。

2. 异质性资源的分类

大多学者根据资源的外在表现形式对企业资源进行分类,Barney(1991)将资源分类三类:物质资源、人力资源和资本资源。在此基础上,Burt(1992)结合社会学视角,将企业资源予以资本化,提出了资源划分的三个层次:金融资本、人力资本和社会资本,前两种资本的获取能力取决于企业对第三种资本的应用程度,社会资本才是企业绩效差异化的决定性资源基础。而 Das 和 Teng(2000)提出企业包含四种不同功能的资源:技术资源、管理资源、物质资源、财务资源。罗辉道、项保华(2005)根据资源本身的特性,大体将资源分为有形资产、无形资产和能力。

与上述分类不同的是,Miller 和 Shamsie(1996)以资源的不完全模仿性为基础,企业可以采用产权保护或知识壁垒等手段,提高对手模仿的难度和代价,据此,将资源分为财产性资源和知识性资源。

资源的不同划分依据和划分结果,都旨在使企业就资源获取与占有方面更具操作性,也便于学者们对资源基础理论展开更深入和细致的理论和实证研究。

2.3.3.4 资源基础理论与技术创新

资源基础观认为,企业是资源的集合体,资源对企业创新作用重大,对独特资源的拥有和有效利用在很大程度上决定着企业的发展。

1. 技术创新的 VRIO 分析框架

根据资源基础理论,企业拥有或所用的一些异质性资源能帮助企业提升创新水平,形成企业的创新优势,这些资源对创新而言也应具备四种特性:有价值、稀缺、难被复制或模仿、组织整合性。

第一,创新资源应具有价值。具体而言,资源的创新价值体现在较低的创新成本和较小的创新风险。一方面企业能承担创新所需的资金投入和人才投入等方面的经济成本,而异质性资源使企业的创新成本产生差异,例如企业若拥有一支研发能力强的创新团队,在开发一项新的技术和产品时,曾经的技术经验积累会使企业少走弯路,不仅能节约时间成本,也会减少不必要的支出,总体上降低了创新成本。另一方面,企业能应对创新的不确定性而产生的风险或者能降低创新风险,例如技术研发失败,新产品没有市场等。通常资源冗余有助于缓解企业内的种种限制,给具有不确定性的研究项目提供支持,营造鼓励创新的良好氛围(杨卓尔等,2014)。

第二,创新资源还应是稀缺的。企业应用稀缺的资源进行创新,会在短期内产生创新优势,也使企业更有创新动力。

第三,创新资源也应是难以被模仿或替代的。企业拥有难以被模仿的创新资源时,才更偏好于创新战略和创新活动。例如,企业的社会资本对其知识获取产生积极的影响(Renlo 等,2001),也能提高企业知识整合的能力与速度,使企业更好地抓住和把握创新机会(Boer 等,1999),尤其是良好的内部社会资本,能加快知识的扩散速度(李红艳等,2004)。又如,企业高管层增强员工对创新的意愿与承诺,就能更好地培育创新文化(Zairi 和 Mashari,2005)。

第四,创新资源应被有效地组织利用。企业的创新资源只有被良好地组织、整合,有效地加以利用后,才能更好地发挥出创新优势;反之,创新就会被削弱,造成资源的浪费。尤其在竞争激烈的行业中,善于借助技术整合才能提升企业学习新知识的速度,其研发效率和产品创新表现才会更优越(Ansiti 和 West,1997)。

2. 国有企业和非国有企业资源禀赋的差异

从体制上来说,国有企业与非国有企业两者在资源禀赋方面最大的差异就是前者拥有政府的庇护和扶持。一方面,国有企业长期以来享受着政府提供的财税优惠、政策保护、垄断资源、盈利机会等方面的好处,在技术创新方面积累了一定的基础和实力,具有良好的研发先天条件;另一方面,国有企业也背负着推动国家科技发展的使命和责任,更能优先获取各种形式的政府科技投入和资源,尤其在我国由计划经济向市场经济的过渡中,行政命令的色彩依然浓厚,虽然国家对从事技术改造和创新的企业给予多种资助与优惠,但由于国企因与政府之间存在特殊的"父子"关系能获得更多的资助。

3. 企业规模的差异

企业规模不同,创新投入和承受力也不同。根据资源基础理论,企业技术创新需要依赖资金实力、研发与技术人员、技术积累及市场影响力等因素,而大企业在这些方面具有先天的优势,为大规模的研发投入奠定了基础,面对高昂的研发成本,大企业更有承受能力,并且为了稳固和保持其竞争能力及市场地位,大企业也迫切需要通过创新成为行业的技术领先者。大企业的创新动力和创新成效主要来自内在条件和外在压力的双重作用。大企业是一种能够将"技术创新作为企业惯例"的组织形式(高良谋、李宇,2009),而小企业通常难以承受研发利润为负的"鸿沟",容易导致其创新动力不足(González 和 Pazó,2008)。

企业规模不同,创新策略也不同。资源禀赋的差异是企业进行创新的动力源泉,也是创新活动的承载对象。突破式创新对企业的资金实力和技术积累有较高的要求,其中原始创新就是一种根本性创新,具有突破式创新的特点(Say,2008)。大型企业能凭借规模优势具备筹集更雄厚的资源以及承受更强风险的能力,因此他们容易成为原始创新的骨干力量(杨卓尔等,2014);而多数中小企业在创新策略的选择中倾向于那些技术要求较低、风险较小的渐进式创新(程聪等,2014)。

2.3.4 信号理论

当企业向外界传递出能表明其创新意愿和创新基础的积极信号时,才更容易成为政府科技资助的选择对象。并且当企业获得政府资助后,能进一步地向更多的外部投资者传递其创新实力及其经营合法性,从而影响政府资助发挥"种子基金"的引导和放大效应。

2.3.4.1 信号理论的产生

信号理论起源于20世纪70年代,以信息经济学为基础,旨在研究因信息的不对称而产生的逆向选择问题,它用于解释在信息不对称或条件不完备的情况下寻求效用最大化的个人行为。Akerof(1970)指出在二手车交易市场中存在买方和卖方信息不对称的情形:前者仅了解产品的质量分布,而非质量的确切信息,是信息的劣势方;后者知道产品的全部信息,是信息的优势方。这种情况致使劣质产品大行其道,优质产品被迫退出市场,这开启了理论界对逆向选择问题的研究。

Spence(1973)是信号传递理论的奠基人。他通过对劳动力市场的分析,研究出解决信息不对称问题的策略,指出在劳动力市场中,劳动者比雇主更清楚自己的才能,是信息的优势方,他们可以采取一些措施来应对逆向选择困境,例如能力较高的劳动者通过所接受的教育向雇主发送信号,便于对方根据教育背景来甄别自己的才能优于他人,从而做出合理的雇佣决策,实现劳动市场的有效均衡。Spence提出的劳动力市场模型已成为信号传递理论(Signaling model)的经典模型。

随后,基于spence的研究,Rothschild和Stiglitz(1976)从信息劣势方可采取行动的视角出发,以健康保险产品市场为例,认为处于信息劣势方的保险公司可以让处于信息优势方的投保人在不同价位和保障条款的合同中进行选择,通过推行高风险高保费、低风险低保费的系列合同,来甄别投保人的风险状况,由此,开创了信号甄别理论(Screening model)。Akerof(1970)、spence(1984)以及Rothschild和Stiglitz(1976)对信号理论具有开拓性的贡献,后来的学者不断予以拓展和推广。

2.3.4.2 信号理论的内容与应用

1. 信号理论的假设与内容

信号理论的前提是市场中存在信息的不对称,即交易双方中一方处于信息的优势,另一方却是信息劣势,导致出现逆向选择问题,破坏了有效的市场均衡。换句话说,信号理论以人性自利假设为前提,即"若某人拥有私人信息,他就会试图将这一信息运用到私人利益中去"(马可-斯达德勒,2004)。正因为人性自利,当行为人公开自己的信息可以改善个人境况时,就产生了信号传递的动机。

一个有效的信号需要同时满足两个条件:第一,行为人要具备信号传递的动机;第二,要能够承受信号传递的成本。因为信号传递需要消耗行为人一定的能量,即是有成本的,如果发送信号的成本超出了行为人的承受范围,那么即使有信号传递动机,也没法变成有效的信号,若完成一项活动的成本随着行为人的效率递减,那么该活动会使对方确定行为人是否发送有效的信号。若一项活动的成本高到低效率的行为人不会去做,却低到高效率的行为人能完成的程度时,这样的信号就是合适的。换言之,代价越高的行为,越能区别于其他行为,该行为成为信号的有效性就越强。

信号理论包括信号传递理论和信号甄别理论。信号传递理论关注的是市场中信息优势方如何借助"信号传递"将信息可信地传送给信息劣势方。Spence(1973)的信号传递模型将市场中的劳动力分成高能力和低能力两类,并且劳动者的教育成本与其能力具有单调递减的关系,因此高能力的劳动者发送有关教育水平的信号成本较低,就将此作为信号传递的手段,让雇主成功加以甄别。Riley(2001)在Spence的两种劳动者类型的模型基础上,增加了更多的劳动者类型,发现随着劳动者类型的变化,当信号发送的边际成本下降到一定程度,就会出现一个唯一的分离均衡,从而将不同类型的劳动者加以区分。Feldman(2004)结合现实条件,发现教育成本与人的能力之间并非具有一一对应的关系,不满足单调性假设,教育水平还与人的财富程度、表演艺术等能力有关,因此通过放松Spence模型中有关教育水平和能力的单调性假设,提出劳动者与教育水平的关系具有离散分布的特点,研究此条件下的均衡结果。

信号甄别理论研究的是信息的劣势方如何通过不同的合同来甄别信息的真实性。Rothschild 和 Stiglitz(1976)在信号甄别基本模型中,指出最终的纳什均衡呈现3个特点:第一,根据风险程度,能够区别不同类型的投保人;第二,最多存在一个分离均衡;第三,仅当低风险类型的客户比重低到一定程度时,才会达到均衡。他们的研究发现,一个静态模型无法得出均衡结果。据此,Wilson(1977)、Mailath 等(1993)、Noldeke 和 Samuelson(1997)引入动态模型,进行更深入的研究。

信号传递理论和信号甄别理论的重要区别是研究视角不同,前者是信息的优势方先采取行动,而后者则是信息的劣势方优先行动。其共同之处在于,都旨在解决源于信息不对称而产生的逆向选择问题,以实现市场的有效性。

2. 信号理论的应用

信号理论在产业组织中被有效应用,尤其是在研究广告、产品价格以及保证书方面发挥出产品质量的信号作用。例如,企业应注重品牌建设,可以通过品牌,以较低的成本向消费者传递产品的质量信息,同品牌策略让信号传递具有多种产品共享的规模经济性(Wernerfelt,1988);另外,产品价格高并非就意味着产品价值好,价格具有传递价值的必要条件是,在购买前,消费者对区分产品质量的判断能力是不同的,有些人对产品质量有更充分的了解,而有些则知之甚少(Bagwell 和 Riordan,1991);企业对产品耐用性的质量保证具有产品质量方面的信号传递作用(Esther;1989);还有学者分析了品牌和保证书相结合在传递产品质量信号中的作用(Price 和 Dawar,2002)。

信号理论在财务学和金融学领域中也得到了广泛的应用。Ross(1977)在Spence的经典模型下设计了一个投资者与企业价值的选择方案,认为企业可以将负债水平作为信号传递的手段,投资者据此对企业的价值高低进行判断,因为价值较高的企业会选择相对较高的负债水平。Bhattacharya(1979)首次提出股利信号模型,发现企业现金股利包含的信息可以帮助投资者用以预测企业未来的盈利能力,该模型引发了一系列股利信号的相关研究,例如借助分析股利与盈余质量间的关系来考察股利信息的含量(李卓、宋玉,2007;Skinner 和 Soltes,2009)。

进入 20 世纪 90 年代,信号理论开始应用于研究社会制度问题。Rogoff(1990)用该理论讨论政府信誉问题,他在模型中假定人们不能甄别诚实守信的政府还是欺骗撒谎的政府,后者的目的在于寻求外界援助,研究发现改革推进的程度是区分政府类型的信号,因为这可以传递出政府的未来意图。

2.3.4.3 政府创新资助中的信号传递

应用信号理论对政府资助行为的研究多集中于分析资助对企业研发及其对银行机构的信号传递作用,有学者指出政府资助具有向私人投资者传递信号的作用(Kleer,2010),但有关企业创新投入和创新成果的信号作用的探索非常匮乏,并且信号传递模型侧重于信号发送主体的影响,而缺少具体衡量政府补贴所发挥出的信号传递效应(傅利平、李小静,2014)。

1. 企业创新的信号传递

企业获取政府科技投入是有条件的,政府会根据企业所传递出的有关"创新类型"和"创新规模"方面的信号,提供相应的资助和扶持。企业释放出的创新信号受两个方面的影响:首先,管理者持有企业的股票越多,他们与股东的利益越一致,会更注重企业的长远发展,相应地,寻找创新机会和加大创新投入的主动性就越高,此时,企业释放出的创新信号也就越强,得到政府资助的概率就越大;其次,企业通过引入机构投资者,也可以向政府传递其企业的实力和创新的动机,因为机构投资者具有"筛选成功者"的作用(Barry 等,1990),并且机构投资者可以凭借其行业专长更好地帮助和督促企业开展创新活动,这些信号都有利于企业吸引到政府的科技投入。

2. 政府科技资助的信号传递

政府资助能在企业创新的整个过程中具有积极的信号传递作用。第一,对创新活动给予直接补贴是众多政府激励手段中最好的一项政策(Romer,1990),直接表明了国家对创新活动的引导方向和规划措施,并且在创新过程发挥出强烈的信号传递效果(Lerner,2000)。该信号被企业接收后,就能调动企业的创新热情,对企业的研发投入产生"互补效应"(解维敏等,2009);该信号若被外部投资者接收后,特别是风险投资者或银行,不仅能帮助企业增加短期的有息债务融资和外部权益融资,还能缓解因现金流不足而引起的投资困境(吴超鹏等,2012),从而对全社会的创新投入产生成倍的放大效应。第二,受益于政府的资助信号,企业能从各方面获得更强有力的资金保障,使其更容易把握创新机会,并通过知识的溢出,提升自主创新水平,提高创新效率。政府的R&D补贴通过引导企业的研发方向和重点领域,显著地促进了企业的专利成果(郭晓丹、宋维佳,2011)。第三,政府资助不仅能释放出有关企业生产效率、经济收益等信号(邵敏、包群,2011),还能传递出更多积极的信息,例如,社会投资增加而带动经济增长,短期内政府预算的减少会迎来未来更多的财政回报、地区经济发展以及环境的改善等(唐清泉、罗党论,2007)。

3 研究假设

3.1 政府科技资助的分配与决策

企业是否能获得政府科技资助,受到两方面决策的共同影响——企业是否申请资助和政府是否予以资助。本书基于企业异质性的视角,从人力资本、研发经验、企业年龄、企业规模、盈利能力、所有制性质的企业异质性因素来分析政府资助的决策动机。

3.1.1 企业参与科技资助的可能性

企业会通过比较从事创新项目前后两种情况下的预期收益,然后决定是否创新。政府资助能减少企业的研发成本,因此是否获得政府资助及其资助金额,也会成为影响企业创新决策的重要因素。企业是否申请政府科技资助的情况有三种:第一,当申请成本较低,而申报资格要求不高时,理论上可以认为,那些即使没有获得资助但创新也有利可图的企业都会乐于提出申请;第二,那些只有得到资助才会使创新颇有收益否则就不会创新的企业,也会申请资助;第三,当企业预期资助金额太少,无法从创新中获得足够回报时,就不愿意参与申请。因此,站在企业的角度,那些影响创新获利的因素也会影响企业是否创新以及是否提交申请。总的来说,两类企业最有可能申请政府科技资助:一是技术创新的私人盈利性高,无论怎样也会进行研发的企业;二是只有预期能得到足够多的政府资助才会从创新中获得理想收益的企业。

假定企业已得知政府出台了科技资助的有关政策,在符合政策要求的情况下,是否进行创新,是否主动申请科技资助,一般而言,受以下因素的影响:

第一,人力资本。企业开发、设计以及实施技术创新项目特别依赖于员工和管理者的能力与知识水平,即企业的人力资本存量,进而影响到其吸收能力(absorpitve capacity),这有助于企业提高产生新观念并有效利用已有科学知识储备的能力(Cockburn等,2000)。一般可用企业本科学历及以上人员的数量(或比重)来衡量人力资本(Blanes和Busom,2004)。企业的人力资本越高,产生新想法的能力就越强,进行产品创新或流程创新的概率就越大,创新的获利性就越高,申请政府科技资助的可能性就越大。

第二,研发经验。企业之前的研发经历有助于积累嵌入在人力资本中的知识存量,而且研发的持续性意味着之前开展研发的企业会继续技术创新,并主动申请政府科技资助。此外,前期的研发经验让企业无需再面对高昂的研发启动成本,就能在已有基础上开展新的研发项目,从而扩大创新项目组合。因此,那些研发经验较丰富的企业,申请政府资助的可能性就越高。

第三,企业年龄。企业年龄与申请政府资助的关系具有不确定性。一方面,发展时间较短的企业面临更严峻的生存压力,也往往处于产品的研发阶段,人才引进和市场开拓起步不久,收益来源的稳定性较差,内部缺乏足够的资金支持。由于企业发展时间短、市场不稳定,很难获得银行贷款和信用担保,而政府资助是一种低成本和低门槛的融资来源,正好成为企业外部融资的现实选择,而且这类企业资金需求总量较少,尤其是R&D投入绝对金额不大(文芳,2009),企业越有可能借助政府资助弥补资金缺口。而另一方面,虽然成熟的企业拥有稳定的现金流,也可以依靠内部融资支持创新活动,但是对资金需求也会有爆炸性的增长,因此也会积极申报科技资助。

第四,企业规模。企业规模与研发可能性之间存在正向关系,原因有两点:第一,企业开展创新活动要面临一定程度的固定性研发启动成本,其中一些会成为沉没成本,这决定了企业为了达到盈亏平衡,就必须实现最小化的销售收入。企业规模有助于克服这一门槛,成为影响是否从事研发的重要因素。第二,由新产品或新工艺所带来的预期收益是产品价格和需求数量的函数,而这些会受到企业专利保护的强度、独占性收益被替代的可能性以及企业市场影响力的作用,而获得独占性收益的条件和竞争因素之间具有复杂的相互作用。但本书并没有这些公司层面的有关信息和数据。然而企业能否拥有独占性收益的可能性与企业规模正相关(Cohen 和 Klepper,1996)。但是,在专利保护更有效的行业中,企业规模对其研发与否的约束作用会较弱。Cohen 等(2000)对比美国的生物医药与通讯设备行业,研究发现,前者的专利制度相对能更好地保护企业的独占性收益,而后者的专利数量不到前者的一半,只能通过产品的开发周期进行保护。

第五,盈利能力。由于企业财务资源的可获得性和成本是不同的,因此技术创新的成本因企业而异。众所周知,技术创新投资的风险普遍高于企业对有形物质资产的投资,而且借贷双方信息的不对称性更不利于吸引外部资本。由于资本市场的不完备性会导致社会创新投入不足,企业不得不更多地依靠自身财力来支持研发。实证研究表明,来自企业外部资源的研发投入成本高于其他的资金来源(Hall 和 Maffioli,2008),融资约束会更多地影响企业是否研发,尤其对发展时间短的年轻企业,融资约束的影响更大(Cincera 等,2003)。

企业的盈利能力与是否申请资助以及是否获得资助之间存在两种相反的可能性:一方面,企业盈利能力越强,内部资金就越充裕,就能更好地满足创新投入的资本需求,因此面临的内部融资约束就越小,反之就越大(王家庭、赵亮,2010),即盈利能力与企业的创新可能性和申请资助可能性分别都正相关;但另一方面,企业盈利性越差时,融资约束越大,也越有可能申请资助,因此盈利能力也会与申请资助的可能性负相关。最终,盈利能力与企业是否申请资助的关系并不确定,这可能受行业差异的影响,例如在那些研发潜在收益率高的行业,风险投资会给盈利能力较低的企业提供更多的外部资金,从而缓解企业的融资压力,此时,企业面临的外部融资约束越小,对获得政府资助的迫切性就越低。

第六,企业性质。与民营企业相比,国有企业更有可能申请政府资助,由于国有企业与政府之间千丝万缕的关系,长期以来就习惯于享受来自政府不同形式的扶持和优惠,并且对政府出台的各种政策和计划更加关注,也更容易获得有关的政策信息,因此会更敏感和更依赖政府的资助。而外资企业在中国的技术优势通常来源于海外母公司的技术转移,因而创新动力不足,也不太渴望当地政府的科技资助。Veugelers(1997)采用1992—1993年的290家法国企业的观察数据,研究表明相比其他企业,外资控股企业投入内部研发的资金规模越小,而通过国际合作获得知识或技术的可能性越高。之后,Cassiman 和 Veugelers(2002)又采用比利时企业的数据,得出了类似的结论。因此,外资企业申请政府科技资助的可能性较小。

第七,行业对企业创新的影响。技术创新就是重新组合生产要素和生产条件,从而建立一种新的生产函数,而创新生产函数的形式及其参数会因行业不同而有所差别。其中,技术机会是指在自身行业或其他行业中出现的先进科学和技术(Klevorick 等,1995)。许多实证研究发现技术机会对同一行业中的企业是一样的,但对不同行业却有差异(Cohen 和 Klepper,1996)。例如,半导体和医药行业的技术创新和研究发展的情况不同,后者的技术创新与基础性研究的关系更加密切(Lim,2004)。这种差异会导致行业之间的规模经济、范围经济以及技术创建成本都各有不同。实证研究中处理这种差异性的办法就是在技术创新模型中加入行业虚拟变量。

3.1.2 政府科技资助动机假设

理论上,政府科技资助之所以具有经济上的合理性,是因为知识溢出导致企业的独占性收益不足,或者资本市场出现了失灵的问题,因此,企业是否获得政府资助会与影响企业创新的因素紧密相关。但实际操作中,政府机构在制定科技资助政策时往往出于许多不同的目的,从而影响到资助的预算总额、资助在不同行业中的分配、对申请企业或创新项目的审批标准或筛选规则以及企业可能获得的资助额度。例如,政府希望借助科技资助为国家或地区进行招商引资,或者鼓励那些在就业方面影响重大的企业进行技术改造和产业升级,政府在提供科技资助或选择项目时都会表明这些目的和意图。并且,在某个国家范围内,具有不同权限和层级的政府机构在选择企业时往往也呈现出一定的差异性,Blanes 和 Busom(2004)的研究发现,西班牙的中央政府出于提升国家竞争力的考虑,更倾向于选择创新能力强的医药企业,而地方政府则兼顾就业和社会稳定的需要,会保护那些现金流较差的企业。

Blanes 和 Busom(2004)认为当不同政府机构的资助申请成本基本相同时,在其他条件一样的情况下,企业从某一政府机构获得资助的可能性和结果也一样,故可以从获得资助企业的特征来分析政府资助的初衷和用意。根据这样的分析思路,本书认为政府科技资助动机存在三种假设。

3.1.2.1 H1:市场失灵假设

如果政府旨在资助由于市场失灵而导致企业无法进行的 R&D 项目,那么可以认为政府应该根据那些反映技术溢出缺口的指标,对企业 R&D 活动进行评估和筛选,并尽量选择那些社会收益远高于企业私人收益的创新项目。然而在实际操作中,政府很难找到这些指标。但是经验证据表明,市场失灵问题对那些人力资本较高、发展时间较短、规模较小和盈利能力较弱的企业的负面影响更严重。如果政府明白这些,并加以借鉴的话,可以发现企业规模、盈利能力、企业年龄与政府科技资助都具有反向的关系,而人力资本却与之具有正向关系,即表明政府资助目的在于调节市场失灵问题(Blanes 和 Busom,2004)。由于这些企业有较好的人才储备、较强的创新意愿,但迫于融资约束和独占性收益的不足,而缺少创新的财力保障,因此更需要政府予以扶持,干预创新资本市场的失灵缺陷。企业人力资本高,意味着产生新观念、利用已有科学知识储备的能力就越强,企业开发、设计以及实施创新项目的可能性就越高。相比成熟的企业,年轻有活力的企业具有较强的动态调整能力,更愿意接受变革和推动创新(凤进、韦小柯,2003),但是信息不对称导致的资本市场缺陷问题对经营期短的企业较为突出(Carpenter 和 Petersen,2002),对年轻的高科技企业更是如此。而规模较小和盈利能力不足又使企业面临更加严重的内部和外部的融资约束困境。而成熟的企业已有一定的研发经历,这在某种程度上意味着已经克服了创新所需的初建成本门槛,创新的持续性会更强,因此,外部市场失灵的问题对其影响有限。若政府更愿意向那些规模较小的、发展时间较短的、盈利能力较差而人力资本较高的企业提供科技资助,此时,政府资助的动机则是出于解决市场失灵的目的。

3.1.2.2 H2:竞争性假设

政府官员的晋升机制中除了包括政治表现,还涉及更多的与地方经济发展密切相关的考评指标,如 GDP 增长率、就业率、税收贡献等。官员任期所在地区的经济发展速度越快,其晋升的概率越高(周黎安、罗凯,2005),这导致各级政府尤其是地方政府的工作重心从"政治竞标赛"向"经济竞标赛"转变。出于地区或者国家间经济竞争的考虑,政府往往会优先考虑那些经济收益更高的企业和项目,而忽视创新的社会收益和私人收益的差距大小。在这种情况下,那些规模越大、研发经验越丰富、人员素质越高、经营运作越好的企业越有可能获得政府青睐,资助具有"扶优扶强"的特点。熊彼特假说(Schumpeter's Hypotheses)指出,企业规模与其创新水平正相关,规模越大的企业,从资金实力、研发人员、技术积累和市场影响力等方面为创新成功提供更多的保障,企业的创新风险承受能力也更强,同时也更加迫切需要通过创新成为行业的技术领先者。我国政府在《十大产业调整振兴规划》中明确提出以带动产业升级为目的,大力发展具有国际竞争力的大型企业,因此,各级政府也将发展大企业以促进经济增长和产业升级为政策导向,纷纷扮演"挑选成功者"的角色。此外,由于国有企业与政府之间的利益一致性,那些大型国有企业尤其是上市公司也往往是地区经济发展的"领头羊",其经营成败会影响到地方政府的税收水平和经济增长绩效,进而影响其政府官员的政治仕途(王红建等,2015),因此,扶持国有企业的动机越强。若政府更愿意向那些规模较大的、研发经验较丰富的、盈利能力较好的、人力资本较高的、国有性质的企业提供科技资助,此时,政府的资助动机则出于提高企业竞争能力的目的。

3.1.2.3 H3:生存性假设

在传统行业中存在很多发展时间长、规模庞大但生产效率低、竞争力弱的企业,若破产倒闭会有大批人员失业,进而影响社会稳定。出于保证就业和社会维稳的考虑,政府也会资助那些传统行业中的大型企业,促使其进行技术改造和升级,由粗放型经营向集约型经营转变,从而免遭"死亡"的威胁。此时,企业规模和政府资助可能性之间呈正向关系,尤其是那些规模越大、盈利能力越差的国有企业,政府会优先考虑,而那些研发经历丰富、员工素质高的企业不一定会受到青睐。邵敏和包群(2011)对中国上市公司的研究表明,地方政府出于"保护弱者"的考虑,更愿意向国有企业伸出援助之手。王红建等人(2015)也发现政府对亏损的国有企业会表现出"救穷行为"。因此,当政府更愿意向那些规模较大的、发展时间较久的、盈利能力较差的、国有性质的企业提供科技资助,此时,政府的资助动机则出于"扶弱扶贫"和帮助企业生存的目的。

借鉴 Blanes 和 Busom(2004)的假设方式,根据上述阐述的三种政府科技资助动机的特点,用表 3.1 概括出企业异质性因素与不同政府科技资助动机之间的关系以及与之对应的三种资助动机假设,其中画斜线的部分表示难以明确科技资助动机与企业异质性因素之间的关系。

表 3.1 政府科技资助的动机假设

企业异质性因素	政府科技资助的可能性		
	H1:市场失灵假设	H2:竞争性假设	H3:生存性假设
研发经验		正	
企业规模	负	正	正
企业年龄	负		正
人力资本	正	正	
盈利能力	负	正	负
国有性质		正	正

3.2 政府科技资助对企业创新的直接效应

3.2.1 政府科技资助对企业创新的互补性假设

人们普遍认为,企业创新活动会小于社会最优水平,由于创新成果具有公共产品的特点(Arrow,1962),企业自主研发活动所产生的新知识和新技术是非竞争性的,因此知识溢出将妨碍企业在产品市场上保护自己的技术创新成果从而无法从中获利,即知识溢出和非完全独占性降低了企业收益(Nelson,1959),同时创新行为的高风险、高投入和长期性的特点,更使企业缺乏创新动力(Clarysse 等,2009)。此外,由于创新成果具有无形性、企业专属性,以及高度的不确定性,因此创新投入不同于一般的项目投资(Becker 和 Hall,2003)。在技术创新的信息不对称时,外部投资者无法获取企业创新的全面信息,因此难以在事前估计创新项目的价值和成功概率(Myers 和 Majluf,1984),也难以在事后识别企业管理者潜在的损害投资收益的机会主义行为(Jensen 和 Meckling,1976),最终限制了外部社会资本对企业研发活动投入的活跃性。获得外部融资尤其对新创技术型企业来说非常困难,新的股权融资虽然比债权具有优越性,但却仍受限于资本市场的不完备(Carpenter 和 Petersen,2006),风险投资在资助企业时具有缺陷,尽管风险投资者通过严格的筛选流程与加强监控投资企业相结合,以此克服信息不对称的问题,但他们通常更多关注特定的或具体的高科技产业,并从中扶持少数企业(Bottazzi 和 Rin,2002)。这两方面的作用导致私人企业的研发投入规模低于社会最优水平,出现了市场失灵和投资不足的问题(Tassey,2005),并在知识产权保护薄弱的情况下更加严重。

根据公共产品理论,政府对企业技术开发项目的资助,能降低创新活动成本,增强企业应对创新风险的抵抗力,提高技术创新的预期收益,缩小私人收益和社会收益的差距,从而促进企业加大技术创新投入和成效,即政府科技资助发挥着促进作用。具体来说,政府科技投入对私人研发产生直接和间接的好处,Lach(2002)提出了三种作用过程:第一,政府资助可以降低企业 R&D 项目的成本,使该项目从不盈利变为有利可图;第二,企业借助政府补贴购买研发设备或设施,可间接降低其他研发活动的成本;第三,由于技术和知识的溢出效应,受资助的研发项目所形成的知识技巧或专利成果在很多情况下有助于其他的研发活动,从而又间接地提高了更多研发项目的盈利性。此外,政府资助项目往往规定受资助企业要在创新项目上提供进行一定比例的配套资金,这也能进一步促进企业增加创新投入,从而更有助于企业提升创新水平。

从国内外众多聚焦企业层面开展实证研究的结果来看,政府科技资助的互补作用最终大于挤出作用,即政府科技资助对企业的技术创新发挥了积极的"杠杆效应"。David 等(2000)梳理了近 35 年的 33 篇实证研究,发现约 60% 的文献(22 篇)认为政府资助具有互补作用。Zúñiga Vicente 等(2014)总结了国外 2000 年以后的有关文献,指出 77 篇文章中有 43 篇也同样赞成这一观点。

基于上述分析,提出如下假设:

H4a1:在其他条件不变的情况下,相比没有获得政府科技资助的企业,获得政府科技资助的企业有助于提高创新水平。

H4a2:在其他条件不变的情况下,政府科技资助强度越大,企业的创新水平越高。

3.2.2 政府科技资助对企业创新的替代性假设

基于不同的理论视角,政府科技资助影响企业创新的最终结果是不确定的,有的甚至完全相反。

在价格机制的视角下,政府资助只是提高了企业的名义研发投入总量,而非实际的总量。公共投入起初能促进企业的研发活动,但伴随着企业对R&D资源需求的增加,使原本有限的研发资源变得更加紧缺,进而抬高了企业创新资源的成本(Goolsbee,1998;David等,2000)。例如,研究人员的工资上涨,导致企业研发经费的增加,而实际R&D总量可能在下降,因此政府科技资助抑制了企业创新。

从信息不对称导致市场失灵的角度分析,虽然资本市场的不完备性能更好地支持政府资助的合理性,但严格地讲,政府应该选择扶持那些企业私人回报率比较低并且难以获得其他资金来源的创新项目,而政府往往难以分析和评估那些在无资助情况下创新项目的私人回报和企业的融资机会,因此政府资助的分配存在失败的风险,若不能正确进行识别和判断,资助就有可能对企业创新无法发挥出杠杆效应(Aschhoff,2009)。

从现实情况来看,与其他可能的融资渠道相比,只要申请成本较低,且获得资助的概率较大,企业在利润的驱动下对政府的补贴也往往趋之若鹜。此时,政府资助对那些原本就从事创新活动的企业来说,是一笔意外的收益,并被直接用来替代自筹的研发投入,而企业总的研发规模仍保持不变。即使政府硬性规定受资助企业必须提供配套资金,但由于政府不知道哪些是企业没有资助还会开展的创新项目,因此获得资助的企业往往将资助和追加的资金投入到其他非技术创新的项目上。这些都不利于促进企业增加创新总投入。

此外,因为不能有效地分配科技补贴,将低效率和高效率的企业同等对待,政府科技资助可能成为导致市场扭曲的破坏力量,成为那些原本会退出市场的低效率企业的"人造温床"(Stam等,2007),即政府资助会扭曲市场选择,妨碍企业的创新效率。

基于上述分析,提出如下假设:

H4b1:在其他条件不变的情况下,相比没有获得政府科技资助的企业,获得政府科技资助的企业不利于提高创新水平。

H4b2:在其他条件不变的情况下,政府科技资助强度越大,企业的创新水平越低。

3.3 影响政府科技资助效果的企业异质性因素

本书的实证研究部分证明了政府科技资助能有效促进企业的技术创新(见本书第5章)。在此基础上,值得进一步研究的问题是,企业在什么情况下能更好地利用政府科技资助进行创新?本书从影响政府资助杠杆效应的企业异质性因素——企业规模、所有制性质、管理层持股、企业年龄、研发基础这五个方面,提出并阐述有关的调节机制假设。

3.3.1 企业规模和所有制的联合调节机制

3.3.1.1 企业规模的调节

政府资助会有利于企业技术创新水平的提高,但这种促进作用会随着企业规模的变化而出现差异。

首先,单就企业规模的影响而言,大企业自身就与技术创新水平存在正向关系。著名的熊彼特假说(Schumpeter's Hypotheses)指出,大企业是技术创新的重要来源,企业规模越大,创新力就越强。根据资源基础理论,企业技术创新需要依赖资金实力、研发与技术人员、技术积累以及市场影响力等因素,而大企业在这些方面具有先天的优势,为大规模的研发投入奠定了基础。并且,面对高昂的研发成本,大企业更有承受能力,尤其是大规模的多元化企业,一方面可以借助业务间的协同和互补优势来分散创新失败的风险;另一方面能够通过更好的市场控制能力来收获创新成果。同时,为了稳固和保持其竞争能力及市场地位,大企业也迫切需要通过创新成为行业的技术领先者。因此,大企业的创新动力和成效主要来自内在条件和外在压力的双重作用。大企业是一种能够将"技术创新作为企业惯例"的组织形式(高良谋、李宇,2009)。而小企业通常难以承受研发利润为负的"鸿沟",容易导致其创新动力不足(González 和 Pazó,2008)。

Blundell 等(1999)借助 1972—1982 年英国制造业 340 家企业的共计 3 551 个观测值的面板数据,以专利成果为被解释变量,在控制了知识存量、市场集中度等企业特征和行业效应后,发现企业市场份额对创新水平具有显著的正向影响。Gayle(2001)指出专利被引用的次数能更好地反映创新的重要性,故以此作为衡量创新水平的指标,并采用 1979—1992 年 33 250 个企业数据为样本,研究结果表明,企业规模和市场份额都对企业创新水平有显著的正向作用。

其次,相比规模较小的企业,获得政府资助的规模较大的企业进行技术创新的动力更强。政府资助往往扮演"挑选成功者"的角色,在资助对象的选择上更倾向于那些已具有一定市场地位、资金实力、技术投入与研发水平的大企业。2009 年我国出台的《十大产业调整振兴规划》中提出以带动产业升级为目的,大力发展具有国际竞争力的大型企业。各级政府纷纷将发展大企业以促进产业升级为政策导向,政府的大力扶持,一方面期待大规模企业能基于已有的优势资源,进一步提高研发活动的热情和提升技术创新成效,起到良性发展的效果;另一方面,大企业技术水平的提升有助于产业整体升级。大企业通常在产业内具有较高的创新水平,对产业升级的拉动作用最强(Humphrey 和 Schmitz,2002)。Porter(1990)指出通过兼并、重组等扩张而形成的大企业能获得规模经济、范围经济和学习经济方面的好处,在扩张过程中各企业能集中各地域和各单元的关系与优势,分享创新资源和竞争能力。此外,获得资助的企业向外界释放积极的信号——企业有良好的政企关系和研发实力,从而能吸引更多的私人投入和社会资源,如获得风险投资或私募基金、银行贷款与融资、企业间的研发合作等,从而较好地发挥出政府资助对企业技术创新的杠杆效应。

与具有一定规模的大企业相比,虽然小企业凭借"良好的行业背景",也能获得政府补贴,但受到资助的金额和程度往往有限,一定的资金扶持纵然能减少企业自有的研发成本,可只能缩小企业研发预期利润为负的"缺口",对小企业研发动力的促进作用有限。实际上,很多企业倾向于将政府的科技投入替代自有的技术投入,而企业总的研发投入仍保持不变,导致创新水平并没有太大的改善。此外,政府的很多投入具有"普惠制"的特点,尤其对小企业的扶持采用"撒胡椒面"的手法,"雨露均沾"而力度不大,那些原本就创新动力不足、实力不强的企业会"搭便车"趁机捞一把,却并没有提高自身的创新成效。

基于上述分析,提出如下假设:

H5a:在其他条件不变的情况下,企业规模越大,获得政府科技资助的企业,其技术创新水平越强,即企业规模能正向强化政府资助的杠杆效应。

3.3.1.2 所有制性质的调节

企业所有制性质不同,借助政府资助进行创新的成效不同。这种创新活动的差异主要由于不同所有制企业的资源禀赋和信号传递机制的不同。

第一,相比私营企业,国有企业拥有更多的资源禀赋和先天条件,但其经营的低效率导致利用政府资助进行创新的成效较差。

国有企业自身的创新性可能高于民营企业。首先,国有企业的存在能解决由于知识生产的不完全独占性而导致创新不足的市场失灵问题,因为政府可以通过对国有企业的直接管理和干预来实现这一目的,所以,从体制经营上说,国有企业更有条件进行创新(李春涛、宋敏,2010)。而且,国有企业受政府控制,往往获得各种形式资助、税收优惠等,即使面临损失,也由政府"买单"或给予补偿。其次,国有企业拥有更多的创新资源禀赋,技术创新所需的大部分资源被国有企业所拥有,技术附加值高的产品主要由国有企业生产,而那些资本密集性高但技术附加值低的产品则主要由民营企业生产(Hu,2001)。特别是在我国当前的经济转型期,市场机制仍不完善,产权保护力量薄弱,私人创新活动的收益不能得到有效保护,而国有企业获得了更多的政策支持和信用贷款,其创新资源会更多于民营企业。解维敏等(2009)通过对我国上市公司研发投入数据的分析,发现国有企业的研发支出略微高于非国有企业。Clausen(2009)认为三资企业很难在东道国获得资助,外资股权比重越高,获得政府资助的可能性及金额就越低。

然而,国有企业获得政府科技资助后进行创新的成效却不如私营企业。委托代理理论指出所有权和经营权的分离,导致企业普遍出现委托代理问题,企业的管理者和所有者利益冲突,前者会利用职权损害所有者的权益。与民营企业相比,国有企业中的管理者代理问题更加严重(潘红波、余明桂,2011),长期以来,国有企业所有者缺位,缺乏有效的激励监督和问责机制,因此,即使国有企业享有更多的创新资源和政策优惠,也同时会出现生产效率和创新效率的双重损失。具体表现在:

第一,国有企业借助大量的国家信用、物质资本、人才资源及其他社会支持,却无法获得与这些资源价值相匹配的经济收益(黄速建、余菁,2006),即存在生产经营的不经济性。

第二,政府科技资助更容易造成国有企业R&D投入的浪费和低效,从而制约企业自主创新效率的提高(张海洋、史晋川,2011),这可能由于自身丰富的资源使其在获取政府资助后造成严重的资源冗余问题,而固有的多重代理、监管松懈以及有限问责的缺陷,更纵容了国有企业的特权主义、资源浪费和高额工资现象(Greve,2003),同时,资源过剩又阻碍着国有企业探索创新和承担风险的意愿,使他们更倾向规避风险以维持原有的地位和优势。

第三,国有企业对经营者和员工的选择机制往往受行政干预,其管理层通常来自政府官员而非职业经理人,经营和管理能力缺乏专业性,再加之激励不足,国企高管的职位升迁不仅受企业经营绩效的影响,还取决于政治目标的实现,而创新需要投入巨额的资金成本,并且收益滞后期长,结果不确定性高,万一失败会影响其个人政治仕途,因而他们往往没有更多的热情开展创新活动，也就不利于国有企业借助创新补贴提高创新水平。政府官员常常迫使国有企业雇佣过多的员工(Hay等，1996)，他们在充分就业、收入再分配方面承担了更多的社会责任，在经营绩效上比私营企业具有天然的劣势(胡一帆等，2005)，这些都有碍于政府科技资助的效应提升。

大量研究文献指出，国有企业的生产效率相比各类所有制企业都低(吴延兵，2012；刘瑞明、石磊，2010)。董晓庆等(2014)认为国有企业的创新效率损失严重，他们通过对五大类高新技术行业的2000—2011年国有企业与民营企业技术创新的数据对比分析，发现前者的创新效率普遍低于后者。吴延兵(2012)指出即使国企改革通过激励机制的设计在一定程度上实现生产中的剩余索取权和剩余控制权的平衡，能提高生产效率，但创新不同于一般的生产活动，已有的改革举措并不能达到创新中的剩余索取权和剩余控制权的匹配，仍然无法改善国有企业的创新效率。由此可见，政府补贴对于国有企业的创新激励作用可能会被削弱，甚至会产生负向作用。

而相比国有企业，政府资助对民营企业等非国有性质企业的创新激励作用可能会更强更好。首先，就资源禀赋而言，民营企业大多先天条件不足，长期受资源匮乏的束缚和融资难问题的困扰(Aggarwal等，2012)，因此更迫切渴望获得政府补贴和外部融资以加大创新投入。其次，在经营管理能力方面，民营企业比国有企业更有优势，从而使其能更有效地利用政府科技资助从事创新活动，创新效率更高。最后，民营企业在创新活动中拥有更大的自主性和灵活性(Liang等，2012)，由于没有国有企业所具有的人员冗余、行政负担以及高度内化的生产系统等因素的困扰(Lin和Tan，1999)，使其在创新活动中能决策迅速和执行有力，从而更高效地开展创新。

第二，国有企业和民营企业不同的制度安排使创新活动的信号传递过程存在差异性。

转型经济中存在多种所有制企业，除了国有企业，还有集体企业、民营企业以及各种外资企业等，这都是制度安排的外在表征，而国有企业和民营企业是我国经济发展的重要力量。国有企业的制度安排体现政府主导性,将政府资助当作一种信号向外界传递其创新能力和实力的迫切性并不强烈,因为它天生就与国家政府关系密切,原本就容易从国有银行获取低于市场水平利率的资金支持(Luo等,2011),因此,相比民营企业,国有企业由于市场信息不对称所产生的第三方媒介(政府)来传递信号以进一步从外界获取创新资源就显得不那么重要(Peng,2004)。国有企业的这种政府主导逻辑意味着其积极响应政策导向,没有民营企业那样更渴望将获得政府资助当作创新活动的信号传递给外部投资者。

而民营企业的制度安排以市场为主导,更迫切地需要将获得政府资助作为信号向外界传递,这可以表明企业所在的行业受到国家的支持和认可,基于这一信号,可以帮助民营企业获得更多外部投资者的青睐,以吸收更多的创新资源,进而提升创新水平(Kleer,2010;Feldman和Kelley,2006),而且更有利于民营企业在制度缺失的经济背景下,通过获取政府资助,表明企业顺应政策导向,政企关系良好,以提高其创新与经营的合法性,并积极开展创新活动(Choi等,2011),也能进一步地放大政府补贴信号的积极作用。

基于以上分析,本书将提出如下假设:

H5b:在其他条件不变的情况下,相比非国有企业,政府科技资助对国有企业的创新激励作用被弱化,即国有性质会负向弱化政府资助的杠杆效应。

3.3.1.3 规模和所有制的交互作用

笔者在调查走访中发现,即使规模较大的国有企业更容易获得资助,但与大规模的非国有性质的企业相比,对政府科技资助的利用效率仍然有限,创新投入和产出依然偏低。基于这样的现象,进而推断企业规模对政府科技资助效果的影响还会受到企业性质的进一步作用。为了更好地分析不同规模企业从政府资助中获得创新收益的差异性,本书进一步考察了不同所有制性质在其中产生的影响。由于资本背景和治理结构的差异,即使在规模相近的情况下,国有企业和非国有企业的经营目标和效率仍存在巨大差异,导致其利用资源进行创新的动力和成效不同。

国有制性质会削弱大企业借助科技资助提升创新绩效的优势。国有企业通常受中央或地方政府控制和经营,更容易获得政府补贴、税收优惠等多种好处,尤其对具有一定规模和市场地位的国有企业,更是政府优先扶持的"明星"。但这并不意味着大型国有企业能乐于并善于运用这些资助进行创新:第一,大型国有企业的预算软约束问题促使其会借助政府补贴来弥补亏损或转亏为盈。当国有企业面临亏损时,政府会给予额外的补偿(Liang等,2012),这会抑制国企经理人进行高效运作的积极性,也不能促进其加大研发投入和提高创新水平。第二,严重的多重代理问题导致大型国有企业更容易存在资源浪费。国有企业本身就拥有丰富的资源,再加上政府补贴,资源冗余问题突出(杨洋等,2015)。而多重代理易使企业高管层缺乏动力从事投入大、风险高、周期长的研发项目,同时监管不力、有限问责并存,可能进一步加重了资源浪费。第三,冗余资源会减少大型国有企业借助创新强化竞争力的意愿,使其更倾向于通过风险规避保持已有的优势地位。第四,国有企业的管理层和董事会通常是行政任命(Carman和Dominguez,2001),而非市场选择的结果,故经理层的管理水平有限,这也进一步削弱了大型国有企业利用政府资源提升创新绩效的程度。因此补贴对规模大的国有企业的正向激励作用有限。

不同的是,政府补贴对规模大的非国有企业创新的激励作用更加有效。第一,基于资源基础理论,虽然较大规模的非国有企业在资源获取方面仍然难于国有企业,但面对激烈的市场竞争,他们迫切需要加大创新力度和水平(高良谋,李宇,2009),因而对政府资助更加重视,并且一旦获得补贴,会加倍珍惜来之不易的机会;第二,从信号传递的角度,在信息不对称的情况下,获得政府补贴能向外界传递积极的信号——企业受到官方的认可,从而有利于非国有企业进一步吸收外部投资者的创新资源(Kleer,2010)。在创新主动性高涨和科技管理较为有效的共同影响下,规模大的非国有企业更能充分有效地利用创新资源,以尽快提高创新水平。

很多学者围绕企业所有制性质与企业创新的关系进行分析,Lee 和 O'Neill(2003)指出,所有权结构不同,企业创新绩效不同。Lin 等(2011)的研究表明,民营企业可以显著提高其创新活动。Aghion 和 Zingales(2013)检验了美国上市公司的机构所有权对创新的正向影响作用,并指出机构所有权每提高 10%,上市公司的专利被引用的概率提高 5%~10%。而国内很多学者认为由于国有企业的创新收益权和创新控制权的分离,或者多重代理问题的存在,加上国有企业承担了更多的就业、创收等社会职责,导致其创新动机不足,国有企业的创新效率损失严重(李玲、陶厚永,2013;吴延兵,2012)。因此,提出如下假设:

H5c:在其他条件不变的情况下,企业规模的正向调节作用还依赖于企业性质。相比非国有企业,随着企业规模的增加,政府资助对国有企业的创新促进作用被弱化,即国有性质会弱化企业规模的正向调节效应。

图 3.1 刻画了上述三个假设之间的关系,在政府资助对企业创新水平发挥杠杆效应的过程中,企业规模和所有制性质共同影响着政府资助的激励效果。

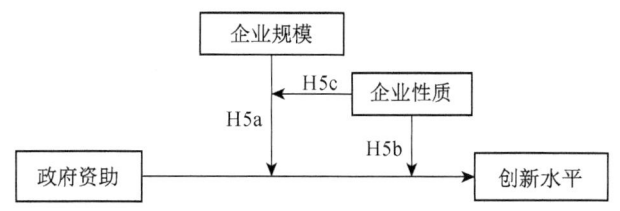

图 3.1　企业规模和性质的联合交互作用模型

3.3.2　管理层持股的调节机制

管理者的支持是促进企业创新的重要因素之一(Crawford,1997),管理者作为企业的经营者,虽然不直接从事技术创新,但其作用贯穿于创新的产生到实施的整个过程,在创新活动的每个阶段都要进行认真的分析、评估,并作出慎重、果断的决策(周刚等,2000)。具体来说,管理层尤其是高管层在创新活动中的作用主要是:提出设想,规划活动,筹措资金,组织创新,搭建社会网络,推进成果的商业化(黄擎明、蔡宁,1994)。作为企业技术创新的具体决策者、组织者和推进者,管理者自身的创新动机至关重要。

但在现代企业制度下,管理层缺少支持和推动创新的主动性。根据委托代理理论,公司的所有权和经营权的分离造成了委托代理问题,作为股东和管理者之间的利益出现分歧,两者对创新的态度和行为产生矛盾(林浚清等,2003)。对所有者而言,他们追求企业价值的最大化,而创新正是提高企业竞争力和可持续发展的主要源泉,即使创新风险高,但为了公司的长远发展和高额利润,所有者更愿意承担创新高风险的代价(刘运国、刘雯,2007),因此加大创新投入和提升创新水平是股东们的希望所在。而管理者是否愿意支持创新,取决于其对创新收益和成本的权衡。由于在两权分离中失去了剩余索取权,而他们追求的是个人财富、职位升迁、任期长短和在职消费等短期收益(Wright 和 Awasthi,1996),虽然创新可能会为企业带来高额利润,但创新的周期长、风险大,在当前会计准则中,资本化条件非常严格,研发投入往往计入费用化科目下,创新会影响企业短期的财务收益(王文华等,2014),因此会威胁到管理层尤其是高管们当期的经济报酬和职位的稳定性。即使创新会带来高利润,但回收期长,高管们在任期内也不一定能享受到创新所实现的业绩增长(刘运国、刘雯,2007),同时,创新失败的可能性一样很高,一旦失败,他们不得不面临被辞退、降薪的风险。最终,出于自身利益的考虑,管理层整体上缺乏支持创新的内在动力。

如何使管理者的利益和所有者的利益协调和统一呢?如何激励他们对企业创新的热情和主动性呢?委托代理理论指出赋予管理者剩余索取权是最有效的解决办法,在实际操作中,更可行的替代做法就是对管理层推行股权激励,从而缓解股东和管理者的矛盾和冲突,实现两者的利益趋同(Miller 等,2002),以克服"管理者短视"行为,从而提高其对创新的积极性。Manso(2011)指出激励 CEO 创新的报酬契约应具备两点:一是对短期业绩下降的容忍;二是对长期业绩增长的奖励。由于基于短期财务业绩的报酬计划不利于管理者推动技术创新,那么让管理者持股就可将个人报酬与企业长期价值相结合,从而调动管理者对技术创新的投资热情以利于企业长远发展。Zahra 等(2000)的研究发现,经理人的持股比例能显著正向影响企业的技术创新。刘运国、刘雯(2007)也证实高管持股有利于提高企业的研发支出。

管理层持股不仅对企业创新产生积极的影响,并且在管理者持股的企业中,政府资助对企业创新的促进作用会更强。从实践中看,虽然政府的直接资助是国家财政一项无偿性的转移支付,但并非对所有企业"一视同仁",政府是否给予资助以及资助多少,往往会根据企业目前的创新投入力度和创新水平进行筛选和补贴,如企业的研发投入强度、研发人员比重等。根据信号理论,当企业向外界传递出"创新类型"和"创新规模"等信号后,政府会才会予以资助,因此补贴是有前提条件的(安同良等,2009)。经验证据表明,当企业所在的行业或经营的领域有利于国家层面战略的实施或社会大众的福祉时,政府才会进行资助(唐清泉、罗党论,2007),并且政府会注重结果导向,更有可能扶持那些技术前景好、创新成功概率高的企业(Hall 和 Bagchi-Sen,2002)。当企业管理层持股时,管理者的个人利益和股东的利益达到一致,并且持股比例越高,激励作用越强,代理成本越低,越重视企业的长远发展和价值提升,越会积极地寻求创新机会,加大企业的创新投入,不断提升企业的创新水平,那么释放出有关企业创新的信号就越强,进而获得政府资助的概率就越高。企业获得政府资金支持后,管理者就越有动力提高创新投入的使用效率,股东、管理者和政府这三者"心往一处想,劲往一处使",最终更有助于提升企业的创新水平。反之,在没有管理者持股的企业中,管理者为了个人利益,为了规避风险,会减少或限制创新投入,因此,企业获得政府资助的可能性不高,即使获得资助,管理层也没有动力积极的进行创新,在政府资助监管不利的情况下,还有可能变成经营者们"骗补"的手段,将资助挪作他用。

基于上述分析,提出以下假设:

H6:在其他条件不变的情况下,管理者持股比例越高,政府科技资助对企业创新的促进作用越大,即管理者持股比例能正向强化政府资助的杠杆效应。

3.3.3 企业年龄的调节机制

企业年龄表明其存在的时间长短。企业就像"生命体"一样,从诞生之日起,随着时间的推移,从年幼期、少年期进入青年期、中年期,直至衰老和死亡。20 世纪 60 年代出现了企业生命周期理论,该理论主张:企业遵循从生到死、由盛及衰的客观规律,并指出企业的发展会依次经历初创期、成长期、成熟期和衰退期这四个阶段。不同生命周期阶段的企业,其财务状况、组织结构、管理风格和吸收能力有所差异(曹裕等,2009;Miller 和 Friesen,1984),利用政府科技资助的效应就会不同,政府资助有可能调动企业加大创新投入,提高创新水平,也有可能导致企业寻租或偷懒等偏离行为,浪费社会资源。

1. 企业在不同阶段资本结构和配置效率的差异性,会影响政府资助效应的发挥程度

20 世纪 70 年代有学者根据企业不同阶段的融资来源,构建了企业金融生命周期模型,从企业的销售及利润、资本结构等特点,解释企业如何在不同发展阶段获取金融资源。Berger 和 Udell(1998)认为规模变化、信息约束和资金需求影响着企业不同发展时期的要素禀赋及结构变化。由于每个时期企业的要素禀赋及其结构具有差异,因此对资金的需求程度不同。此外,企业生命周期是影响其资本配置效率的重要因素,由于企业不同阶段面临的信息不对称程度及代理问题不同,致使资本配置的有效性产生巨大差异,有的阶段企业资本配置非效率的问题非常严重(李云鹤等,2011)。

相比成熟期和衰退期的企业,政府资助对初创期和成长期企业的创新促进作用更强、更重要。企业在不同的生命周期里,政府科技资助

3 研究假设

程度与企业创新投入需求之间的缺口不同,企业的资源禀赋和经营特征在不同时期会有变化,就会对创新资金产生不同的需求。初创期的企业往往处于产品研发阶段,人才引进和市场开拓起步不久,还没有形成稳定的收益来源,内部缺乏足够的资金支持,创新资金更多依靠外部获取,但由于企业发展时间短、市场不稳定,很难获得银行贷款和信用担保,而政府资助是一种低成本和低门槛的融资来源,于是成为企业外部融资的现实选择,并且这类企业的资金需求总量相对较少,尤其是 R&D 投入绝对金额不大(文芳,2009),政府资助的金额与企业的资金需求差距较小,资助能较大程度地弥补这一资金缺口,帮助企业渡过初创期的艰难时刻,推动企业发展,因此政府资助对初创期企业的创新和成长有重要的作用。相比之下,成熟期的企业虽然拥有稳定的现金流,可以依靠内部融资支持创新活动,但是随着企业的发展,对资金的需求有爆炸性增长,而政府资助仍采用单一的直接资金补贴的方式,企业缺少多元化的、良性循环的融资体系,虽然政府资助的单笔数额可能不低,但与企业庞大的资金需求量相比,二者之间的缺口巨大,资助对企业只是杯水车薪,政府资助发挥的效应有限。

2. 企业在不同时期吸收能力的变化,使政府资助对企业创新的影响效应具有差异性

吸收能力是指企业从环境中获得、内化、转化和利用外部新知识的能力(Zahra 和 George,2002)。该能力越强,越有助于提高其对环境的适应和反应性,对企业创新的速度、频率和范围有积极的影响(Kim 和 Kogut,1996),有利于企业的技术引进和改造、新产品开发等各种创新活动(Stock 等,2001)。企业维护和提高吸收能力,对于其可持续性发展与成功非常重要(Lane 和 Pathak,2006)。

企业在生命周期的不同阶段,其吸收能力呈现不同的状态,这影响了政府科技资助对企业创新的作用效果。对于相对年轻但有活力的企业,政府资助效应会越大,这是因为此时企业面临生存和发展的考验,需要快速地应对环境变化,面临巨大的创新需求,会不断优化组织结构,不断改进企业文化,不断增强竞争优势,企业具有较强的动态

调整能力,其吸收能力不断加强,从而使政府资助对企业创新的激励作用产生放大效应。处于成熟期的企业,组织结构相对复杂,创新能力和灵活性有所下降。尤其是衰退期企业,其老产品不再适应市场需求,对外界反应更加迟钝,组织结构僵化,抵制变革(凤进、韦小柯,2003),企业吸收能力不断降低,对政府的资助效应产生更加不利的影响。

3. 市场失灵问题对发展初期的企业,尤其是初创的科技型企业更加严重

由于严重的信息不对称而导致的资本市场缺陷问题,对经营期短的企业更突出(Carpenter和Petersen,2002),对高科技行业的年轻企业而言,更是如此。因为高昂的信息搜索和处理成本会妨碍外部投资者,例如,银行和风险资本为更快地获取回报,更青睐那些发展成熟的高科技企业,而不愿意支持处于早期阶段的投资项目,尤其不愿意选择那些所处行业的范例技术仍未出现、采用技术不确定性更高的年轻的科技型企业(Hall,2002)。因此,政府资助对处于早期发展阶段的企业更有帮助。

基于上述分析,本书提出如下假设:

H7:在其他条件不变的情况下,相比发展时间较长的成熟企业,政府科技资助更能促进发展时间较短的年轻企业的创新水平,即企业年龄会负向弱化政府资助的杠杆效应。

3.3.4 研发基础的调节机制

企业的研发基础是其开展创新活动的必要保障,也是影响企业技术创新不可忽视的重要因素。创新具有技术依赖性,企业积累的知识和技术人才影响着技术研发的学习能力和吸收能力,从而决定了当前的创新方向和创新水平,因此,企业研发基础越好,其技术创新越活跃(Helfat,1994),创新效率更高,见效更快,发展潜力更大,技术溢出所创造的社会效应也更好(Tsai和Wang,2004)。

企业研发人员是衡量研发基础的重要方面(邹彩芬等,2013),是企业R&D活动的核心投入要素(Kim和Oh,2002),是企业最有创造力

和价值的重要资产(Badawy,1998),是开展研发活动和实现技术创新的人的要素。由于研发人员的薪酬占企业研发总投入的较大比重,其数量和质量就直接影响到创新投入的边际收益和边际成本,从而决定了创新活动成功的可能性及其收益,并间接影响着高管层根据预期的创新项目成败进行创新决策。经验证据显示,企业的研发人数有助于其加大研发投入。廖信林等(2013)指出企业研发人数对创新投入有正向作用,研发人数每增加1个单位,企业研发投入随之增加0.063个单位。

企业研发人员的规模和实力使其更容易赢得政府的青睐。当前,我国政府资助往往坚持"扶优扶强"和产业导向的原则,各级地方政府更愿意扶持竞争力较强的企业(邵敏、包群,2011),并且在企业申报政府资助的过程中,其研发队伍是一项非常重要的审核与筛选指标,是企业能否获得资助的关键因素(孟繁森,2008)。另外,企业从事高新技术产品的R&D人员比重已成为我国高科技企业认定的标准之一,而国家给这些高科技企业更是提供了资金补贴和税收优惠等多种扶持,这项政策也带动企业积极从外界吸引技术领军人才,如高薪聘请高校学者和研究员(安同良等,2009)。

企业的研发基础为其有效利用政府科技资助、提升创新水平提供了必要支持,从而影响政府资助对企业创新的激励程度。研发人员的数量与质量影响到技术创新的实现与收益,从而影响政府资助发挥杠杆效应的强弱。当企业研发人数的规模足以支持研发活动,并能帮助其更好地实现创新收益时,政府科技资助才能更有效地促进企业创新(梁莱歆、曹钦润,2010)。邹彩芬(2013)以我国沪深A股医药行业2008—2010年上市公司为样本,研究表明研发人员在政府补贴和企业R&D投入之间具有正向调节效应。因此,提出如下假设:

H8:在其他条件不变的情况下,企业研发人员规模越大,政府科技资助对企业创新的激励作用越强,即研发人员规模能正向强化政府资助的杠杆效应。

4 研究设计

4.1 数据与样本

4.1.1 张江园区及其科技资助政策

本书以上海浦东张江科技园区的财政科技投入实施效果为研究背景,选取在该园区注册和经营的企业为样本。张江高科技园区(Zhangjiang Hi-tech Park,以下称张江园区)创建于1992年7月,是国家级重点高新技术开发区,自1999年上海市实施"聚焦张江"的战略以来,张江园区步入了快速发展轨道,注重科技型企业的成长壮大,围绕集成电路、软件、生物医药三大高科技产业,突出创新创业功能,构筑了国家上海生物医药科技产业基地、国家信息产业基地和国家科技创业基地。经过20多年的开发建设,张江园区已成为创新创业的密集区域、高科技人才的汇集区域、高科技企业的富集区域,以及聚焦七大战略性新兴产业的国家自主创新示范区的核心园区,享有"中国硅谷"的盛誉。根据2006—2015年《上海统计年鉴》的数据显示:10年间张江园区的工业总值从261.02亿元逐年上升至2014年的892.67亿元,平均年增长率为17.43%;主营业务收入从253.61亿元增至1 014.91亿元,年均增长率接近20%;纳税金额从7.75亿元增至36.03亿元,年均增长率更是高达26.6%。根据2015年的《上海浦东新区统计年鉴》,截至2014年,园区内云集高科技企业近3万家,累计注册企业超万家,知识产权授权数 5 247 件。张江园区的经济体量不断增大,当之无愧地成为上海经济发展的重要力量。

张江园区的快速发展与政府的科技资助政策密不可分。政府科技投入涉及范围广泛,以高新技术和战略新兴产业为重点,涵盖电子计算机、信息通讯、化工制造和生物医药等多个行业,以对高科技企业投入为核心,不断向中小企业倾斜。资助形式丰富多样,名目繁多,补贴对象和补贴标准各不相同。例如,"浦东新区科技发展基金"自 2002 年至 2009 年,成为张江园区推动高科技产业发展、促进科技创新活动蓬勃开展的重要平台。根据浦东新区科技委员会的统计数据,2009 年科技基金对张江园区企业的资助总额达到 19 785.24 万元,占支出总额的 76.13%。"十一五"期间,该政策包含近 18 种补贴专项。根据各项财政补贴对企业技术创新和成长发展的资助重点的差异性,张江园区主要的科技资助政策可以分为五大类别(见表 4.1 和表 4.2):

第一,促进创新活动补贴。该类补贴是对企业在研发项目、创新活动中的投入和产出给予直接资助,具体包括:创新基金(小巨人创新补贴、科技中小企业创新补贴、医疗卫生/农业创新补贴)、研发投入补贴、科技重大配套、知识产权资助等。这些补贴专门补偿或奖励企业的创新行为,能有效降低企业的创新成本、提高创新收益。

第二,促进企业发展补贴。该类补贴以初创期和成长期的高科技企业为资助重点,旨在为企业创造良好的生存和发展环境。具体政策包括:孵化器资助资金、股份制改造专项资金等。

第三,促进资金融通补贴。该类补贴的重点是帮助科技型企业获得更多资金来源和融资机会,以降低企业融资成本、拓展融资渠道。这类补贴能协助企业融通资金,利于企业开拓市场、扩大规模。

第四,促进创新环境补贴。这类补贴以营造创新文化氛围为主要目的,对科技会展、学术交流等创新活动予以资助,对取得重要成绩的企业和个人予以奖励。具体政策有:科技科普资金、科技公共服务平台资助等。这类补贴鼓励企业参与和主办科普和学术交流活动,有利于提升科技明星企业、明星科学家、明星创业者的声誉,有助于培育和提升企业的创新意识。

第五,促进人才集聚补贴。以补贴企业引进的高层次科学技术人才和经营管理人才为主,如企业博士后专项、留学归国人员资助专项等,这能帮助企业获得技术研发和科技管理的高端人才,降低企业创新人才的投入成本。

表 4.1 张江园区财政科技补贴类型与范围

科技补贴类型	涵盖的具体项目
促进创新活动	小巨人创新补贴、科技中小企业创新补贴、医疗卫生/农业创新补贴、研发投入补贴、政府主导类项目、科技重大项目配套、中医药事业发展专项等
促进企业发展	孵化器资助资金、股份制改造资金等
促进资金融通	知识产权资助、科技企业信用互助、科技成果贷款贴息等
促进创新环境	科技科普资金、科技奖励资金、科技公共服务平台资助等
促进人才集聚	企业博士后专项、留学人员资助专项、职工科技创新资金、企业家创新领导力计划等

注:由于数据截止到 2009 年,故侧重对"十一五"期间的科技政策进行归纳和梳理。根据张江高科技园区财政政策整理,详见张江在线:www.zhangjiang.net。

4.1.2 数据来源

以在上海张江高科技园区经营运作的企业为研究样本的原因有以下四点:第一,张江园区是国家级高新技术园区,区内企业多集中于软件、集成电路、生物医药、文化创意等高新技术和战略新兴产业领域,研发和创新活动非常活跃,有利于本研究观测企业技术创新行为。第二,地方政府向企业创新活动提供了多种形式的科技资助,覆盖范围广泛,数额庞大,有利于考察政府科技资助的影响。第三,张江企业具有显著的多样性,既有大中型企业,也有小微企业;既有国有企业,也有非国有的民营和外资企业;既有成立不久的年轻企业,也有相当成熟的企业;既有个别上市公司,也有大量非上市企业,样本的多样性有利于本研究发现普适性规律。第四,环境影响可控性强,由于研究对象均处于同一园区,面对的基础设施、文化、人口结构、政策等环境因素一

表 4.2 "十一五"期间张江园区财政科技资助专项细则列示

序号	类别	资助目的	资助对象与资助重点	资助标准和方式	备注
1	小巨人创新补贴	企业的研发投入（科研设备、研发人员等方面）	注册在浦东新区、新示税务局直接征管的，财务管理规范的企事业单位，年销售收入3 000万元以上10亿元以下的未上市企业。重点资助微电子、软件、生物医药等具有良好研发基础的高新技术产业，研发项目应具有创新性、可形成自主知识产权、具有明确产业化前景。	①对获得"小巨人"认证的企业，每家150万元。对处于"小巨人"培育期的企业，每家100万元。②资金分两批发放，重点考核结果发放第二批资金。考核侧重企业的知识产权、2~3年内的科研投入及科研投入占销售收入的比例、发表的论文数、年增长率（平均增长率应在20%以上）	不可重复资助
2	科技中小企业创新补贴	提高企业科技研究水平、培育企业自主创新能力，推进科技成果产业化	①软件、生物医药等领域的年销售收入小于3 000万元开始侧重对初创企业的支持。②主要包括国家科技部"科技型中小企业技术创新基金"和上海市"科技型中小企业技术创新资金"	①市科委和国家科技部联合评审后，新区项目立项推荐，经国家科技部批准为"创新基金"项目的，新区按国家科技部和上海市有关立项要求确定资助额度，每项资助最多不超过50万元。②资助形式为无偿资助和贷款贴息：无偿资助资助形式占资助金额的95%，资助对象是初创企业（注册资本小于300万元），成立不超过3年且产品尚未销售。其他5%的资金为贷款贴息，主要对象是已具有一定规模的企业	可重复资助
3	医疗卫生/农业创新补贴	推动农业实用技术和医疗临床课题研究、新品种的研究和应用推广	新区社会发展的医疗卫生、现代农业、城市建设和环境保护等方面的应用技术研究与示范推广项目	①在项目单位（或行业）行政主管部门推荐和配套资助的前提下，每项资助额度上限不超过25万元；②与其他委办（卫生局、农委）共同资助，1:1配套	

109

(续表)

序号	类别	资助目的	资助对象与资助重点	资助标准和方式	备注
4	科技公共服务平台资助	完善科技创新技术服务体系，支持科技投资，提高科技资源综合利用效率，降低企业创新成本	①新区政府投资建设基础性、不以营利为目的平台项目，委托相关企事业单位经营管理。②以参与投资、补贴等形式鼓励企事业单位投资建设、运营公共需求较大的经营性科技服务平台	①对平台单位的补贴标准以营利性金额累计10%，其中营利性平台最高资助额度每年累计不超过80万元；②非营利性平台补贴标准为其使用平台实际发生费用的30%，同一单位最高资助金额每年累计最高20万元	
5	孵化器资助资金	促进科技企业孵化器建设，提升孵化功能和服务水平	孵化企业成立时间少于三年，注册资金在500万元以下；年销售收入在500~500万元以下；孵化器应拥有软件、集成电路、生物医药等重点领域的科技项目；仅对由孵化器进行股权投资的孵化企业予以资助，不少于10万元，不超过企业股权的35%	资助额度一般为孵化器对孵化企业货币投资的5倍，单个项目资助资金不超过80万元，通过初审，资金操作机构对申请单位进行审，资助分两次拨付，首次拨付60%。孵化企业比上入孵时增加一倍时年销售收入比上年销售额达300万元以上，达到毕业标准，方可拨付余款	生物医药类企业的孵化时间可延长至5年，每一年例行检查
6	科技科普资金	推进科普设施建设，支持重大科技科普活动	新区政府机关、企事业机构、群众团体等具有独立法人资格的单位，在浦东新区主办或承办重大科技科普活动，包括浦东科技节、中科院院士上海浦东活动中心、科普教育基地建设、科普品牌建设，重点资助能够形成浦东具有影响力、周期性固定举办的高层次学术活动	①对国际性的科技科普活动最高资助50万元，对全国性的科技科普活动资助不超过总经费的30%，对上海市、新区的科技科普活动资助最高20万元；②全额补贴新区政府委托举办的重大科技科普活动，分两次拨付，立项目验收通过后一次项后拨付60%；③其他科技科普活动予以次性拨付	对新区已获得国家级科普教育基地、市级科普教育基地和上海市"科普专项"的重大科技科普活动予以匹配资助

4 研究设计

（续表）

序号	类别	资助目的	资助对象与资助重点	资助标准和方式	备注
7	科技企业信用互助	推动社会诚信体系的完善和发展，组织民间资源，引导银行向科技企业贷款	轻资产企业或没有实物可做抵押的企业；针对企业流动资金短缺口，贷款额为互助资金的5倍，期限为1至2年，最高500万元	①采用创新性模式："政府（3年5 000万元）+企业（无实物抵押）"三方构成信用互助体系，各自承担风险的50%、10%、40%；②本项资金与企业认缴的互助金作为保证金存入合作银行专户，合作银行按照保证金总额的5倍发放贷款，且无需抵押物	操作机构（浦东生产力中心）对企业进行资信调查；保障：保前调查和保后管理工作
8	企业博士后专项和留学人员资助专项	吸引和鼓励海外留学人员创办企业，降低创业成本，促进其发展	来浦东创办企业的海外留学人员，资助侧重生物医药、集成电路、新材料和软件等行业。	①博士后进站：见面礼性质的资助，无需专家评审，共拨款10万元，分两次拨付；②留学生创业企业：在注册三年内，经审核批准，按申请额的50%比例给予资助，累计最高资助额度10万元	
9	科技中小企业股份制改造资金	促进中小科技型企业改制上市，完善企业管理制度，规范其运作	对满足该项专项资助资金申请条件的企业完成股份制改造而实际支出的会计审计、资产评估、财务顾问、法律服务、券商顾问和工商登记变更等费用	①后补贴式资助，按照企业实际费用子最高30万元的无偿补贴；②两种补贴方式：一是软性资助，对已完成股改的、因申请上市需要进行增资扩股的企业给予30万元补贴，分批式拨付，对计划进行股改的企业，与相关中介机构签订股改协议时给予10万元补贴，经工商部门变更为股份有限公司的，再给予20万元	基金具体操作部门通过市证监局备案，直接联系进行股改的企业，由进行股改的企业自行申报
10	信息化资助	推动新区信息化发展，加快信息系统建设和促进信息化的应用	在新区政府实施信息化应用的建设项目，信息技术应用的试点项目，数据资源共享平台建设项目，国家、上海市在新区实施的信息化应用试点和推广项目，信息技术应用研究软课题研究。	①单个项目的资助额度一般不超过80万元（否则报理事会审批），软课题研究不超过10万元；②无偿资助，分二期拨付70%，验收合格后拨付余款	①支软不支硬，不支持硬件购置基础设施费用；②不重复资助；③企业配套入匹配资金

(续表)

序号	类别	资助目的	资助对象与资助重点	资助标准和方式	备注
11	研发投入补贴	引导企业加大研发投入,提高资助创新能力	重点资助微电子、软件、生物医药等高新技术领域企业、研发机构以及经认定具体的补贴对象,企业、研发投入机构研发费用补贴可分为三类,新药开发费用补贴以及软件开发费用补贴	①采用后补贴制,根据实际发生的费用,予以无偿资助;②对重点浦东新区高新技术领域企业研发机构最高资助500万元,上海市高新和浦东新区高新技术领域其他研发机构最高资助120万元,对其他研发机构的补贴最高 50 万元;③临床前研究费用补贴最高500 万元,新药注册、临床研究费用最高给予 5 万元;④对软件产品注册、测试费用给予 70%的一次性资助,对获得CMM4 级和 5 级认证企业的认证费补贴分别20 万元和 30 万元	不重复资助原则,优先资助原则,可在资助额度内连续三年申请资助
12	知识产权质押融资	引导银行等社会机构认可知识产权市场价值,缓解科技型中小企业融资困难	运行良好的有短期融资需求的浦东新区科技型中小企业。重点支持软件、文化创意、集成电路设计、生物医药等领域的拥有专利、版权、软件著作权、布图设计专有权、新药证书等知识产权的科技型中小企业	①政府与银行合作,向符合条件的科技型中小企业提供贷款,政府在其中发挥担保作用。②合作银行(上海银行)以政府投入资金的 2.5 倍的额度提供贷款融资	
13	知识产权资助	增强企业知识产权的获取和保护,运用专利制度提升企业自主创新能力	注册在浦东新区,属于浦东新区税务局直接征管、财务管理规范的企事业单位,社会团体及户籍或工作单位在浦东新区的个人	对发明专利、实用新型专利,外观专利立项后最高给予 5 000 元补贴;对申请国外发明 PCT 专利的每件专利不超过 2.5 万元;取得每件专利授权的每件专利不超过 3 万元;一次性给予上海市专利试点企业 10 万元,上海市专利示范企业 20 万元,上海市专利试点企业 30 万元或专利产品或以上的企业;对实施发明人比上年度增加 500 万元以上的企业给予实施收入比上年度销售增加 500 万元以上的企业最高 60 万元/年	

4 研究设计

(续表)

序号	类别	资助目的	资助对象与资助重点	资助标准和方式	备注
14	职工科技创新资金	推进职工群众性科技创新活动体系的建立和健全,激励职工立足岗位自主创新	隶属于浦东新区总工会(简称新区总工会)的企事业单位工会组织、职工和职工技协组织	职工科技创新资金每年资助资金水平为400万元;职工科技创新成果奖、职工合理化建议成果奖、职工先进操作法成果奖,职工合理化奖最高奖3万元,职工科技创新组织奖补贴最高30万元,职工技术协会创新基地建设补贴最高10万元活动补贴最高10万元	
15	政府主导类项目	鼓励企业自主创新和加强技术成果产业化	属一事一议项目,用于资助无法纳入其他科技发展基金专项的特殊项目	不公开征集项目。在有政府相关部门批文的前提下,通过基金理事会审批,按合同执行项目	
16	创业风险引导基金	集聚创业风险资本和投资管理机构,激活创业风险投资市场,促进创业风险投资体系发展	引导基金分为生物医药、集成电路、软件、新能源与新材料、科技农业等五大板块	参照委托管理的模式运作,浦东科技投资公司为引导基金的操作主体,其运作方式有:与专业创业风险投资机构决策,其运作方式建立契约合作关系,由其直接投资,共同向高科技投资基金的及项目投资;作为专业创业风险投资基金、与海内外其他出资人共同出资,设立专业创业风险投资基金,并共同委托该管理机构进行运作	政府不直接参与项目投资决策

注:由于数据截至到2009年,故侧重对"十一五"期间的科技政策进行归纳和梳理。根据张江高科技园区财政政策整理,详见张江在线:www.zhangjiang.net。

113

致,排除了样本来自于不同区域时所存在的环境干扰问题,使本研究能够得出更加客观的结论。因此,分析财政科技资助对企业技术创新的影响在浦东具有良好的现实基础,尤其对上海建立以张江为中心的"全球科创中心"的政策制定提供更有说服力和针对性的借鉴和指导,意义重大。

本书数据有两个来源:一是在浦东新区科委的协助下,向张江园区曾在 2006 年到 2009 年申报过政府科技资助的企业发放调查问卷,填写问卷的人员主要包括企业高管、中层经理、办公室文员等。由于人员层次各异,对公司情况掌握程度不同,导致数据缺失严重,并且这些企业大多曾获得政府扶持,从未获得资助的情况较少,最终回收有效问卷 459 份,该套数据主要涉及企业的政府科技补贴、研发投入、专利申请与授予等信息。二是在浦东新区统计局的协助下获得在张江园区经营的企业和机构的年度统计数据①,具体涉及 2006—2009 年的企业性质、经营指标、股权结构、创新活动等更全面和翔实的基本情况,这为本研究提供了大量真实可靠的企业数据。

合并和整理这两套数据的具体做法是:第一,删除数据中有关科研机构、行业协会、学校、医院等非企业类型的样本,这些不是本研究关注的对象;第二,统一企业名称的表述格式,由于要根据公司名称和时间进行两套数据的匹配,因此公司名称是否完全一致,对合并效果具有重大影响。重点是将名称中的括号一律改成半角格式,删除由于录入疏忽导致企业名称中可能存在的空格,最后手动核查和确认那些标识名一致,但名称无法一一对应的公司是否属于同一企业,如"上海三零卫士信息安全技术有限公司"和"上海三零卫士信息安全有限公司""上海摩托罗拉通信产品有限公司"和"上海摩托罗拉通信产品责任有限公司"等类似问题,逐一核实确认并统一表述;第三,数据合并,在这两个来源的数据中,有 167 家企业重合(即成功匹配),然后删除第一套数据中有但第二套数

---

① 后经证实,由于数据采集难度较大,统计局数据并没有涵盖张江高科技园区的所有企业。

据中无的企业(这些企业基本情况缺失严重),保留第一套数据中无但第二套数据中有的企业样本(这些企业基本没有获得政府科技资助);第四,删除极端异常的观测值,在初步合并的基础上,删除资产负债率大于1,员工人数为0,企业总资产为负的这些变量统计存在明显错误以及企业信息缺失严重的观测数据。

4.1.3 样本分析

根据上述数据的汇总和整理结果,最终的研究样本为2006—2009年2211家企业共计5693条观测值的非平衡面板数据。全样本的所属行业分布、企业性质和规模分布如表4.3、表4.4所示。样本中企业涵盖的行业主要有制造、医药、IT、化工和服务业,其中服务业企业数量庞大,这体现出上海大力促进文化创意等服务业发展的成效,此外IT、医药等高科技企业约占半数,这与上海推行"科教兴市"的战略举措密不可分。销售收入超过10 000万的大型企业的样本观测数占9.59%,绝大多数为中小企业,此外,非国有性质企业占绝对主体,民营和外资等非国有企业数量合计高达90%,这完全符合当前我国经济发展中非国有成分企业的数量分布,虽然国有企业规模庞大,但民营企业发展迅猛,成为繁荣市场经济的主力军。全样本企业的整体分布能较好地反映出张江园区企业分布的基本特点,这充分表明样本具有较好的代表性。

表4.3 全样本企业行业分布

项目	所属行业				
	制造	医药	IT	化工	其他
企业数(家)	329	304	777	70	823
观测值数(条)	831	802	1 952	208	1 900
观测值占比	14.60%	14.09%	34.29%	3.65%	33.37%

注:4年中一些企业的所属行业发生改变。其他行业中包含销售、贸易、金融等服务业和中介机构,以及文化创意、动漫游戏行业。

表 4.4 全样本企业性质和规模分布

项目	企业性质				企业规模			
	国有	民营	外资	港台	大型	中型	小型	小微
企业数(家)	223	977	765	241	197	487	693	1 007
观测值数(条)	577	2 508	2 053	554	546	1 371	1 630	2 146
观测值占比	10.14%	44.06%	36.07%	9.73%	9.59%	24.09%	28.62%	37.69%

注:① 企业性质根据第一大股东的性质予以确认,4年中一些企业第一大股东的身份和性质有改变。

② 企业规模根据国家统计局、国家发改委、财政部《关于印发中小企业划型标准规定的通知》(工信部联企业〔2011〕300号)划分:年收入小于100万元的是小微企业;收入介于100万元到1 000万元的为小型企业;收入介于1 000万元到10 000万元的为中型企业;收入不小于10 000万元的为大型企业。4年间企业的规模类型有所改变。

在全样本的2 211家企业中,每年都有1/3以上的企业开展技术创新活动,并且这一比例在观察期内基本保持平稳(见表4.5),4年间,共有381家企业获得政府科技资助,获得资助企业占比平均约为12%,尤其对有研发活动的企业而言,受资助企业的占比逐年上升,但仍然有大量的从事研发活动的企业没有得到资助。根据受资助企业的年度累计、行业、性质和规模分布情况(见表4.6至表4.9),观察期内政府科技资助呈现如下特点:

第一,4年间政府科技资助不断扩大资助企业范围,也提高了被资助企业的补贴程度。据表4.5所示,受资助企业的比重逐年上升,2006年有7.22%的企业获得科技资助,到2009年这一比例上升至16.30%,同时"是否获得科技资助"和"科技资助规模"均值也呈现增长趋势,但从其标准差的变化来看,企业间补贴程度的差异较大,初步表明政府集中资源向少数企业倾斜。

第二,多数企业难以获得政府资助。未获得资助的有1 858家[①],占有效企业样本数的85%,而连续4年都获得资助的有48家,至少3

---

① 由于个别接受过政府科技补贴的企业未能提供完整数据,这一数值存在一定程度的高估,资助次数以年度为统计单位,即若企业某年获得了资助就记为1次,即使该年度实际有可能获得多次不同的资助项目,仍记为1次。

年以上获得资助的企业约占4%(见表4.6、表4.7),可见政府资助存在持续性的情况。这一方面可能因为曾经获得过资助的企业会持续关注政府补贴信息,而以往成功的经验使其更善于准备申报材料并提高命中率;另一方面,政府在选择资助对象时,往往会考虑企业是否之前曾获得过某项资助,从而更愿意再次青睐。

第三,政府科技资助有明显的产业导向(见表4.8)。医药、IT行业为扶持重点,这两个行业的受资助企业约占受资助观测样本的69%,这与国家和地方政府大力促进高科技行业发展的政策方针紧密相关。

第四,国有性质的企业更容易获得政府资助。虽然受资助样本中(见表4.9),民营企业比重最高,约占48%,其次是外资企业,而国有企业的数量不到20%,但若分别与全样本中的各类性质企业数量相比,约有30.33%的国有企业获得资助,资助命中率最高,而仅有12.8%的民营企业成为"幸运儿"。

第五,规模较大的企业更受政府青睐。根据受资助企业整体情况分析(见表4.9),虽然中小型企业是资助的主体,超过受补贴企业的80%,但就全样本来看,规模越大的企业更容易获得扶持,在同等规模企业中,大型企业获资助的占比为25.46%,远高于其他规模类型企业的命中率。

表4.5 年度科技资助企业数、占比及资助规模

年份	受资助企业数(家)	受资助企业比重	是否获科技资助		科技资助规模(资助/营业收入)	
			均值	标准差	均值	标准差
2006	102	7.22%	0.087	0.282	0.010	0.113
2007	114	7.23%	0.085	0.279	0.039	0.564
2008	177	9.72%	0.109	0.311	0.080	1.247
2009	311	16.30%	0.172	0.377	0.463	10.398
合计	381	10.48%	0.118	0.323	0.175	5.820

表 4.6 企业研发与政府资助情况

年份	企业数(家)	研发企业		获资助企业(研发企业)		研发投入密度(研发企业)	资助强度
		企业数(家)	占比	企业数(家)	占比		
2006	1 281	458	35.79%	72	14.26%	1.355	5.71%
2007	1 416	491	34.71%	81	14.78%	1.069	4.7%
2008	1 560	584	37.45%	136	19.94%	1.332	11.39%
2009	1 436	532	37.05%	234	33.1%	1.108	18.06%

注：企业研发支出大于 0 即认定为有研发活动的企业，即研发企业。研发投入密度＝研发支出总额/企业销售收入×100%。政府资助率＝政府科技资助总额/企业研发总支出×100%。

表 4.7 企业获资助年度累计数

累计年数	0 年	1 年	2 年	3 年	4 年
获资助企业(家)	1 858	193	69	43	48
占比	84.01%	8.73%	3.15%	1.93%	2.18%

注：4 年中，只要某企业某年度的政府科技资助总额大于 0，就都记为 1 次。

表 4.8 受资助企业的行业分布

行业	所属行业				
	制造	医药	IT	化工	其它
企业数(家)	73	79	143	27	59
观测值数(条)	135	170	243	48	108
观测值占比	19.18%	24.15%	34.52%	6.82%	15.34%

注：4 年中一些企业的所属行业发生改变。其他行业中有销售、贸易、金融等服务业和中介机构，以及文化创意、动漫游戏行业。

表 4.9 受资助企业的性质与规模分布

项目	企业性质				企业规模			
	国有	民营	外资	港澳台	大型	中型	小型	小微
企业数(家)	74	184	80	43	71	89	114	108
观测值数(条)	175	321	149	59	139	195	191	179

(续表)

项目	企业性质				企业规模			
	国有	民营	外资	港澳台	大型	中型	小型	小微
观测值占比	19.58%	48.25%	20.98%	11.19%	19.80%	27.66%	27.17%	25.37%
在各类企业中占比	30.33%	12.80%	7.26%	10.65%	25.46%	14.22%	11.72%	8.34%

注：① 企业性质根据第一大股东的性质予以确认,4年中一些企业第一大股东的身份和性质有改变。
② 企业规模根据《关于印发中小企业划型标准规定的通知》(工信部联企业〔2011〕300号)划分,具体见表5.2。4年间一些企业的规模类型有所改变。

4.2 变量介绍

围绕本书三大研究问题,选择有关的解释变量、被解释变量以及重要的控制变量。

4.2.1 变量选择

4.2.1.1 企业创新水平

不同的研究对企业创新水平指标的选取略有差异,一般来说,通常采用企业R&D投入、专利数量、新产品产值、全要素生产率来衡量企业的技术创新水平。本书使用较常见的企业专利申请数($patentapply$)和专利授予数($patentgrant$),因为专利成果能更好地体现企业自主创新的能力(Nagaoka等,2010),相比企业研发投入,专利在一定程度上更能反映出其研发投入所产生的技术创新成果,也能更好地衡量技术创新中的新方法和新工艺方面的知识成果(白俊红,2011)。虽然专利数量并不能完全代表企业的创新水平,但该类指标具有通用性、一致性、易得性的优点,可靠性较高(Acs等,2002),也是国内外理论界常用的创新代理变量(易靖韬等,2015)。同时为了控制异方差问题,对数据进行对数处理,并且为避免专利数为1,对数后为0的问题,对专利数加1后再取对数(以下其他连续变量都作对数处理,不再赘述)。

4.1.2.2 政府科技资助

在研究政府科技资助决策动机时,首先,用政府科技资助与否($ifsub$)的虚拟变量为因变量,以便于分析影响政府科技资助选择对象的因素以及满足何种假设,具体为 $ifsub=1$,表示企业获得政府科技资助大于0,即有资助,反之为0,即无资助。然后,用政府科技资助强度($subratio$,即补贴率)的连续变量进一步分析政府资助力度受企业哪些因素的作用,借鉴姜宁(2010)、王俊(2010)、赵璨等(2015)等人的测算方法,政府科技资助强度用政府科技资助总额除以企业研发总投入来衡量。

在研究政府科技资助影响企业创新的直接效果时,分别采用政府科技资助与否($ifsub$)和政府科技资助强度($subratio$)做自变量,以相互印证,充分证明政府资助是否能有效提升企业创新水平。

但在研究企业异质性特征影响政府资助效果的作用机制中,仅以政府科技资助强度($subratio$)为自变量。

4.1.2.3 其他主要变量

1. 企业规模($scale$)

企业规模越大,创造的就业岗位越多,对社会稳定性以及地方税收的贡献越大,企业规模不仅是影响企业创新水平的重要因素,也是研究影响政府资助效果的企业异质性因素之一。本书采用企业营业收入来衡量规模,用连续变量刻画企业规模可以更好地分析随着企业规模的变化,政府资助对企业创新的作用强度的改变。$scale\_sub$ 是政府资助强度与企业规模的二维交互项。

2. 企业所有制性质($state$)

企业性质除了能影响企业创新以外,政府科技资助对不同性质的企业偏好也存在差异,并且不同性质的企业对政府资助的反应亦会不同。本书根据企业最终控制人的性质来确定企业所有制性质(用 $state$ 表示),$state=1$ 表示国有控股企业,$state=0$ 则为非国有控股企业,主要包括本土民营企业、外资企业以及港澳台企业这三类。此外,$state\_$

sub 分别代表政府资助强度与所有制性质的二维交互项,$scale\_state$ 是企业规模和所有制性质的二维交互项,s_s_sub 是企业规模、所有制性质和政府资助强度的三维交互项。

3. 企业年龄(age)

企业年龄是影响创新发生的组织情景,有一定发展历史的企业,会积累稳定的财力资源和研发基础,创新能力更强(李玲、陶厚永,2013),但企业年龄越大,就可能出现组织惰性(汪秋明等,2014;Barron 等,1994),这也会阻碍企业的创新。正是由于企业年龄与企业创新之间的关系,它也成为了影响政府科技资助决策和行为的重要变量。另外,它还是政府科技资助影响企业创新的另一个调节变量。由于数据的调查日期是 2010 年,因此具体测算时,企业年龄等于 2010 减去企业创立的年份,进入回归分析时,再加 1 取对数。

4. 研发人员规模($rdstaff$)

根据第 4 章第 3 节有关内容的分析,企业研发人员规模是衡量研发基础的重要方面。企业研发人员是指从事研究与开发的技术和科研人员,他们是技术创新最直接的参与者,研发人员的规模能体现企业研发的投入程度和整体实力,他们在从事技术项目的研究中,通过干中学来提高研发技能,进而有助于创新成果的转化(秦雪征等,2012),因此,这是影响企业创新水平的重要变量。研发基础越好,就越有可能加大政府科技资助对企业创新的促进程度,这也是本书需重点研究的一个调节效应。

5. 管理者持股($manshare$)

企业管理者的持股情况用管理者的持股比率来衡量,连续变量用于更细致地分析管理者持股的不同程度如何影响政府的资助效果,该变量是政府科技资助影响企业创新程度的重要情景因素。

6. 资产总额($asset$)

资产总额显示了企业管理的不确定性以及支持新产品发开的能力(Lee 和 Chen,2009),是影响研发的重要因素(Blundell 等,1999)。企业资产越多,资源积累就多,越容易满足创新的初始门槛,越有可能从事创新活动,即有助于企业加大研发投入和新产品开发的力度。

7. 人力资本密集度(hrcapital)

人力资本密集度(hrcapital)是衡量人力资本的重要变量,反映了企业创造和获得知识的能力与水平的潜力(Aschhoff,2009),用本科及以上学历的员工占比来衡量,这是政府在选择科技资助对象时重要的参考因素。

8. 上一年是否研发(L.ifrd)

上一年是否研发代表企业研发的持续性和经验。技术研发的持续性意味着之前开展研发的企业会继续进行研发,申请政府科技资助的主动性较高,政府也会将企业已投入的研发规模作为资助决策的重要权衡因素。具体测算办法:$L.rd=1$,表示企业上一期的研发投入大于0,即上一期企业有研发投入,反之为0。

9. 净资产收益率(ROA)

一方面,该指标可用来衡量企业的冗余资源(王菁等,2014;Wang和Qian,2011),冗余资源会增加企业探索性的行为,从而提升创新水平,冗余资源越多,企业创新就越活跃(Greve,2008);另一方面,该指标还用来反映企业的竞争能力,政府在选择科技资助对象时往往基于"扶优扶强"的原则,优先扶持那些收益能力好、竞争实力强的企业。

10. 资产负债率(level)

企业的技术创新还与其自身资本结构这一属性紧密相关(曹建海、邓菁,2014),资本结构是衡量企业负债能力的重要指标,影响着企业创新决策和创新资源的获取能力。

最后,本研究还控制了行业(ind)和年份(year)的哑变量。行业不同,政府科技资助的政策导向不同,各级政府都高度重视对高科技行业、战略新兴产业的发展,并且不同行业的创新沉没成本、知识扩散性也存在系统性差异,从而影响企业的创新行为。年份可以反映政府科技资助的力度与条件以及企业创新行为随着时间而发生的改变。上述各变量的含义及测算方式见表4.10。

4 研究设计

表4.10 变量一览表

变量名	变量代码	测算方式
专利申请数	$patentapply$	企业年度专利申请数量加1后取对数
专利授予数	$patentgrant$	企业年度专利申请数量加1后取对数
政府资助与否	$ifsub$	等于1,表明政府年度资助金额大于0,否则为0
政府资助强度	$subratio$	政府年度科技资助总额除以企业年度研发总投入×100%
企业规模	$scale$	企业年度营业收入的对数
所有制	$state$	等于1,表明企业的最终控制人是政府,即国有控股,反之为0。State=0时中包括民营企业、外资与港澳台企业
企业年龄	age	因数据收集为2010年,故企业年龄为2010减去其创始年份,企业年龄加1后取对数
管理者持股	$manshare$	管理者持股数的百分比
上一年是否研发	$L.ifrd$	等于1,表明企业上一年的研发支出大于0,否则为0
研发人员规模	$rdstaff$	企业年度研发人员数量的对数
人力资本密集度	$hrcapital$	本科学历及以上员工人数/员工总数×100%
资产总额	$asset$	企业年度资产总额的对数
资产负债率	$level$	企业年度负债总额除以资产总额×100%
资产收益率	ROA	企业年度净利润除以总资产×100%
行业	ind	虚拟变量,包括服务、IT、化工、制造和医药业五类行业。一般以服务业为参照组
年份	$year$	虚拟变量,包括2006年至2009年,一般以2009年为参照组
企业规模*政府资助	$scale\_sub$	政府科技资助与企业规模的二维交互项
所有制*政府资助	$state\_sub$	政府科技资助与所有制性质的二维交互项

(续表)

变量名	变量代码	测算方式
企业规模 * 所有制	$scale\_state$	企业规模和所有制性质的二维交互项
企业规模 * 所有制 * 政府资助	s_s_sub	企业规模、所有制性质和政府科技资助的三维交互项
企业年龄 * 政府资助	age_sub	企业年龄和政府科技资助的二维交互
管理者持股比例 * 政府资助	$manshare\_sub$	管理者持股比例和政府科技资助的二维交互
研发人员规模 * 政府资助	$rdstaff\_sub$	企业研发人数和政府资助的二维交互

4.2.2 变量描述

根据变量描述性统计(见表 4.11),政府科技资助强度($subratio$)的均值是 0.11,远大于其中位数 0,结合标准差 0.39 可以看出,样本中有一部分企业获得了较大程度的科技资助,企业间享受的科技补贴差异巨大。此外,企业专利申请数量(取对数之后)的均值(mean=0.31)也明显高于中位值(p50=0),对比各分位数,最大值(max=7.75)是均值 33 倍,充分说明专利申请数量在各企业之间波动剧烈。此外,管理者持股比例这一变量缺失非常严重,但这是本研究重点分析的情景机制之一。

从变量间的相关性(见表 4.12)中可知,专利申请数和专利授予数都分别与政府科技资助与否、科技资助强度的相关系数是显著为正,初步说明政府资助对企业的创新具有促进作用。而且,有关政府资助变量也都分别与企业规模、所有制、企业年龄、资产总额、研发经验和人力资本具有显著的相关性,也意味着这些因素是政府资助决策中权衡的重要方面。此外,企业研发人数、总资产、规模大小都分别与企业创新水平正相关。

表 4.11 变量描述性统计

变量名称	变量代码	N	Mean	Sd	P50	Min	Max
专利申请数量	patentapply	5 693	0.31	0.77	0	0	7.75
专利授予数量	patentgrant	5 673	0.16	0.52	0	0	5.68
政府科技资助与否	ifsub	5 693	0.12	0.32	0	0	1
政府科技资助强度	subratio	2 139	0.11	0.39	0	0	2.71
企业规模	scale	5 693	5.11	3.31	5.60	0	12.47
所有制	state	5 693	0.12	0.32	0	0	1
企业年龄	age	5 693	1.98	0.52	1.95	0.69	4.48
管理者持股比例	manshare	718	0.5	0.35	0.5	0	1
上一年是否研发	L.ifrd	2 894	0.43	0.49	0	0	1
研发人数	rdstaff	5 693	1.32	1.69	0	0	8.7
人力资本	hrcapital	5 693	0.57	0.32	0.63	0	1
资产总额	asset	5 248	6.69	2.25	6.6	1.78	12.58
资产负债率	level	5 260	0.38	0.31	0.35	0	1
资产收益率	ROA	5 164	−0.13	0.48	0	−4.12	1.41
行业	ind	4 258	2.21	1.15	2	1	5
年份	year	5 693	2 007.63	1.11	2 008	2 006	2 009

注:行业1为服务业 se;2 为 IT 业 it;3 为生物医药业 ph;4 为制造业 ma;5 为化工业 ch,代入回归时,分别设为虚拟变量。各连续变量取对数。

表 4.12 变量相关系数表

序号	变量代码	1	2	3	4	5	6	7	8	9	10	11	12	13	14	15
1	patentapply	1														
2	patentgrant	0.738***	1													
3	ifsub	0.394***	0.332***	1												
4	subratio	0.135***	0.116***	0.612***	1											
5	scale	0.178***	0.191***	0.147***	0.052**	1										
6	state	0.177***	0.197***	0.162***	0.114***	0.141***	1									
7	age	0.133***	0.177***	0.153***	0.016 0	0.421***	0.249***	1								
8	manshare	−0.173***	−0.186***	−0.254***	−0.036 0	−0.115**	−0.283***	−0.249***	1							
9	L.ifrd	0.380***	0.295***	0.376***	0.100***	0.200***	0.044**	0.125***	−0.009 00	1						
10	rdstaff	0.500***	0.403***	0.373***	0.001 00	0.297***	0.103***	0.166***	−0.190***	0.680***	1					
11	hrcapital	0.082***	0.041***	0.057***	−0.024 0	−0.042***	−0.057***	−0.155***	0.172***	0.216***	0.251***	1				
12	asset	0.235***	0.202***	0.101***	−0.034 0	0.548***	0.261***	0.375***	−0.471***	0.144***	0.264***	0.003 00	1			
13	level	0.019 0	0.020 0	−0.009 00	0.030 0	0.197***	−0.022 0	0.101***	−0.058***	−0.058***	−0.027*	−0.055***	0.113***	1		
14	ROA	−0.023 0	0.029*	0.009 00	−0.040 0	0.233***	0.048**	0.125***	−0.163***	−0.013 0	0.004 00	−0.084***	0.196***	−0.029*	1	
15	ind	0.250***	0.216***	0.143***	−0.033 0	0.081***	−0.016 0	0.113***	−0.188***	0.355***	0.315***	−0.031**	0.118***	−0.024 0	−0.017 0	1
16	year	−0.020 0	−0.007 00	0.018 0	0.052***	0.029***	−0.045**	−0.136***	−0.036 0	−0.074***	−0.060***	0.038***	0.040***	−0.006 00	0.002 00	−0.081***

注：t statistics in parentheses, * $p<0.1$, ** $p<0.05$, *** $p<0.01$

4.3 研究模型

4.3.1 影响政府科技资助决策的动机模型

企业最终能否获得政府科技资助受两个方面的共同影响：企业是否申请科技资助的决策和政府是否给予企业资助的决策。假设无论企业之前是否有研发活动，都知道政府出台了科技扶持政策，在这种情况下，企业获得政府资助的可能性由公式(4.1)表示。

$$\begin{aligned} Pr(Award = 1 \mid X) &= P(Apply = 1, Grant = 1, X) \\ &= P(Grant = 1 \mid Apply = 1, X) \\ &\quad \times P(Apply = 1 \mid X) \end{aligned} \quad (4.1)$$

注：$Award=1$ 表示企业获得政府资助，反之为 0；

$Apply=1$ 表示企业申请政府资助，反之为 0；

$Grant=1$ 表示政府授予企业资助，反之为 0。

其中，$Pr(\ )$ 是可能性方程，X 代表一组企业特征的变量集合。估计公式(4.1)的理想方式是分别估计其中包含的两种可能性，具体来说就是要估计什么样的企业更愿意申请科技资助，以及估计政府如何对申报企业进行筛选，如此才能明确地分析影响企业申请资助和政府授予资助的因素。但受当前数据所限，仅知道企业是否获得政府资助而并不清楚哪些是申请失败的企业，也无法得知哪些是影响企业决策而非影响政府资助决策的因素，反之亦然。这就意味着不能得出明确的结构模型，来区分影响企业决策的因素和影响政府决策的因素。因此，本书仅仅估计最终企业获得政府资助的可能性模型。

通过上述对影响企业申请资助决策和政府资助分配决策的各种因素分析，在公式(4.1)的基础上，用公式(4.2)来具体研究影响企业获得政府科技资助的异质性因素，公式(4.3)可以进一步分析政府科技资助强度在不同企业间如何变化。

根据第4章第1节的相关阐述,影响政府资助决策动机的因素具体包括企业研发经验、企业规模、盈利能力、企业年龄、人力资本和所有制,这些变量的影响方向和作用大小可以分析政府科技资助满足何种动机假设。此外,模型中还控制了年份和行业,以便考察每年政府科技资助政策的调整、宏观经济环境变化的影响、科技政策中的行业导向等因素。

$$ifsub_{it} = \alpha_0 + aX_{it} + \varepsilon_{it} \qquad (4.2)$$

$$subratio_{it} = a'_0 + a'X_{it} + \varepsilon'_{it} \qquad (4.3)$$

公式(4.2)中 $ifsub$ 是企业获得政府科技资助与否,公式(4.3)中 $subratio$ 是政府资助强度;X 是一组影响政府资助的外生变量集,α_0、a'_0 分别是截距项,a、a' 是各变量的影响系数。i 代表第 i 个企业,t 代表年份,ε 是误差项。

4.3.2 政府科技资助影响企业创新的直接效应模型

4.3.2.1 不考虑政府科技资助的内生性时

当不考虑政府选择偏差的问题时,即政府资助是外生的前提下,资助是随机分配给企业的,不受企业规模、企业性质、行业特征等因素的影响,本书的研究模型如公式(4.4)所示:

$$Y_{it} = \beta_0 + \beta_1 ifsub_{it} + \beta C_{it} + u_{it} \qquad (4.4)$$

其中,Y 代表企业的创新水平,$ifsub$ 代表政府资助与否,向量集 C 包含影响企业创新水平的主要因素。i 表示企业 i,t 表示第 t 年,u 为误差项。具体变量含义见表5.10。

根据第4章第2节的相关阐述,影响企业创新水平的因素集合 C 中包括企业年龄(age)、企业规模($scale$)、研发人数($rdstaff$)、盈利能力(ROA)、所有制($state$)、资产负债率($level$)、资产总额($asset$)、行业(ind)、年份($year$)。冗余资源会增加企业探索性的行为从而提升创新水平,冗余资源越多,企业的研发投入通常会越多,从而影响企业创新水平,参照 Wang 和 Qian(2011)、王菁等人(2014)的研究,以资产负债率(*level*)来衡量企业的冗余资源。资产总额是影响研发的重要因素(Blundell 等,1999),显示了企业支持创新活动的能力(Lee 和 Chen,2009),企业资产越多,资源积累得越多,越有助于新产品的开发。

4.3.2.2 倾向值匹配法(PSM)

1. 内生性问题分析

从计量经济学建模的角度,当模型中的一个或多个解释变量与误差项相关时,即意味着存在变量内生性的问题。造成内生性问题的主要原因之一就是解释变量和被解释变量相互作用,相互影响,互为因果。

根据本书第4章第1节的阐述,政府是否给予企业科技资助往往受到企业规模、研发经验、企业年龄、盈利能力、行业属性等多种因素的影响,因此政府的资助行为是有所选择的。企业创新水平越高时,更容易获得政府科技资助,还是获得政府科技资助后,企业创新水平越高。两者之间存在互为因果的情况,即意味着政府科技资助具有内生性,若采用传统的 OLS 估计会导致样本的自选择(Heckman,2013),忽略了资助内生性问题,从而会错误估计政府资助的作用效果。

2. 处理内生性的方法——倾向值匹配法(PSM)

当前处理政府资助内生性的常见方法有:Heckman 样本选择模型(Busom,2000;解维敏等,2009);工具变量法(Wallsten,2000;杨洋等,2015);企业匹配法(lach,2002;Gonzalez 和 pazo,2008;秦雪征等,2012)。为了更准确地分析政府科技资助对企业创新的影响效果,本书基于前人的研究,采用 PSM 法来处理该内生性问题。

PSM 法较早应用于劳动经济学领域(Angrist,1995),以后被用来评估政府科技投入的成效。采用该方法主要出于以下考虑:第一,便于将受资助企业和与其特征相似的但无资助企业进行对比,提高研究结果的准确性;第二,相比简单的一维匹配,PSM 法可以将多个维度的信息浓缩成一个得分因子,这可以同时从多个维度将实验组和控制组的企业样本进行匹配,以此得出政府科技资助对企业技术创新的净影响;第三,本研究样本中未获得资助的企业数量非常庞大,这便于进行充分的匹配,并在匹配后的基础上更好地深入分析。

根据 Becker 和 Ichino(2002)的研究,PSM 法旨在比较同一家企业在有资助和没资助两种情况下创新行为的差异,由于是同一个企业在前后两个不同状态下的技术创新变化,因此引起该变化的主要原因就是政府科技资助。假设 1 代表样本企业获得资助,反之为 0。

PSM 法具体的操作过程如下:

第一,估计企业 i 是否获得资助的政府选择方程,见公式(4.5)。X 是一组影响企业是否获得政府资助的因素,P 是企业获得政府资助的概率,即倾向匹配得分。

$$P(G_i) = Pr[pro_i = 1 \mid X_i] = E[pro_i \mid X_i] \qquad (4.5)$$

第二,根据决策方程(4.5)进行回归,计算每一个样本企业的倾向值,将得分相近的企业进行匹配。本书采取最邻近匹配(K-nearest neighbors matching)的规则。最邻近匹配法旨在寻找与获得政府资助企业的倾向得分最接近的但没有被资助的企业样本,其规则见公式(4.6),下标 i 代表有政府资助的企业,下标 j 则为没有政府资助的企业,$D(i)$ 表示与企业 i 的倾向得分最为近似的企业组。

$$D(i) = \min \| P_i(G) - P_j(G) \| \qquad (4.6)$$

第三,计算政府科技资助对企业创新的平均处理效应(average effect of treatment on the treated, ATT),见公式(4.7)。y_{1i} 和 y_{0i} 分别表示企业 i 获得政府资助和没有获得政府资助时的创新水平。

$$\begin{aligned} ATT &= E[y_{1i} - y_{0i} \mid pro_i = 1] \\ &= E\{E[y_{1i} - y_{0i}] \mid pro_i = 1, P(G)\} \\ &= E\{E[y_{1i}] \mid pro_i = 1, P(G_i)\} \\ &\quad - E\{E[y_{1i}] \mid pro_i = 0, P(G_i)\} \end{aligned} \qquad (4.7)$$

借助最邻近匹配的方法,ATT 的计算公式可进一步演化成公式(4.8)。其中 T 为匹配后的获得科技资助的企业集合(即实验组),C 为成功匹配的但未获得资助的企业集合(即控制组),N_i^C 等于与企业 i

可匹配的没有获得科技资助的企业数,权重 $w_j = \sum_{j \in N} w_{ij}$,并且 $w_j = 1/N_i^C$。

$$ATT = 1/N^T \sum_{i \in T} y_i^T - 1/N^C \sum_{j \in C} w_j y_j^C \qquad (4.8)$$

第四,假定权重 w_j 不变,且受资助的企业彼此独立,计算政府科技资助的平均处理效应 ATT 的方差估计式,见公式(4.9)。

$$Var(ATT) = \frac{1}{N^T} Var(y_i^T) + \left(\frac{1}{N^T}\right)^2 \sum_{j \in C}(w_j)^2 Var(y_j^C) \quad (4.9)$$

4.3.3 企业异质性因素影响政府资助效果的调节机制模型

为了分别检验上述提出的 4 种政府科技资助影响企业创新的调节机制,本书构建如下多元回归模型,其中 Y 代表企业创新水平,分别用企业专利申请数和专利授予数表示,$subsiraio$ 代表政府资助强度,借鉴赵璨等(2015)的测算方法,政府科技资助用政府科技补贴总额除以企业研发总投入来衡量。

各模型中有关变量详情见表 4.10 变量一览表。以下各模型中的 C 是影响企业创新的控制变量集,不同模型中 C 所包含的变量根据研究的调节机制而有所变化。

企业规模与所有制性质的联合调节机制模型见公式(4.10),$state$ 代表企业所有制性质,$scale$ 代表企业规模,$scale\_sub$ 是规模和政府资助的乘积,即两者的交互项,$state\_sub$ 是企业性质和政府资助的交互项,s_s_sub 是企业规模、性质和资助的三项乘积,即三维交互项。

高管持股的调节机制模型见公式(4.11),$manshare$ 代表高管持股比例,man_sub 是高管持股比例与政府资助的交互项。

企业年龄的调节机制模型见公式(4.12),age 代表企业年龄,age_sub 是企业年龄和政府资助的交互项。

企业研发基础的调节机制模型见公式(4.13),$rdstaff$ 是企业研发人数,它反映了企业的研发基础,$rdstaff\_sub$ 是研发人数与政府资助的交互项。

$$Y_{it} = \beta_0 + \beta_1 subratio_{it} + \beta_2 scale_{it} + \beta_3 state_{it} + \beta_5 scale\_sub_{it}$$
$$+ \beta_6 state\_sub_{it} + \beta_7 scale\_state_{it} + \beta_8 s\_s\_sub_{it}$$
$$+ YC_{it} + u_{it} \tag{4.10}$$

$$Y_{it} = \beta_0 + \beta_1 subratio_{it} + \beta_2 manshare_{it} + \beta_5 man\_sub_{it}$$
$$+ YC_{it} + u_{it} \tag{4.11}$$

$$Y_{it} = \beta_0 + \beta_1 subratio_{it} + \beta_2 age_{it} + \beta_5 age\_sub_{it} + YC_{it}$$
$$+ u_{it} \tag{4.12}$$

$$Y_{it} = \beta_0 + \beta_1 subratio_{it} + \beta_2 rdstaff_{it} + \beta_5 rdstaff\_sub_{it}$$
$$+ YC_{it} + u_{it} \tag{4.13}$$

各公式中的 i 表示企业 i，t 表示第 t 年，u 代表干扰项，各变量前的系数表示各自对企业创新的影响程度。各交互项系数的正负号和其显著性，可以用来判断影响政府资助效果调节机制的大小和方向。

回归时，借鉴温忠麟等(2004)的做法，对每个模型中进入乘积项的连续型数值变量先中心性化处理(即变量减均值)，然后进行层次回归估计。

5 实证检验与结果分析

本书采用数据处理软件stata12版来整理和回归数据。在实证检验之前,为提高模型估计的一致性和有效性,对数据处理如下:第一,对主要连续变量取对数,以降低异方差的影响;第二,对主要连续变量在上下1%的水平进行缩尾,以降低异常值的干扰;第三,对交互项进行中心化,以避免多重共线性问题,并且对模型中的解释变量和控制变量进行方差膨胀因子VIF检验,结果显示所有变量的VIF值在1.04~2.44之间,表明不存在多重共线性。

5.1 影响政府科技资助决策的动机估计

5.1.1 影响政府科技资助可能性的估计

5.1.1.1 Probit模型的回归结果

以政府科技资助与否($ifsub$)为自变量,从企业视角分析影响政府科技资助对象的因素有哪些? 从而检验政府科技资助对象选择满足何种假设。本书先采用Probit回归对第5章第3节中的公式(4.2)进行估计,然后再用Logit回归进行稳健性分析。在Probit回归下,将公式(4.2)拓展为公式(5.1)。

$$Pr(ifsub_{it} = 1) = \beta_0 + \beta_1 L.ifrd_{it} + \beta_2 sacle_{it} + \beta_3 age_{it} + \beta_4 hrcapital_{it}$$
$$+ \beta_5 ROA_{it} + \beta_6 state_{it} + YC_{it} + \varepsilon_{it} \quad (5.1)$$

公式(5.1)中的各变量见变量一览表 4.10；β_0 是截距项，$\beta_1 \sim \beta_6$ 是各预测变量前有待估计的系数；向量 C 包含了年份和行业变量，各变量前的系数表示影响程度；i 代表第 i 个企业，t 代表年份。ε 是误差项。

企业获得政府科技资助可能性的 Probit 模型估计结果见表 5.1，从模型 M1 到模型 M6，是逐步增加影响因素的估计结果，从对数似然值 Log Likelihood 的变化来看，随着预测变量的增加，模型对政府资助可能性的拟合结果越来越好（从 M1 的 -842.723 依次增大至 M6 的 -445.739）。

表 5.1 政府科技资助可能性的假设估计（Probit 模型）

	M1	M2	M3	M4	M5	M6
$L.ifrd$	2.822***	2.695***	2.685***	4.051***	4.005***	1.993***
	(12.42)	(11.98)	(10.81)	(10.86)	(10.77)	(6.59)
$scale$		0.144***	0.167***	0.225***	0.195***	0.105**
		(4.13)	(4.30)	(4.03)	(3.40)	(2.11)
age			−0.358*	−0.818**	−0.849***	−0.884***
			(−1.70)	(−2.52)	(−2.58)	(−2.90)
$hrcapital$				−1.339***	−1.252***	1.383**
				(−2.84)	(−2.64)	(2.58)
ROA					0.168	0.219
					(1.40)	(1.43)
$state$						2.243***
						(5.27)
it	−0.579**	−0.399	−0.444	−0.206	−0.257	−0.224
	(−2.04)	(−1.31)	(−1.49)	(−0.49)	(−0.60)	(−0.54)
ch	0.940*	1.093**	0.997*	0.784	0.465	0.075
	(1.89)	(2.07)	(1.94)	(0.86)	(0.52)	(0.09)
ph	−0.033	0.383	0.364	0.832*	0.678	1.026**

(续表)

	M1	M2	M3	M4	M5	M6
	(−0.10)	(1.09)	(1.07)	(1.71)	(1.39)	(2.29)
se	−0.792**	−0.712**	−0.789**	−1.097**	−1.154**	−0.752*
	(−2.48)	(−2.17)	(−2.34)	(−2.44)	(−2.53)	(−1.67)
year07	−1.082***	−1.088***	−1.028***	−1.021***	−1.022***	−0.693***
	(−6.72)	(−6.59)	(−6.20)	(−4.16)	(−4.15)	(−2.93)
year08	−0.553***	−0.572***	−0.539***	−0.662***	−0.675***	−0.377*
	(−4.02)	(−4.01)	(−3.78)	(−3.02)	(−3.07)	(−1.82)
_cons	−3.878***	−4.997***	−4.315***	−5.940***	−5.566***	−6.084***
	(−12.79)	(−12.46)	(−8.49)	(−7.41)	(−6.69)	(−7.80)
N	3 521	3 472	3 472	3 105	3 003	2 929
Log likelihood	−842.723	−664.111	−657.702	−573.682	−566.904	−445.739
Wald chi2	206.83	164.76	200.90	208.82	105.46	72.92
Chibar2	424.09	339.80	339.61	352.33	349.09	339.38

注：t statistics in parentheses，* $p<0.1$，** $p<0.05$，*** $p<0.01$；由于选取了上一年企业是否研发这一变量，因此数据仅包含 2007—2009 年，其中 2009 年为参照组。制造业是参照组。

无论在哪个模型中，企业之前的研发经验（$L.ifrd$）对其是否能获得政府科技资助起到积极的影响（例如 M6 中 $\beta=1.993$，$p<0.01$）。根据最终模型 M6 的估计结果进行分析，企业规模越大，越容易得到政府扶持（$\beta=0.105$，$p<0.05$），人力资本也是帮助企业成功获得资助的有利条件（$\beta=1.383$，$p<0.05$），相比其他性质的企业，国有性质的企业更容易获得政府扶持（$\beta=2.243$，$p<0.01$）。然而企业盈利能力的影响虽然为正，却并不显著（为 $\beta=0.219$，$p>0.1$），此外，企业年龄的作用为负且非常显著（$\beta=-0.884$，$p<0.01$）。结合企业盈利能力和年龄这两个因素的分析，可见政府为了推动企业的技术创新，会更多考虑年轻而有活力的企业，而这类企业往往还没有产生更好的利润回报，盈利能力相对有限。总的来说，是否国有性质在所有影响政府资助可能性的企业因素中作用最大。

从其他影响政府资助与否的控制因素来看,相比制造业、生物医药行业中的企业更容易获得政府资助($\beta=1.026$,$p<0.05$),这与国家大力扶持高新技术行业的政策导向密不可分,而服务业企业得到政府资助的机会较少($\beta=-0.752$,$p<0.1$),而且对比2007年($\beta=-0.693$,$p<0.01$)和2008年($\beta=-0.377$,$p<0.1$),2009年的企业也更容易获得资助,这也体现出政府不断加大科技资助的覆盖范围和总体规模这一趋势。

通过对Probit模型的估计结果分析可知,政府科技资助补贴对象多集中在那些有研发经验、企业规模较大、人员素质较高、年轻有活力但盈利能力有限的国有企业。根据政府资助促进竞争的动机假设,除了企业盈利能力的影响没有达到假设条件(影响系数虽为正,但并不显著,$t=1.43$),但其他因素都能同时满足,回归结果从整体上看,基本体现出政府资助具有促进竞争和扶优扶强的特点,因此,假设H2a中虽然没有完全得到支持,但在绝大程度上成立。

5.1.1.2 稳健性分析——面板Logit模型的估计

Logit估计和Probit估计的差别在于对残差项的假设不同,前者假设是曲线分布(即对数分布),后者假设为正态分布,在实际应用中,Logit的使用条件更容易被满足,因此Logit模型得到了更广泛的应用。Logit模型估计结果见表5.2,总体上看,模型M1到模型M6的Log Likelihood值逐渐变大(从-839.864增长至-447.147),表明随着企业层面影响因素的增加,模型对政府资助可能性的预测结果整体上越来越好。

与Porbit模型估计结果基本类似,根据表5.2模型M6中的各预测变量系数的估计结果,企业的研发经验($\beta=5.002$,$p<0.01$)、规模大小($\beta=0.934$,$p<0.01$)、人力资本($\beta=3.409$,$p<0.01$)和是否国有性质($\beta=4.848$,$p<0.01$)也都正向且非常显著的影响着政府科技补贴的可能性,并且,企业经营时间长短($\beta=-1.996$,$p<0.01$)也是负向的影响因素。然而,企业盈利能力($\beta=0.246$,$p>0.1$,$t=1.62$)的作用仍为正,t值虽然几乎接近1.65这一临界值,但是依然没有严格的达到显著性程度。

表 5.2　政府科技资助可能性的假设估计 (Logit 模型)

	M1	M2	M3	M4	M5	M6
$L.ifrd$	6.691***	7.186***	8.265***	7.268***	7.729***	5.002***
	(13.41)	(11.02)	(12.41)	(9.68)	(11.16)	(3.83)
$scale$		0.907***	1.118***	1.025***	0.962***	0.934***
		(4.95)	(5.39)	(4.84)	(4.81)	(3.90)
age			−1.688***	−1.430***	−1.566***	−1.996***
			(−3.44)	(−2.66)	(−2.93)	(−2.90)
$hrcapital$				−2.203***	−1.949**	3.409***
				(−2.66)	(−2.37)	(2.91)
ROA					0.245	0.247
					(1.45)	(1.62)
$state$						4.848***
						(4.43)
it	−1.076*	−0.251	−0.650	−0.083	−0.168	−0.173
	(−1.93)	(−0.39)	(−0.98)	(−0.12)	(−0.24)	(−0.18)
ch	2.301*	3.979	5.101***	1.770	1.153	0.909
	(1.80)	(1.25)	(2.97)	(1.19)	(0.81)	(0.47)
ph	−0.062	0.920	0.676	1.562*	1.265	2.387**
	(−0.10)	(1.22)	(0.88)	(1.94)	(1.59)	(2.36)
se	−1.626**	−1.371*	−1.607**	−1.183	−1.399*	−1.324
	(−2.53)	(−1.81)	(−2.03)	(−1.44)	(−1.69)	(−1.23)
$year07$	−2.186***	−2.335***	−2.149***	−1.898***	−1.877***	−1.354***
	(−6.86)	(−5.34)	(−4.69)	(−4.22)	(−4.10)	(−2.81)
$year08$	−1.113***	−1.637***	−1.530***	−1.193***	−1.198***	−0.745*

(续表)

	M1	M2	M3	M4	M5	M6
	(−4.21)	(−4.21)	(−3.75)	(−3.05)	(−2.98)	(−1.82)
_cons	−9.107***	−14.678***	−13.888***	−12.345***	−12.703***	−14.628***
	(−13.72)	(−15.73)	(−12.21)	(−9.11)	(−9.47)	(−6.65)
N	3 521	3 167	3 167	3 106	3 003	2 929
Log Likelihood	−839.864	−661.582	−655.604	−571.973	−564.428	−447.147
Wald chi2	294.59	343.50	380.74	267.23	310.35	82.34
Chibar2	432.34	316.54	346.48	354.07	352.17	334.91

注:t statistics in parentheses, * $p<0.1$, ** $p<0.05$, *** $p<0.01$;制造业 ma 是对照组;由于选取了上一年企业是否研发这一变量,因此数据仅包含 2007—2009 年,其中 2009 年是对照组。

5.1.2 影响政府科技资助强度的估计

为了估计各因素对政府科资助力度的影响,公式(5.1)可拓展为公式(5.2)。其中资助力度用变量政府科技资助强度(subratio)来衡量。

$$subratio_{it} = \beta_0 + \beta_1 L.ifrd_{it} + \beta_2 sacle_{it} + \beta_3 age_{it} + \beta_4 hrcapital_{it} + \beta_5 ROA_{it} + \beta_6 state_{it} + YC_{it} + \varepsilon_{it} \quad (5.2)$$

公式(5.2)中的各变量见变量一览表 5.10;β_0 是截距项,$\beta_1 \sim \beta_6$ 是各预测变量前有待估计的系数;向量 C 包含了年份和行业变量,各变量前的系数表示影响程度;i 代表第 i 个企业,t 代表年份。ε 是误差项。

在实证检验过程中,要慎重选择估计方法,由于本书采用的是面板数据,会存在异方差、时间序列相关和横截面相关的问题,故常用的面板模型,会低估标准误差致使估计结果有偏,而借助 D-K(Driscoll-Kraay)标准差得到的估计结果才是无偏的、一致的和有效的(Driscoll 和 Kraay,1998)。考虑对面板数据采用一般混合界面 OLS 方法会使估计有偏误,因此同时采用 D-K 标准差估计法,以及固定效应模型,以相互印证,提高估计结果的稳健性。

根据混合截面 OLS 的估计结果(见表 5.3 的 M1),与影响政府科技资助可能性因素相同的是,企业之前的研发经历($\beta=0.076$,$p<0.1$)、人力资本越高($\beta=0.060$,$p<0.05$)、发展时间越短($\beta=-0.092$,$p<0.05$)、国有性质时($\beta=0.030$,$p<0.05$),都有助于企业赢得更多的科技资助,但与之不同的是,企业规模对科技资助强度的影响为负向显著($\beta=-0.020$,$p<0.01$),企业盈利能力的影响虽为负但并不显著($\beta=-0.101$,$p>0.1$)。与之相比,D-K标准差估计的结果(见表5.3的M2)显示,各影响因素的显著性并没有发生较大根本性的改变,虽然企业盈利能力估计系数的t值变为-1.30,但仍不显著。

由于固定效应模型能在一定程度上解决变量内生性问题,因此估计结果会更准确。以固定效应为准,分析政府资助强度动机具有的特点。由表5.3中M3结果显示,企业研发经验($\beta=0.101$,$p<0.01$)和人力资本($\beta=0.113$,$p<0.1$)也正向显著的影响着政府资助力度,企业规模($\beta=-0.027$,$p<0.05$)和企业年龄($\beta=-0.092$,$p<0.01$)的影响也同时为负向显著。与前两种估计结果不同的是,企业性质的影响虽为正向但不显著($\beta=0.036$,$p>0.1$),表明国有性质企业并非能获得更强的资助力度。值得注意的是,企业盈利能力的作用不仅为负,而且非常显著($\beta=-0.099$,$p<0.01$)。由此可见,政府会给那些盈利能力虽不好,但研发经验丰富、人力资本较高、规模较小、年轻有活力的企业更大的科技资助强度,即从政府科技资助强度来说,政府资助又体现出干预市场失灵的意图。

表5.3 影响政府科技资助力度的假设估计

Y=subratio	M1 OLS(robust)	M2 D-K 估计	M4 面板固定效应
L.ifrd	0.076*	0.076***	0.101***
	(1.91)	(2.78)	(2.69)
scale	−0.020***	−0.020***	−0.027***
	(−2.70)	(−3.40)	(−3.25)
age	−0.092**	−0.092***	−0.092**
	(−2.30)	(−3.43)	(−2.33)

(续表)

Y=subratio	M1 OLS(robust)	M2 D-K 估计	M4 面板固定效应
hrcapital	0.060**	0.060***	0.113*
	(2.19)	(3.58)	(1.67)
ROA	−0.101	−0.101	−0.099***
	(−0.99)	(−1.30)	(−3.91)
state	0.030**	0.030**	0.036
	(2.05)	(2.49)	(0.58)
it	−0.018	−0.018	−0.037
	(−0.95)	(−1.31)	(−0.62)
ch	−0.015	−0.015*	−0.019
	(−0.92)	(−1.87)	(−0.16)
ph	0.067	0.067	0.088
	(1.34)	(1.37)	(1.25)
se	−0.015	−0.015***	−0.015
	(−0.94)	(−3.11)	(−0.27)
year07	−0.027	−0.027***	−0.017
	(−0.97)	(−2.88)	(−0.56)
year08	−0.049*	−0.049***	−0.047*
	(−1.91)	(−10.46)	(−1.66)
_cons	0.295***	0.295***	0.316***
	(2.71)	(5.29)	(3.08)
N	2 577	2 577	2 577
r2_a	0.029	0.029	0.022
F	1.004	36.340	2.432

注:t statistics in parentheses, * $p<0.1$, ** $p<0.05$, *** $p<0.01$;制造业 ma 是对照组;由于选取了上一年企业是否研发这一变量,因此数据仅包含 2007—2009 年,其中 2009 年是对照组。

小结:本节从影响政府资助的企业异质性因素出发,验证政府科技资助的动机满足何种假设,实证检验发现:对影响政府科技资助可能性进行估计时,无论采用 Probit 估计模型还是 Logit 估计模型,各企业异质性特征的估计系数的方向和显著性都非常一致,虽然企业盈利能力的估计结果都为正并不显著,但都非常接近显著性的临界值。总之,两种方法下的估计结果都表明:政府更容易选择那些规模较大、有研发经验、人力资本较高、盈利能力相对较好、国有性质的企业作为科技资助的对象,即假设 H2 政府资助动机的竞争性假说成立。此外,进一步分析影响政府科技资助强度的主要因素时发现,政府更愿意给那些有研发经验、规模较小、发展时间较短、人力资本较高、盈利能力较差的企业更高的科技资助强度,这在某程度上体现出解决市场失灵的意图。

5.2 政府科技资助对企业创新的影响估计

本节先后在考虑政府资助内生性前后两种不同的前提假定下,分别以政府科技资助与否和政府科技资助强度为自变量,企业专利申请数和专利授予数为因变量,来估计政府资助对企业创新的直接影响效果。

5.2.1 不考虑资助内生性时的估计

不考虑政府科技资助内生性时,由于采用面板数据,故会存在序列相关和截面相关等问题,而一般的混合截面 OLS 估计方法会有偏误,因此本书还同时采用 D-K 标准差(Driscoll-Kraay)进行估计(Driscoll 和 Kraay,1998)。

根据表 5.4 中各模型的估计结果,无论是对企业专利申请数,还是对专利授予数,政府科技资助与否都对企业创新具有显著正向的影响,并且对企业专利申请数的激励效果更强。在混合截面 OLS 估计方法下,政府资助与否对企业专利申请数的影响为正且三颗星显著(表 5.4 的模型 M1 中 $\beta=0.629$,$t=8.73$,$p<0.01$),而对专利授予数的影响系数虽然降低,但也为正,依然三颗星显著(表 5.4 的 M3 中 $\beta=0.341$,$t=6.69$,$p<0.01$);同样,D-K 标准差估计结果显示,政府是否资助对专利申请数的影响系数为 0.629,并且依然三颗

表 5.4 政府科技资助对企业创新水平的影响(匹配前)

因变量	专利申请数 M1 混合OLS	M2 D-K估计	专利授予数 M3 混合OLS	M4 D-K估计	专利申请数 M5 混合OLS	M6 D-K估计	专利授予数 M7 混合OLS	M8 D-K估计
ifsub	0.629*** (8.73)	0.629*** (13.58)	0.341*** (6.69)	0.341*** (9.57)				
subratio					0.256** (2.40)	0.256*** (3.00)	0.158** (2.40)	0.158*** (4.12)
scale	−0.003 (−0.66)	−0.003 (−0.79)	0.003 (1.40)	0.003 (9.25)	−0.019* (−1.73)	−0.019** (−2.01)	0.001 (0.12)	0.001 (0.45)
age	−0.029 (−1.60)	−0.029*** (−3.14)	0.021* (1.75)	0.021*** (3.69)	−0.070 (−1.35)	−0.070*** (−3.22)	0.043 (1.23)	0.043*** (5.26)
rdstaff	0.137*** (15.05)	0.137*** (26.91)	0.050*** (8.66)	0.050*** (8.00)	0.132*** (6.09)	0.132*** (4.87)	0.098* (1.74)	0.098** (2.35)
ROA	−0.038*** (−3.22)	−0.038*** (−3.15)	−0.003 (−0.62)	−0.003 (−0.68)	−0.091*** (−2.94)	−0.091*** (−4.24)	−0.007 (−0.56)	−0.007 (−1.00)
asset	0.053*** (8.95)	0.053*** (51.78)	0.019*** (5.66)	0.019*** (77.49)	0.162*** (8.59)	0.162*** (15.76)	0.065*** (5.64)	0.065*** (14.23)
level	0.000 (0.18)	0.000 (0.42)	0.000 (0.55)	0.000 (1.46)	−0.001 (−0.51)	−0.001*** (−3.40)	0.000 (0.98)	0.000* (1.78)
state	0.100** (2.48)	0.100*** (5.27)	0.104*** (3.65)	0.104*** (11.10)	0.342*** (3.47)	0.342*** (7.05)	0.319*** (4.34)	0.319*** (17.54)
_cons	0.058 (1.06)	0.058** (2.43)	−0.006 (−0.18)	−0.006 (−0.34)	−0.339** (−2.04)	−0.339*** (−3.08)	−0.280** (−2.55)	−0.280*** (−3.91)
N	4729	4729	4729	4729	2577	2577	2577	2577
r2_a	0.195	0.195	0.138	0.138	0.152	0.152	0.149	0.149
F	33.391	446.021	16.116	481.433	13.929	8.829	11.653	41.815

注: t statistics in parentheses, * $p<0.1$, ** $p<0.05$, *** $p<0.01$; 行业与年份受版面所限, 未加以列入。

星显著(表5.4的模型M2，$t=13.58$，$p<0.01$)，而对专利授予数的影响系数降为0.341，仍非常显著(表5.4的模型M4，$t=9.57$，$p<0.01$)。

不仅如此，政府科技资助强度对企业的两种专利活动也发挥出显著的促进作用，根据混合OLS的估计结果，专利申请数的系数$\beta=0.256$，且两颗星显著(表5.4的模型M5中$t=2.40$，$p<0.05$)，专利授予数的系数$\beta=0.158$，且两颗星显著(表5.4的模型M7中$t=2.40$，$p<0.05$)。D-K估计也同样证明了类似的结果，政府科技资助强度对专利申请数(表5.4的模型M6中$\beta=0.256$，$t=3.00$，$p<0.01$)和专利授予数(表5.4的模型M8中$\beta=0.158$，$t=4.12$，$p<0.01$)的影响都为正且非常显著。这说明随着政府资助力度的加大，企业创新水平越高。而且，与企业专利授予数相比，政府资助强度更有助于企业提高专利申请数(例如，表5.4中模型M6的$\beta=0.256$，而模型M8中$\beta=0.158$，前者系数值大于后者)，这也符合专利活动的特点，专利申请是专利授予的前提。专利授予往往需要更长的审核与等待时间，而专利申请基本以企业申报时间为准，并且并非所有申请的专利最终都能获得认可与授予，因此，政府科技资助对企业专利授予数的正向促进作用相对较小，但依然显著为正。

由此可见，在未处理政府资助内生性的情况下，混合OLS估计和D-K标准差估计都能共同证明：假设H4a1和H4a2均成立。

5.2.2 倾向值匹配法(PSM)估计

5.2.2.1 倾向匹配值

从本书的样本选择和数据收集的情况来看，并非所有企业都曾获得政府资助，从直观上对比有资助(实验组)与无资助(控制组)的企业基本特征(见表5.5)，总体而言，根据影响企业创新的主要因素，实验组分位点的数值都大于控制组，并且T值检验结果显示，这些组间差异在统计上也高度显著。

表 5.5　受资助企业与未受资助企业的特征对比(匹配前)

变量名	实验组		控制组		均值差异	t 值
	样本数	均值	样本数	均值		
研发人数	365	3.35	4 351	1.03	2.31***	27.577
人力资本	213	0.66	3 989	0.58	0.08***	3.704
营业收入	366	6.77	4 390	4.91	1.85***	10.274
资产利润率	216	−0.05	3 892	−0.15	0.10***	2.83
企业年龄	447	2.08	4 491	1.79	0.29***	10.184
国有性质	269	0.32	4 306	0.1	0.22***	11.109

注：* $p<0.05$，** $p<0.01$，*** $p<0.001$，代表 t 均值检验的显著性，原假设为实验组与控制组无差异。

具体来说，受资助企业的研发人数和人力资本显著高于无资助企业，这说明前者本身的创新基础和研发实力就较强。同时，这类企业的资产总额、营业收入以及人员总数，也远远大于后者，而且资产收益率也相对较高，充分说明规模较大且有一定竞争能力的企业更容易获得政府青睐，政府对大规模企业的研发和创新成效更有信心，也可能是出于对大企业在就业、税收等方面能发挥更多社会效益的考虑。此外，国有企业更有可能获得资助，受资助企业中平均有 32％是国有性质，远远高于未受资助企业的 1％。最后，科技资助在不同行业的分布也不均匀，样本中生物医药业和 IT 业中获得资助的比率远高于制造和化工等传统行业(见图 5.1)，由此可见，在国家科技政策的引导下，资助更多的给予了政府大力扶持的高科技和新兴产业。

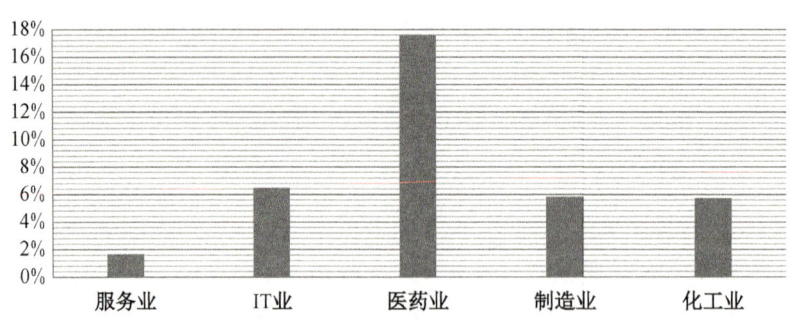

图 5.1　样本中各行业企业获得政府科技资助的比率

上述分析初步说明，有政府资助的企业本身在创新基础上就优于无资助的企业，也意味着政府资助具有"筛选"性，尤其在身处中国经济发达的一线城市——上海,政府资助对企业来说更多扮演着"挑选成功者"(picking winners)的角色(Boeing,2015)。结合第6章第1节的分析,政府在选择资助对象时更多出于"扶优扶强、促进竞争"的目的和意图,也表明存在资助的内生性问题。因此,考察政府资助对企业创新的影响时,传统OLS估计结果是有偏的,处理资助的选择偏差之后,才能得到更加准确的估计结果。

PSM法操作过程的第一步就是计算企业获得政府资助的概率,即倾向值。企业是否获得政府资助与影响企业技术创新水平的变量密切相关,包括研发基础、企业规模、所属行业、企业年龄、所有制性质等多种因素。因此,首先应用Probit估计,分析影响政府资助可能性的各种因素,为计算样本企业各自的倾向值做准备,表5.6中的模型P6是综合更多影响政府资助决策的因素估计,每个变量都有显著作用,故根据模型P6的结果计算出每个样本企业获得资助的倾向得分(Propensity Score)。然后再基于该倾向值,按照最近邻匹配的规则,对有资助和没资助的企业进行匹配,重新选择实验组和控制组。

表5.6 计算获得政府资助倾向值包含的影响因素(Probit估计)

	P1	P2	P3	P4	P5	P6
$rdstaff$	0.356***	0.310***	0.310***	0.299***	0.307***	0.232***
	(22.34)	(13.58)	(13.56)	(12.39)	(12.44)	(9.08)
$scale$		0.010	0.007	0.029	0.023	0.060*
		(0.38)	(0.27)	(1.02)	(0.80)	(1.92)
age			0.002	−0.002	−0.008	−0.020*
			(0.28)	(−0.29)	(−0.90)	(−1.94)
$hrcapital$				−0.331***	−0.297**	0.384***
				(−2.92)	(−2.57)	(2.69)
ROA					0.127**	0.109*
				0.734***	(2.09)	(1.69)
$state$						(7.77)
行业	控制	控制	控制	控制	控制	控制
年份	控制	控制	控制	控制	控制	控制
_cons	−2.252***	−2.448***	−2.674***	−3.064***	−2.983***	−3.335***
	(−19.60)	(−18.79)	(−14.73)	(−11.98)	(−11.40)	(−11.46)

(续表)

	P1	P2	P3	P4	P5	P6
N	5 693	5 141	5 140	5 052	4 816	4 729
r2_p	0.226	0.243	0.243	0.227	0.228	0.220
Likelyhood	−833.918	−1 124.075	−1 124.028	−1 002.796	−979.919	−833.918

注：* $p<0.10$，** $p<0.05$，*** $p<0.01$；括号内为 t 值。行业与年份受版面所限，未加以列入。

借助倾向值匹配方法，能选出可比性较高的实验组和控制组，根据匹配前后两组的倾向得分概率分布的接近程度，可以从整体上判断匹配后两组企业的相似性。图 5.2 为匹配前和匹配后的获得政府资助倾向得分密度分布图，其中横坐标代表倾向得分，纵坐标代表概率密度，应用非参数 K 密度方法（K-density）刻画实验组和控制组的倾向得分分布，实线代表实验组（Treat），虚线代表控制组（Control）。对比图 5.2a（匹配前）中的实线和虚线，实验组的倾向得分最高频率接近 0.1，而控制组的最高频率在 0.02 左右，总体而言，前者的倾向得分显著高于后者。而观察图 5.2b（匹配后），借助邻近匹配的方法，重新选出可以匹配的实验组和控制组，删除了没有匹配成功的样本后，控制组的最高频率向右移动，并与实验组的最高频率基本保持一致。因此匹配后，两组的分布特征整体上相似，表明倾向匹配法后的匹配效果理想，提高了有资助和无资助企业之间的可比性。

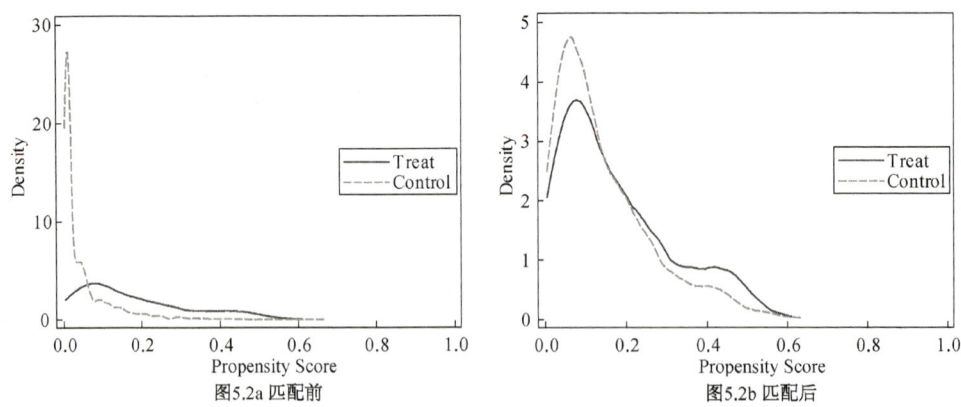

图5.2a 匹配前　　　　　　　图5.2b 匹配后

图 5.2　倾向得分概率值分布图（a 匹配前与 b 匹配后）

对比匹配后的实验组和控制组的企业特征,也能进一步分析两组样本的接近程度。根据表 5.7 的对比结果,匹配后,两组企业在各个变量上的特征分布均无显著差异,再次表明采用倾向值匹配方法后,有资助和没资助的企业基本情况比较相似。

表 5.7 受资助企业与未受资助企业的特征对比(匹配后)

变量名	实验组		控制组		均值差异	t 值
	样本数	均值	样本数	均值		
研发人数	256	2.98	346	3.07	0.09	0.75
人力资本	256	0.68	340	0.69	0.01	0.14
营业收入	256	1.86	346	1.89	0.02	1.18
资产利润率	256	6.12	346	5.82	−0.3	1.08
企业年龄	255	0.02	336	−0.02	−0.03	0.65
国有性质	256	0.25	346	0.2	−0.05	1.36

注:* $p<0.10$,** $p<0.05$,*** $p<0.01$,代表 t 均值检验显著性,原假设为实验组与控制组无差异。

5.2.2.2 政府资助的平均处理效应 ATT 值

根据本书第 4 章第 3 节有关政府科技资助平均效应(ATT 值)计算方法的介绍,表 5.8 分别给出了匹配前后实验组和控制组的企业创新水平的均值以及两组之间的差异(即 ATT 值),我们可以根据匹配后的 ATT 值及其显著性判断政府科技资助的实施效果。

当因变量为企业专利申请数时,匹配后的政府科技资助的 ATT 值(见表 5.8)为 0.611,且在 1% 的水平上高度显著,表明科技资助有助于企业增加专利申请数,同时,该值低于匹配前的 ATT 值 0.948,这意味着若不处理政府资助的内生性问题,会高估科技资助政策的作用效果。此外,政府科技资助对企业专利授予数的影响也呈现类似的效果,ATT 值从匹配前的 0.473 减少至匹配后的 0.323,但依然三颗星显著,并显示出处理资助内生问题的必要性。

总之,根据匹配后的 ATT 值可知(见表 5.8),企业获得政府科技资助后,专利申请数量平均增长为 0.611%,专利授予数平均增长为

0.323%，而对专利申请数的正向影响更大，充分证明了政府资助对企业创新水平具有激励作用，再次支持了假设 H4a1。

表 5.8　基于邻近匹配法的政府科技资助处理效应 ATT 值

被解释变量（创新水平）	类别	均值		ATT（均值差）	标准误差	t 值
		实验组	控制组			
专利申请数	匹配前	1.116	0.168	0.948***	0.038	24.97***
	匹配后	1.116	0.505	0.611***	0.1	6.19***
专利授予数	匹配前	0.543	0.071	0.473***	0.024	19.95***
	匹配后	0.543	0.221	0.323***	0.067	4.85***

注：匹配后的控制组只保留匹配成功的样本，控制组与实验组之间的差别（ATT）服从 t 分布；* $p<0.10$，** $p<0.05$，*** $p<0.01$，代表 t 值检验的显著水平，即 ATT 值是否显著。

5.2.2.3　匹配后政府科技资助强度的影响

使用匹配后的新样本，就政府科技资助强度影响企业创新的直接效应模型再进行估计，同时采用混合 OLS 估计和 D-K 标准差估计，以相互印证，进一步提高结果的稳健性。

根据混合 OLS 估计，政府科技资助力度分别对企业专利申请数量（表 5.9 的模型 M1 中 $\beta=0.663$，$t=2.76$，$p<0.01$）和专利授予数量（表 5.9 的模型 M3 中 $\beta=0.398$，$t=2.46$，$p<0.05$）均具有显著的正向作用。同时，D-K 标准差估计结果与之类似，无论是哪种专利活动，科技资助强度都发挥了互补效应（表 5.9 的模型 M2 中专利申请数的系数 $\beta=0.663$，$t=5.04$，$p<0.01$；模型 M4 中专利授予数的系数 $\beta=0.398$，$t=2.75$，$p<0.01$）。

此外，与匹配前的政府科技资助强度对企业两种不同专利活动影响的差异性对比，匹配后的实证研究也同样发现，资助强度对企业专利申请数的积极促进效果要强于对专利授予数的激励作用。

基于此，结合匹配前和匹配后的检验结果，假设 H4a2 再次成立。本研究结论与肖丁丁（2013）的发现也较相似：在中国的东部地区，政府资助对企业研发投入产生具有杠杆效应。

表 5.9　政府科技资助强度对企业创新水平的影响(匹配后)

	专利申请数		专利授予数	
	M1 混合 OLS	M2 D-K 标准差估计	M3 混合 OLS	M4 D-K 标准差估计
subratio	0.663***	0.663***	0.398**	0.398**
	(2.76)	(5.04)	(2.46)	(2.75)
scale	−0.060**	−0.060***	−0.035**	−0.035***
	(−2.25)	(−5.98)	(−2.05)	(−8.09)
age	0.051	0.051	0.150*	0.150**
	(0.42)	(0.92)	(1.76)	(2.57)
rdstaff	0.462*	0.462*	0.325**	0.325***
	(1.93)	(1.84)	(2.04)	(6.86)
ROA	−0.156	−0.156**	0.164	0.164***
	(−0.88)	(−2.44)	(1.51)	(3.04)
asset	0.302***	0.302***	0.163***	0.163***
	(6.97)	(4.85)	(5.47)	(4.82)
level	0.452**	0.452**	0.220*	0.220*
	(2.32)	(2.23)	(1.73)	(1.95)
state	0.033	0.033	0.201*	0.201***
	(0.23)	(0.23)	(1.93)	(2.71)
行业	控制	控制	控制	控制
年份	控制	控制	控制	控制
_cons	−1.841***	−1.841***	−1.640***	−1.640***
	(−3.51)	(−3.11)	(−4.53)	(−6.20)
N	603	603	603	603
r2_a	0.224	0.224	0.229	0.229
F	7.127	3.348	5.953	27.469

注:* $p<0.10$,** $p<0.05$,*** $p<0.01$;括号内为 t 值。行业、年份回归的结果受篇幅所限,未加以列示。

小结:在政府科技资助体现"促进竞争"的目的和意图下,政府科技资助对企业的创新水平到底能直接产生什么样的作用? 检验结果是:不论是否处理政府资助内生性问题,政府资助与否和资助强度都分别对企业专利申请数和专利授予数有显著的促进作用,假设 H4a1 和

H4a2 均成立。这意味着政府资助的互补效应最终大于替代效应。

5.3 企业异质性因素的调节效应估计

本节基于企业异质性的视角来考察影响政府科技资助促进企业创新的条件和情景。以政府资助强度为自变量,企业专利申请数和专利授予数分别为因变量,对 4 个调节效应模型分别采用逐层回归法,每一部分的实证分析步骤如下:第一,在不考虑政府资助内生性的情况下进行匹配前的回归估计,由于采用面板数据,故会存在序列相关和截面相关等问题,而一般的混合 OLS 估计方法会有偏误,因此本书借助 D-K 标准差(Driscoll-Kraay)进行估计;第二,匹配后再次检验,使用倾向匹配值法后所获得的新样本,采用 D-K 标准差估计,以提高结果的稳健性。

5.3.1 企业性质和规模的联合调节效应

样本匹配前,即当不考虑政府资助内生性时,根据企业所有制性质和企业规模联合调节效应模型,见公式(4.10),采用逐层回归法,得到表 5.10 的估计结果,其中根据模型 M1,政府资助对企业专利申请数具有显著的正向作用($\beta=0.183$, $P<0.01$),而 M4 的结果显示企业规模和政府资助的交互项(scale_sub)显著为正($\beta=0.078$, $P<0.01$),这表明企业规模越大,政府资助对企业专利申请的促进作用越强,即企业规模正向强化了政府资助的互补效应;同时,模型 M4 也显示出企业性质和政府资助的交互项(state_sub)显著为负($\beta=-0.852$, $P<0.01$),这意味着国有控股企业阻碍了政府资助对创新的激励效果,即国有性质企业弱化了政府资助的正向影响。而模型 M5 的结果表明政府资助、企业规模和所有制性质这 3 个变量之间的交互项(s_s_sub)显著为负($\beta=-0.146$, $P<0.01$),意味着相比非国有大规模企业,政府资助对国有大规模企业创新的促进作用变弱。与此同时,以企业专利授予数为因变量也得到类似的结果(见表 5.10),因此,在不考虑资助内生时,假设 H5a、H5b、H5c 均成立。

表 5.10 企业规模和所有制的联合调节效应估计（匹配前）

	专利申请数						专利授予数			
	M1	M2	M3	M4	M5	M6	M7	M8	M9	M10
rdstaff	0.183***	0.132***	0.133***	0.134***	0.133***	0.084***	0.037***	0.027	0.028*	0.028*
	(45.00)	(6.53)	(4.94)	(5.50)	(5.43)	(8.83)	(2.63)	(1.57)	(1.73)	(1.71)
ROA	−0.039***	−0.081***	−0.068***	−0.066***	−0.066***	0.000	0.003	−0.000	0.001	0.001
	(−2.66)	(−4.21)	(−3.84)	(−3.28)	(−3.28)	(0.06)	(0.29)	(−0.03)	(0.19)	(0.17)
level	0.001***	0.001***	−0.001***	−0.001***	−0.001***	0.002***	0.002***	0.000	0.000	0.000*
	(5.77)	(10.69)	(−3.45)	(−4.89)	(−4.16)	(3.48)	(15.50)	(1.59)	(1.60)	(1.89)
asset	0.036***	0.102***	0.115***	0.116***	0.117***	0.019***	0.066***	0.056***	0.057***	0.058***
	(18.31)	(18.87)	(21.30)	(17.65)	(17.87)	(6.30)	(13.84)	(13.46)	(10.43)	(10.29)
age	0.004***	−0.003	−0.004	−0.006	−0.006	0.012***	0.012***	0.006**	0.005**	0.005**
	(3.10)	(−0.42)	(−0.73)	(−1.35)	(−1.48)	(6.16)	(5.64)	(2.07)	(2.29)	(2.22)
subratio		0.361***	0.256***	0.470***	0.497***		0.226***	0.159***	0.009	−0.022
		(4.10)	(2.98)	(10.94)	(11.97)		(5.61)	(4.13)	(0.15)	(−0.53)
scale			−0.032***	−0.033***	−0.032***			−0.002	−0.004	−0.004
			(−3.21)	(−2.83)	(−2.77)			(−1.30)	(−1.43)	(−1.34)
state			0.346***	0.199***	0.199***			0.315***	0.210***	0.210***
			(5.94)	(6.95)	(10.59)			(13.71)	(4.70)	(4.71)

(续表)

	专利申请数							专利授予数			
	M1	M2	M3	M4	M5	M6	M7	M8	M9	M10
scale_sub				0.078***	0.098***				0.050***	0.058***
				(3.32)	(4.94)				(4.27)	(7.47)
state_sub				−0.852***	−0.689***				−0.355***	−0.288***
				(−5.04)	(−5.60)				(−5.08)	(−3.57)
state_scale				0.074**	0.069*				0.053***	0.051***
				(2.43)	(1.93)				(3.56)	(3.35)
s_s_sub					−0.146***					−0.061***
					(−5.83)					(−3.21)
行业	控制	控制	控制	控制	控制	控制	控制	控制	控制	控制
年份	控制	控制	控制	控制	控制	控制	控制	控制	控制	控制
_cons	−0.267***	−0.499***	−0.477***	−0.455***	−0.462***	−0.224***	−0.478***	−0.383***	−0.335***	−0.334***
	(−14.51)	(−13.76)	(−9.99)	(−8.58)	(−8.46)	(−11.64)	(−10.30)	(−5.47)	(−4.88)	(−4.76)
N	5150	1783	1699	1699	1699	5150	1783	1699	1699	1699
r2_a	0.247	0.170	0.172	0.188	0.190	0.167	0.157	0.150	0.164	0.165
F	146.780	21.109	8.707	53.924	28.192	119.155	176.402	97.670	18.452	6.293

注：* $p<0.10$，** $p<0.05$，*** $p<0.01$；括号内为 t 值。上述模型经过 Driscoll-Kraay 标准误的调整。由于版面所限，行业和年份的回归结果未加列示。

另外,进一步观察发现,分别对比表 5.10 中模型 M4 和 M9 中规模和资助的交互项($scale\_sub$)、性质与资助的交互项($state\_sub$)的估计系数后,可知当因变量为专利申请数时,两个系数的绝对值均大于因变量为专利授予数时的估计结果,可见,企业规模和所有制性质分别对政府资助影响企业专利申请数的调节效应更大。

采用 PSM 方法的基础上,保留匹配成功的实验组和控制组企业样本后,对公式(4.10)再次逐层回归,匹配前的估计结果(表 5.10)和匹配后的估计结果(表 5.11)基本一致,说明检验结果的稳健性较高。

根据表 5.11 的检验结果进行分析:首先,模型 M2 表明,政府资助强度有助于企业创新水平的提升($\beta=0.223$,$P<0.05$);其次,模型 M4 显示,相比规模较小的企业,规模较大的企业在政府资助的帮助下,更能提高其创新水平(交互项 $scale\_sub$ 的 $\beta=0.071$,$P<0.01$),再次支持了假设 H5a,即企业规模对科技资助的杠杆效应具有正向调节作用,并且,模型 M4 还显示,与非国有性质企业相比,政府科技资助降低了对国有企业创新水平的提升效果(交互项 $state\_sub$ 的 $\beta=-0.858$,$P<0.01$),假设 H5b 亦成立;最后,模型 M5 中政府资助、企业规模大小和企业性质的三维交互项(s_s_sub)显著为负($\beta=-0.192$,$P<0.01$),表明对比国有企业,资助对非国有性质的大规模企业的创新更有帮助,假设 H5c 又得到支持。

同时,当因变量换成专利授予数时,匹配后的估计也得到类似的结论(见表 5.11),这又进一步验证了企业规模和所有制性质的三维交互调节机制,假设 H5a、H5b、H5c 仍然成立。

最后,匹配后的估计结果中再次可以发现(对比表 5.11 中模型 M4 和 M9 中 $scale\_sub$、$state\_sub$ 的估计系数的绝对值),企业规模、企业性质各自所具有的调节效应对专利申请数而言作用一样更强。

根据表 5.11,以企业专利申请数为例,图 5.3、图 5.4 和图 5.5a、图 5.5b 分别直观而形象地刻画了企业规模和所有制性质的二维和三维交互效应。观察图 5.3 可知,实线代表大规模企业(企业规模处于均值加上一个标准差的水平时),虚线代表小规模企业(企业规模处于均值

表 5.11 企业规模和所有制的联合调节效应估计（匹配后）

	专利申请数						专利授予数			
	M1	M2	M3	M4	M5	M6	M7	M8	M9	M10
rdstaff	0.124***	0.036	0.059**	0.071***	0.070**	0.038**	−0.024	−0.009	0.001	0.001
	(17.76)	(1.24)	(2.05)	(2.76)	(2.50)	(2.19)	(−0.79)	(−0.31)	(0.06)	(0.03)
ROA	−0.103***	−0.129***	−0.103***	−0.095***	−0.092***	−0.013***	−0.037**	−0.037**	−0.026*	−0.025*
	(−4.84)	(−6.84)	(−4.10)	(−3.50)	(−3.17)	(−3.54)	(−2.58)	(−2.43)	(−1.82)	(−1.85)
level	0.004***	0.011***	0.014***	0.008	0.010***	0.002**	−0.000	0.002	−0.002	−0.001
	(5.81)	(2.95)	(3.22)	(1.56)	(2.68)	(2.05)	(−0.09)	(0.33)	(−0.49)	(−0.19)
asset	0.108***	0.180***	0.185***	0.177***	0.180***	0.071***	0.127***	0.108***	0.101***	0.103***
	(39.40)	(10.36)	(17.11)	(14.57)	(14.55)	(5.38)	(5.95)	(5.47)	(4.99)	(4.97)
age	0.009***	0.005**	0.005***	0.002	0.001	0.014***	0.011***	0.007*	0.004	0.003
	(8.04)	(2.72)	(17.63)	(1.10)	(0.43)	(3.79)	(3.57)	(1.76)	(1.22)	(0.96)
subratio		0.223**	0.209**	0.469***	0.527***		0.156***	0.148***	0.031	−0.022
		(2.31)	(2.12)	(9.36)	(11.10)		(4.74)	(4.43)	(0.46)	(−0.49)
scale			−0.026	−0.039***	−0.038***			0.003	−0.010	−0.009
			(−1.61)	(−3.19)	(−3.06)			(0.43)	(−1.59)	(−1.45)
state			0.195***	0.056	0.044			0.335***	0.220***	0.213***
			(2.73)	(0.51)	(0.47)			(10.36)	(3.44)	(4.12)

（续表）

	专利申请数						专利授子数			
	M1	M2	M3	M4	M5	M6	M7	M8	M9	M10
scale_sub				0.071***	0.098***				0.043***	0.058***
				(2.81)	(4.37)				(3.43)	(5.94)
state_sub				-0.858***	-0.789***				-0.413***	-0.377***
				(-4.63)	(-6.72)				(-7.82)	(-10.98)
state_scale				0.118***	0.110***				0.099***	0.095***
				(4.85)	(3.50)				(6.89)	(11.27)
s_s_sub					-0.192***					-0.101***
					(-7.22)					(-48.04)
行业	控制	控制	控制	控制	控制	控制	控制	控制	控制	控制
年份	控制	控制	控制	控制	控制	控制	控制	控制	控制	控制
_cons	-0.754***	-0.812***	-0.818***	-0.656***	-0.660***	-0.585***	-0.759***	-0.717***	-0.518***	-0.505***
	(-19.40)	(-11.61)	(-18.40)	(-10.31)	(-9.23)	(-5.17)	(-5.07)	(-4.59)	(-3.60)	(-3.39)
N	746	571	571	571	571	746	571	571	571	571
$r2\_a$	0.192	0.169	0.176	0.211	0.218	0.175	0.204	0.231	0.269	0.273
F	66.903	15.561	24.260	20.164	20.923	8.565	2.314	2.084	0.740	8.615

注：* $p<0.10$，** $p<0.05$，*** $p<0.01$；括号内为 t 值。上述模型经过 Driscoll-Kraay 标准误的调整。由于版面所限，行业和年份的回归结果未加列示。

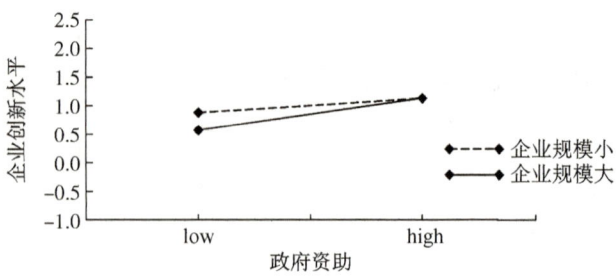

图 5.3　政府科技资助与企业创新水平：企业规模的调节

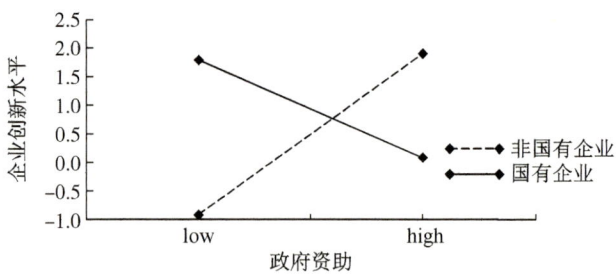

图 5.4　政府科技资助与企业创新水平：所有制的调节

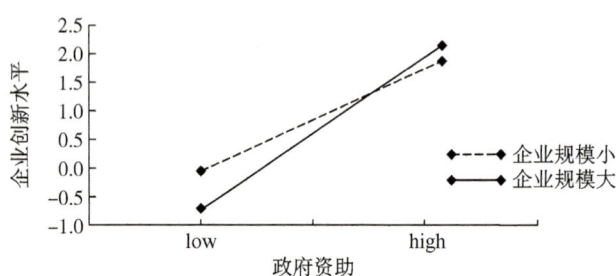

图 5.5a　政府对非国有企业的科技资助：企业规模的调节

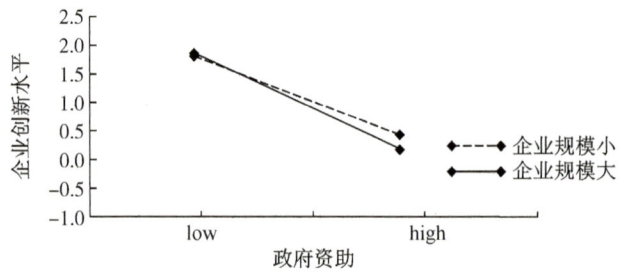

图 5.5b　政府对国有企业的科技资助：企业规模的调节

减去一个标准差的水平时),显然实线向上的倾斜度大于虚线,这就表明当企业规模较大时,政府资助对企业创新的激励作用更强。同理,根据图 5.4,企业所有制性质不同,政府资助发挥的作用不同,相比国有企业,非国有性质的企业能更好地利用政府资助提升创新水平(实线向上倾斜,而虚线向下倾斜)。另外,对比图 5.5a(当企业为非国有性质时)和图 5.5b(当企业为国有性质时),不论何种规模的非国有企业(见图 5.5b),政府资助对其创新均有正向影响,但程度都小于对非国有大企业的作用。

5.3.2 管理层持股的调节效应

当不考虑政府资助内生性时,对管理层持股调节效应机制模型(公式 4.11)进行逐层回归,估计结果见表 5.12。首先,从政府资助对企业创新影响的主效应来看,科技资助分别对企业专利申请数(模型 M2 的 $\beta=0.042$,$P<0.1$)和专利授予数(模型 M6 的 $\beta=0.042$,$P<0.01$)都有积极作用;其次,管理层持股比例也与企业专利成果的回归系数都分别为正且显著(模型 M3 的 $\beta=0.576$,$P<0.05$;模型 M7 的 $\beta=0.221$,$P<0.01$),表明管理层持股比重越大,越有助于提高企业的创新水平。最关键的是,模型 M4 中管理层持股比例与政府资助交互项(man_sub)的回归系数 $\beta=0.720$,且三颗星显著($P<0.01$),说明随着管理层持股比例的增加,政府资助对企业专利申请数的积极影响性更强,即管理层持股正向强化了政府资助的杠杆效应,同理,管理层持股对政府资助影响企业专利授予数也具有同样的作用(M8 中 $\beta=0.371$,$P<0.01$)。因此,在不考虑资助内生时,假设 H6 成立。

匹配后的回归结果(见表 5.13)与匹配前的基本一致,但有略微区别的是,当因变量为企业专利申请数时,主效应模型中政府资助的系数虽然为正,但并不显著(模型 M2 中 $\beta=0.037$,$P>0.1$),然后当同时加入管理层持股和交互项时,系数不仅变大,而且非常显著(模型 M4 中 $\beta=0.216$,$P<0.01$),这说明当考虑管理层持股的影响时,政府资

表 5.12 管理者持股的调节效应估计(匹配前)

	专利申请数				专利授予数			
	M1	M2	M3	M4	M5	M6	M7	M8
rdstaff	0.130***	0.087	0.299***	0.327***	0.084***	0.036**	−0.072	−0.061
	(3.31)	(0.91)	(6.33)	(7.03)	(8.87)	(2.50)	(−1.60)	(−1.10)
ROA	−0.041**	−0.060*	−0.070	−0.034	0.001	0.006	−0.032	−0.036
	(−1.97)	(−1.74)	(−0.59)	(−0.43)	(0.14)	(0.56)	(−0.52)	(−0.57)
level	0.011**	0.011**	0.144***	0.089***	0.002***	0.003***	0.006***	0.006***
	(2.12)	(2.10)	(7.98)	(2.96)	(4.02)	(11.43)	(4.52)	(4.60)
scale	−0.064***	−0.062***	0.007	0.009	−0.000	−0.003	0.036*	0.041**
	(−4.04)	(−2.73)	(0.18)	(0.29)	(−0.85)	(−1.44)	(1.91)	(2.39)
asset	0.213***	0.244***	0.231***	0.228***	0.022***	0.069***	0.105***	0.108***
	(18.80)	(19.78)	(5.27)	(6.00)	(9.03)	(11.97)	(10.44)	(7.18)
age	0.001	−0.043	−0.361	−0.309**	0.050***	0.069***	0.053	0.093**
	(0.02)	(−0.59)	(−1.63)	(−2.31)	(4.18)	(9.32)	(1.26)	(2.04)

（续表）

	专利申请数				专利授予数			
	M1	M2	M3	M4	M5	M6	M7	M8
subratio		0.042*	0.080	0.200***		0.042***	0.095***	0.191***
		(1.73)	(1.03)	(24.22)		(29.77)	(3.21)	(10.86)
manshare			0.576**	0.422**			0.221***	0.113
			(2.14)	(2.56)			(4.66)	(1.14)
man_sub				0.720***				0.371***
				(2.75)				(8.76)
行业	控制	控制	控制	控制	控制	控制	控制	控制
年份	控制	控制	控制	控制	控制	控制	控制	控制
_cons	−0.968***	−0.896***	−1.160	−1.212	−0.252***	−0.516***	−0.798***	−0.927***
	(−11.47)	(−4.94)	(−1.11)	(−1.53)	(−13.08)	(−9.68)	(−10.46)	(−6.32)
N	5 150	1 783	293	293	5 150	1 783	293	293
r2_a	0.210	0.204	0.309	0.396	0.161	0.145	0.243	0.282
F	12.313	11.006	1.859	13.374	126.838	97.667	19.994	48.933

注：* $p<0.10$，** $p<0.05$，*** $p<0.01$；括号内为 t 值。上述模型经过 Driscoll-Kraay 标准误的调整。由于版面所限，行业和年份的回归结果未加列示。

表 5.13 管理者持股的调节效应估计(匹配后)

	专利申请数				专利授予数			
	M1	M2	M3	M4	M5	M6	M7	M8
rdstaff	0.139***	0.091	0.328***	0.369***	0.008	−0.049	−0.032	−0.013
	(3.17)	(1.10)	(6.11)	(5.78)	(0.29)	(−1.40)	(−0.41)	(−0.12)
ROA	−0.063*	−0.060	−0.071	−0.026	−0.048*	−0.056*	−0.253***	−0.232**
	(−1.73)	(−1.17)	(−0.62)	(−0.37)	(−1.84)	(−1.92)	(−3.62)	(−2.54)
level	0.021**	0.080***	0.153***	0.090***	0.007***	0.013	−0.025	−0.055**
	(2.12)	(4.88)	(8.90)	(3.09)	(10.49)	(0.95)	(−1.28)	(−2.08)
scale	−0.053***	−0.055***	0.015	0.020	−0.010***	−0.007*	0.047**	0.049**
	(−3.54)	(−2.86)	(0.39)	(0.58)	(−3.43)	(−1.93)	(2.08)	(2.54)
asset	0.181***	0.221***	0.213***	0.200***	0.112***	0.147***	0.106***	0.100***
	(43.59)	(53.92)	(4.05)	(3.94)	(6.04)	(6.42)	(5.02)	(3.79)
age	0.111**	0.049*	−0.442**	−0.414***	0.131***	0.115***	0.010	0.023
	(2.54)	(1.89)	(−2.28)	(−4.49)	(15.65)	(16.49)	(0.19)	(0.36)

（续表）

	专利申请数				专利授予数			
	M1	M2	M3	M4	M5	M6	M7	M8
subratio		0.037	0.084	0.216***		0.026***	0.093***	0.155***
		(1.43)	(1.08)	(19.98)		(5.72)	(3.71)	(12.41)
manshare			0.456*	0.267			0.263**	0.173
			(1.79)	(1.62)			(2.12)	(1.48)
man_sub				0.783***				0.370***
				(3.16)				(10.66)
行业	控制	控制	控制	控制	控制	控制	控制	控制
年份	控制	控制	控制	控制	控制	控制	控制	控制
_cons	−1.055***	−0.952***	−0.989	−0.961	−0.864***	−0.864***	−1.050***	−1.037***
	(−7.95)	(−3.73)	(−1.02)	(−1.45)	(−5.56)	(−3.14)	(−4.75)	(−11.73)
N	598	496	242	242	598	496	242	242
r2_a	0.199	0.192	0.326	0.427	0.174	0.192	0.263	0.315
F	10.511	3.863	23.390	114.330	66.960	38.279	1.596	28.282

注：* $p<0.10$，** $p<0.05$，*** $p<0.01$；括号内为 t 值。上述模型经过 Driscoll-Kraay 标准误的调整。由于版面所限，行业和年份的回归结果未加列示。

助对企业创新的正向作用被更有效地发挥出来,同时管理层持股和政府资助交互项(man_sub)的系数为正值且显著(模型 M4 中 $\beta=0.783$,$P<0.01$),又一次证明了管理层持股对政府资助效果产生正向强化作用。此外,就匹配后对企业专利授予数的影响来看,政府资助本身就有显著的正向影响(模型 M6 中 $\beta=0.026$,$P<0.01$),而且管理层持股也表现出正向强化机制(模型 M8 中 $\beta=0.370$,$P<0.01$)。

基于表 5.13 的估计结果,以企业专利申请数为例,图 5.6 直观地刻画了管理层持股在其中所发挥出的正向强化效应。实线代表管理层持股比例高时,虚线为管理层持股比例低时,从图中非常明显的看到,实线的正向斜率大于虚线,这就表明,与管理层持股比例低的情况相比,科技资助对企业创新的激励效果更强。故基于更准确的估计结果,假设 H6 再次成立。

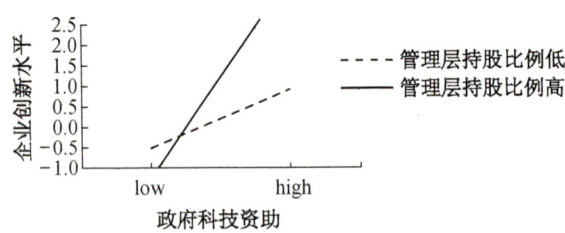

图 5.6 政府科技资助与企业创新水平:管理层持股比例的调节

5.3.3 企业年龄的调节效应

样本匹配前,对企业年龄调节效应模型(公式 4.12)逐层回归后,估计结果见表 5.14。当因变量为专利申请数时,政府资助本身就是正向显著的影响因素(模型 M2 的 $\beta=0.079$,$P<0.01$),而且模型 M4 中企业年龄与政府资助交互项(age_sub)的回归系数 $\beta=-0.131$,且三颗星显著($P<0.01$),意味着企业经营时间越久,越不利于政府科技资助促进企业增加专利申请数量,即企业年龄弱化了政府的互补效应,产生负向调节作用。但与之相反的是,对专利授予数量而言,模型 M8 中

企业年龄与政府资助交互项(age_sub)的系数虽为负($\beta=-0.031$,$P>0.1$),但并不显著,这不能证明企业年龄存在调节效应。因此,在样本匹配前,严格讲,关于企业年龄对政府资助效果具有负向调节效应的假设H7并不成立。

而匹配后的估计结果却表明(见表5.15),不论是对专利申请数还是专利授予数,企业年龄都分别在政府资助影响企业创新中起到了消极作用。首先,从政府资助对企业创新影响的主效应来看,科技资助分别与专利申请数(模型M2的$\beta=0.760$,$P<0.01$)和专利授予数(模型M6的$\beta=0.474$,$P<0.01$)具有正向且显著的关系;其次,对企业专利申请数而言,模型M4中企业年龄与政府资助交互项(age_sub)的系数$\beta=-0.656$,两颗星显著($P<0.05$),这意味着企业经营时间越久,越不利于政府科技资助提高企业创新水平,即企业年龄抑制了政府资助的促进效果,同样,企业年龄对政府资助影响专利授予数也具有负向调节后果(M8中$\beta=-0.023$,$P<0.05$)。因此,根据最准确的估计结果,假设H7是成立的。

按照表5.15的估计结果,以企业专利申请数为例,图5.7直观地刻画了企业年龄在其中造成的消极影响。实线代表企业年龄较高时,虚线为年龄较低时,从中非常明显的看到,虚线的斜率大于实线,生动地描述与发展时间越久的成熟企业相比,对经验时间较短的年轻企业来说,政府资助对企业创新的促进作用越强。

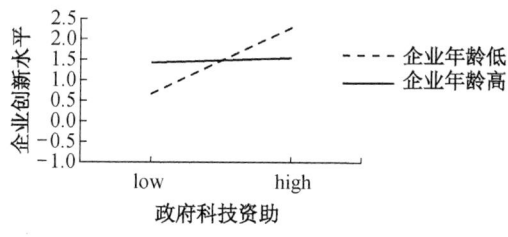

图5.7 政府科技资助与企业创新水平:企业年龄的调节

表 5.14 企业年龄的调节效应估计（匹配前）

	专利申请数				专利授予数			
	M1	M2	M3	M4	M5	M6	M7	M8
rdstaff	0.186***	0.143***	0.141***	0.142***	0.079***	0.039**	0.043***	0.043***
	(44.89)	(6.66)	(6.57)	(6.69)	(10.03)	(2.36)	(2.77)	(2.76)
ROA	−0.033**	−0.061***	−0.062***	−0.063***	0.003	0.022	0.024	0.024
	(−2.46)	(−3.26)	(−3.34)	(−3.70)	(0.32)	(1.26)	(1.45)	(1.46)
level	0.001***	0.001***	0.001***	0.001***	0.018	0.091**	0.085**	0.085**
	(8.37)	(7.35)	(7.40)	(7.08)	(1.47)	(2.58)	(2.29)	(2.27)
scale	−0.011***	−0.032***	−0.029***	−0.029***	−0.000	−0.006***	−0.010***	−0.010***
	(−6.19)	(−3.30)	(−2.99)	(−2.95)	(−0.52)	(−2.68)	(−4.15)	(−4.16)
asset	0.047***	0.122***	0.126***	0.127***	0.021***	0.066***	0.059***	0.059***
	(26.08)	(16.85)	(17.62)	(17.88)	(13.16)	(17.64)	(17.91)	(17.68)
subratio		0.079***	0.078***	0.033***		0.487***	0.484***	0.485***
		(3.82)	(3.71)	(3.61)		(3.26)	(3.33)	(3.32)

(续表)

	专利申请数				专利授予数			
	M1	M2	M3	M4	M5	M6	M7	M8
age			−0.051***	−0.049***			0.080***	0.080***
			(−4.18)	(−2.89)			(4.16)	(4.30)
age_sub				−0.131***				−0.031
				(−5.08)				(−0.40)
行业	控制	控制	控制	控制	控制	控制	控制	控制
年份	控制	控制	控制	控制	控制	控制	控制	控制
$\_cons$	−0.245***	−0.498***	−0.431***	−0.447***	−0.145***	−0.391***	−0.498***	−0.498***
	(−10.64)	(−14.39)	(−13.85)	(−12.85)	(−8.87)	(−10.79)	(−9.07)	(−9.22)
N	5 150	1 783	1 783	1 783	5 150	1 783	1 783	1 783
$r2\_a$	0.248	0.168	0.168	0.173	0.134	0.114	0.117	0.117
F	144.073	116.218	119.470	126.940	181.356	32.052	29.744	27.994

注:* $p<0.10$,** $p<0.05$,*** $p<0.01$;括号内为 t 值。上述模型经过 Driscoll-Kraay 标准误的调整。由于版面所限,行业和年份的回归结果未加以列示。

表 5.15 企业年龄的调节效应估计（匹配后）

	专利申请数				专利授予数			
	M1	M2	M3	M4	M5	M6	M7	M8
rdstaff	0.127**	0.062	0.063	0.060	0.039	0.012	0.020	0.019
	(2.41)	(0.75)	(0.83)	(0.80)	(1.02)	(0.18)	(0.31)	(0.30)
ROA	−0.243***	−0.232***	−0.232***	−0.196***	0.154**	0.158***	0.173***	0.175***
	(−3.71)	(−3.91)	(−3.92)	(−3.19)	(2.53)	(3.18)	(4.04)	(4.28)
level	0.360**	0.418**	0.417**	0.405**	0.182	0.217*	0.211*	0.209*
	(2.51)	(2.27)	(2.17)	(2.09)	(1.39)	(1.86)	(1.88)	(1.88)
scale	−0.047***	−0.064***	−0.064***	−0.066***	−0.028***	−0.032***	−0.037***	−0.037***
	(−3.45)	(−2.72)	(−3.33)	(−3.22)	(−4.54)	(−2.90)	(−3.30)	(−3.28)
asset	0.205***	0.272***	0.272***	0.274***	0.137***	0.169***	0.157***	0.158***
	(8.01)	(12.08)	(8.86)	(8.50)	(9.75)	(12.37)	(13.65)	(13.08)
subratio		0.760***	0.760***	0.701***		0.474***	0.466***	0.456***
		(5.19)	(5.32)	(9.27)		(3.26)	(3.33)	(2.93)

（续表）

	专利申请数				专利授予数			
	M1	M2	M3	M4	M5	M6	M7	M8
age			0.006	0.002			0.013***	0.011***
			(0.07)	(0.02)			(2.91)	(2.84)
age_sub				−0.656**				−0.023**
				(−2.38)				(−2.51)
行业	控制	控制	控制	控制	控制	控制	控制	控制
年份	控制	控制	控制	控制	控制	控制	控制	控制
_cons	−1.218***	−1.327***	−1.335***	−1.317***	−1.044***	−1.138***	−1.151***	−1.143***
	(−4.16)	(−3.56)	(−4.79)	(−4.45)	(−8.09)	(−4.28)	(−4.20)	(−4.15)
N	589	492	492	492	589	492	492	492
r2_a	0.196	0.217	0.217	0.221	0.180	0.202	0.208	0.209
F	10.501	5.541	5.371	7.967	7.294	14.636	10.915	10.185

注：* $p<0.10$，** $p<0.05$，*** $p<0.01$；括号内为 t 值。上述模型经过 Driscoll-Kraay 标准误的调整。由于版面所限，行业和年份的回归结果未加列示。

表 5.16 企业研发基础的调节效应估计（匹配前）

	专利申请数				专利授予数			
	M1	M2	M3	M4	M5	M6	M7	M8
ROA	−0.088***	−0.144***	−0.114***	−0.119***	−0.006	0.015	0.024	0.022
	(−4.38)	(−3.87)	(−3.23)	(−3.48)	(−0.49)	(0.83)	(1.45)	(1.29)
level	−0.001	0.137***	0.154***	0.158***	−0.005	0.080**	0.085**	0.089**
	(−0.03)	(3.01)	(3.87)	(4.30)	(−0.44)	(2.21)	(2.29)	(2.34)
scale	0.006	−0.022**	−0.037***	−0.037***	0.005***	−0.005*	−0.010***	−0.010***
	(1.50)	(−2.55)	(−5.77)	(−5.43)	(4.10)	(−1.79)	(−4.15)	(−4.40)
asset	0.073***	0.175***	0.130***	0.130***	0.030***	0.073***	0.059***	0.059***
	(44.71)	(27.58)	(17.66)	(15.98)	(24.72)	(17.19)	(17.91)	(15.70)
age	−0.028***	−0.070	−0.020	−0.025	0.040**	0.065***	0.080***	0.077***
	(−4.23)	(−1.31)	(−0.51)	(−0.63)	(2.30)	(3.17)	(4.16)	(3.91)
subratio		1.045***	0.995***	−0.077		0.500***	0.484***	−0.329***
		(5.95)	(6.10)	(−0.23)		(3.32)	(3.33)	(−3.19)

（续表）

	专利申请数				专利授予数			
	M1	M2	M3	M4	M5	M6	M7	M8
rdstaff			0.140***	0.161***			0.043***	0.059***
			(4.65)	(4.80)			(2.77)	(2.89)
rdstaff_sub				0.726**				0.548***
				(2.57)				(3.81)
行业	控制	控制	控制	控制	控制	控制	控制	控制
年份	控制	控制	控制	控制	控制	控制	控制	控制
_cons	−0.398***	−0.546***	−0.558***	−0.576***	−0.288***	−0.494***	−0.498***	−0.512***
	(−52.05)	(−7.64)	(−6.45)	(−6.64)	(−18.56)	(−9.51)	(−9.07)	(−9.13)
N	4 229	1 459	1 459	1 459	4 229	1 459	1 459	1 459
r2_a	0.114	0.143	0.170	0.174	0.075	0.110	0.117	0.124
F	322.854	68.353	82.991	61.532	92.594	32.685	29.744	10.079

注：* $p<0.10$，** $p<0.05$，*** $p<0.01$；括号内为 t 值。上述模型经过 Driscoll-Kraay 标准误的调整。由于版面所限，行业和年份的回归结果未加列示。

表 5.17 企业研发基础的调节效应估计（匹配后）

	专利申请数				专利授予数			
	M1	M2	M3	M4	M5	M6	M7	M8
ROA	−0.265***	−0.238***	−0.232***	−0.252***	0.150***	0.164***	0.166***	0.154***
	(−4.05)	(−4.06)	(−3.92)	(−4.18)	(2.70)	(3.52)	(3.91)	(3.91)
level	0.367**	0.428**	0.417**	0.436**	0.172	0.207*	0.203*	0.215*
	(2.52)	(2.11)	(2.17)	(2.40)	(1.31)	(1.74)	(1.71)	(1.77)
scale	−0.033***	−0.058***	−0.064***	−0.063***	−0.029***	−0.037***	−0.040***	−0.038***
	(−4.81)	(−4.30)	(−3.33)	(−3.01)	(−8.17)	(−6.99)	(−4.92)	(−4.43)
asset	0.239***	0.292***	0.272***	0.273***	0.138***	0.162***	0.154***	0.155***
	(5.16)	(5.41)	(8.86)	(8.98)	(5.52)	(4.72)	(9.31)	(9.30)
age	−0.000	−0.021	0.006	−0.011	0.129**	0.133*	0.144***	0.133**
	(−0.00)	(−0.18)	(0.07)	(−0.13)	(2.37)	(1.79)	(2.69)	(2.38)
subratio		0.718***	0.760***	1.064***		0.446***	0.463***	0.650***
		(3.63)	(5.32)	(4.31)		(4.45)	(3.29)	(5.86)

(续表)

	专利申请数				专利授予数			
	M1	M2	M3	M4	M5	M6	M7	M8
$rdstaff$			0.063	0.090			0.024	0.041
			(0.83)	(1.33)			(0.41)	(0.71)
$rdstaff\_sub$				0.594**				0.366***
				(2.04)				(3.90)
行业	控制	控制	控制	控制	控制	控制	控制	控制
年份	控制	控制	控制	控制	控制	控制	控制	控制
$\_cons$	−1.324***	−1.294***	−1.335***	−1.433***	−1.242***	−1.300***	−1.316***	−1.377***
	(−5.14)	(−5.42)	(−4.79)	(−6.26)	(−8.67)	(−6.31)	(−5.47)	(−6.21)
N	479	425	425	425	479	425	425	425
$r2\_a$	0.182	0.215	0.217	0.223	0.182	0.207	0.208	0.213
F	11.512	4.522	5.371	1.753	26.349	10.710	12.721	15.124

注：* $p<0.10$，** $p<0.05$，*** $p<0.01$；括号内为 t 值。上述模型经过 Driscoll-Kraay 标准误的调整。由于版面所限，行业和年份的回归结果未加列示。

5.3.4 研发基础的调节效应

用企业研发人数作为衡量研发基础的代理变量,根据企业研发基础的调节效应模型(公式 4.12),将匹配前和匹配后的企业样本分别进行逐层回归,对比前后两次估计结果后发现(见表 5.16 和表 5.17),关于政府科技资助的主效应和研发人数与其乘积交互项的影响,两种情况下的估计结果基本一致。为了更严谨和更准确,根据匹配后的估计结果来验证相关假设。

从企业研发基础的调节效应估计(匹配后)表 5.17 来看,主效应结果显示,政府资助强度对企业专利申请数(M2 中 $\beta=0.718$,$P<0.01$)和专利授予数(M6 中 $\beta=0.446$,$P<0.01$)的回归系数为正值且显著,表明政府扶持企业创新依然发挥重要作用。模型 M4 中研发人员与政府资助交互项($rdstaff\_sub$)的系数 $\beta=0.594$($P<0.05$),意味着企业研发人员规模越大,即研发基础越雄厚,政府资助越有利于企业增加专利申请数;同样,根据模型 M8 中交互项的估计结果($\beta=0.366$,$P<0.01$),也得出类似的结论,政府科技资助对企业专利授予数的杠杆效应随着研发人员规模的变大而增强。种种迹象表明,研发基础正向强化了政府资助促进企业创新的程度,故假设 H8 完全得到了数据支持。

以表 5.17 的估计结果为准,用企业专利申请数来衡量创新水平时,图 5.8 描绘了研发基础具有正向调节效应的情形。实线代表企业研发基础较高,虚线为研发基础较低时,显而易见,实线斜率明显大于

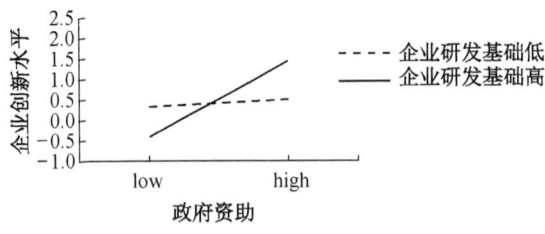

图 5.8 政府科技资助与企业创新水平:研发基础的调节

虚线,正向斜率越大,说明在这种情况下,自变量对因变量的正向影响程度越高,从而形象地证明:企业研发基础越雄厚,政府科技资助更有利于提升企业的创新水平。

小结:什么样的企业能更好地利用政府科技资助提升创新水平?本节分别用企业专利申请数和专利授予数来衡量创新水平,用政府资助强度为自变量,将匹配前后的回归估计进行对比和印证,并以匹配后的估计结果为准,发现存在4种调节效应:①企业规模和所有制性质具有联合调节作用,企业规模是正向调节,国有性质是负向调节,国有性质弱化了企业规模的正向调节程度,即假设 H5a、H5b、H5c 均成立;②管理层持股具有正向调节作用,假设 H6 成立;③企业年龄是负向调节,假设 H7 成立;④企业研发基础是正向调节,假设 H8 也成立。

5.4 本章总结

本章围绕因果相连的三大研究问题,对全部假设进行实证检验,经过多方稳健性分析后,各假设的验证情况总结如下:

第一,从企业异质性的视角,分析影响政府科技资助的因素是什么?并由此推断政府资助的动机符合何种假设和目的。研究表明,政府科技资助的对象主要是那些规模较大、有研发经验、人力资本较高、盈利能力相对较好、国有性质的企业,意味着政府资助的可能性大体满足"促进竞争"的目的,即假设 H2 基本成立。这一发现也符合邵敏和包群(2011)对一般性的范围更大的政府补贴动机的研究结论,即地方政府更倾向于选择市场竞争力较强的企业为补贴对象,并且在行政干预比较弱、市场经济较强的我国东部地区,这一动机更加强烈。进一步的研究发现,当对影响政府科技资助强度的因素进行估计时,那些有研发经验、规模较小、发展时间较短、人力资本较高、盈利能力较差的企业能获得更高的科技资助强度。这也与现实情况基本相符,规模较小的年轻企业往往创新投入总量有限,政府资助更容易在其中占到一定的分量,因此,科技资助强度会较高。从影响资助强度的估计结果来看,政府资助也能在一定程度上体现出解决市场失灵的意图。本节讨论的重点是什么样的企业更容易获得政府资助,即政府更愿意给谁提供资助,因此,政府资助动机的估计结果基本支持假设 H2。

第二,政府科技资助对企业创新水平到底能直接产生什么样的作用?实证研究发现,不论是否处理政府资助内生性问题,政府资助与否和资助强度都分别对企业专利申请数和专利授予数有互补作用,即政府科技资助发挥出杠杆效应,因此,假设 H4a1 和 H4a2 均成立,这意味着政府科技资助的互补效应最终大于替代效应。其原因主要在于:首先,与西方发达国家相比,我国的知识产权保护力度有限,技术创新的市场失灵较为严重,更需要政府资助的鼓励;其次,我国当前政府科技资助强度较低,例如,2008 年政府资助强度为 3.7%,与 OECD 成员国的资助强度 8%~10%相比,相差巨大(Guellec 等,2003),仍未达到最优资助水平,政府资助依然能发挥激励效果;最后,样本选自上海,作为国际金融中心,其风险资本较活跃,政府资助更能发挥"种子资金"的导向和示范作用,激励效果被增强,上海尤其是张江园区也是中国科学技术和高端人才的集聚地,创新资源供给丰富,政府资助所引起的 R&D 资源价格被抬升的消极影响并不大,由此因为创新成本的增加而产生的替代效应较弱。值得注意的是,采用倾向值匹配法(PSM)能有效提高有资助企业和无资助企业的可比性,政府资助对企业专利成果的正向作用程度都分别有所下降,可见,若不控制资助内生性问题,往往会导致资助效果被高估的偏误。

第三,政府科技资助对企业创新水平的激励作用受到企业哪些异质性因素的影响?本节从企业异质性的视角出发,对比匹配前和匹配后不同情况下的估计结果,并同时采用混合 OLS 估计和 D-K 标准差估计方法,尽可能地充分印证,以提高实证检验的稳健性和可靠性。基于严谨的论证和估计,得出了非常丰富和有价值的研究发现,验证出 4 种影响政府资助效果的调节机制:①企业规模和所有制性质具有联合调节效应,首先,企业规模越大,政府资助发挥的杠杆效应越强,假设 H5a 成立;其次,国有企业性质抑制了科技资助的激励程度,假设 H5b

表5.18 企业异质性因素调节效应的全变量模型回归（匹配后）

	专利申请数						专利授予数			
	M1	M2	M3	M4	M5	M6	M7	M8	M9	M10
ROA	-0.115***	-0.256***	-0.283***	-0.279***	-0.276***	-0.034*	-0.122***	-0.155***	-0.142***	-0.140***
	(-4.76)	(-3.30)	(-3.62)	(-3.27)	(-3.01)	(-1.95)	(-4.59)	(-7.83)	(-6.90)	(-5.48)
level	0.015***	0.095***	0.100***	0.098***	0.101***	0.001	0.027***	0.032**	0.026**	0.029**
	(3.71)	(5.13)	(10.83)	(8.69)	(10.85)	(0.23)	(4.02)	(2.34)	(2.09)	(2.05)
asset	0.191***	0.327***	0.335***	0.332***	0.332***	0.126***	0.173***	0.177***	0.168***	0.167***
	(30.21)	(9.00)	(11.25)	(13.43)	(13.89)	(9.12)	(4.43)	(4.66)	(4.69)	(4.77)
subratio	0.044*	0.018	-0.072	-0.078	-0.071	0.027***	0.020***	0.096**	0.078*	0.086*
	(1.73)	(0.59)	(-0.66)	(-0.72)	(-0.63)	(10.59)	(4.98)	(2.19)	(1.92)	(1.81)
scale		-0.035	-0.039	-0.042	-0.041		-0.002	-0.001	-0.010	-0.009
		(-1.00)	(-1.27)	(-1.47)	(-1.40)		(-0.09)	(-0.05)	(-0.39)	(-0.37)
state		-0.206*	-0.190*	-0.208	-0.224		0.178*	0.168	0.113	0.096
		(-1.89)	(-1.67)	(-1.58)	(-1.42)		(1.98)	(1.56)	(1.02)	(0.95)
manshare		0.126	0.122*	0.114	0.100		0.009	0.009	-0.014	-0.029
		(1.61)	(1.66)	(1.47)	(1.18)		(0.22)	(0.26)	(-0.38)	(-0.81)
age		-0.002	0.032	0.035	0.032		0.134**	0.181***	0.190***	0.186***
		(-0.01)	(0.23)	(0.25)	(0.23)		(2.05)	(3.87)	(4.51)	(4.65)
rdstaff		0.156	0.106	0.109	0.112		0.029	0.012	0.021	0.025
		(1.25)	(0.96)	(1.04)	(1.14)		(0.48)	(0.21)	(0.40)	(0.50)

(续表)

	专利申请数						专利授予数			
	M1	M2	M3	M4	M5	M6	M7	M8	M9	M10
scale_sub			0.049***	0.050***	0.053***			0.048***	0.049***	0.052***
			(6.79)	(7.01)	(6.85)			(8.08)	(8.20)	(8.36)
state_sub			−0.430***	−0.425***	−0.341**			−0.335***	−0.319***	−0.229*
			(−5.11)	(−4.81)	(−2.09)			(−9.71)	(−9.35)	(−7.49)
man_sub			0.206**	0.210**	0.223**			0.077**	0.090**	0.104**
			(2.40)	(2.52)	(2.51)			(2.08)	(2.62)	(2.69)
age_sub			−0.173*	−0.164*	−0.174*			−0.057*	−0.0527*	−0.0594*
			(−1.86)	(−1.81)	(−1.96)			(−1.77)	(−1.81)	(−1.80)
rdstaff_sub			0.0906*	0.0981*	0.120*			0.0573***	0.0583*	0.0690*
			(1.71)	(1.81)	(1.73)			(2.97)	(1.69)	(1.82)
state_scale				0.018	0.027				0.053***	0.063***
				(0.47)	(0.43)				(12.32)	(3.10)
s_s_sub					−0.058*					−0.062***
					(−1.77)					(−4.17)
行业	控制	控制	控制	控制	控制	控制	控制	控制	控制	控制
年份	控制	控制	控制	控制	控制	控制	控制	控制	控制	控制
_cons	−0.742***	−1.822***	−1.730***	−1.692***	−1.676***	−0.698***	−1.498***	−1.611***	−1.498***	−1.481***
	(−16.81)	(−4.67)	(−5.84)	(−6.83)	(−7.49)	(−4.37)	(−21.92)	(−12.77)	(−11.33)	(−9.55)
N	572	242	242	242	242	572	242	242	242	242
r2_a	0.165	0.307	0.354	0.354	0.356	0.191	0.273	0.311	0.314	0.317
F	34.527	5.029	2.955	2.797	3.161	1.538	4.809	0.431	0.111	0.381

注:* $p<0.10$,** $p<0.05$,*** $p<0.01$;括号内为 t 值。上述模型经过 Driscoll-Kraay 标准误差的调整。由于版面所限,行业和年份的回归结果未加列示。

成立;最后,企业规模对资助效果的影响还依赖于企业性质,即国有性质会弱化企业规模的正向调节效果,假设 H5c 亦成立。②管理层持股比例有正向调节效应,即随着管理者持股比例的提高,政府资助的杠杆效应越强,假设 H6 得到支持。③企业年龄有负向调节效应,即政府资助更有助于年轻有活力的企业提高创新水平,意味着假设 H7 得到支持。④企业研发基础有正向调节作用,即研发基础越强的企业,才能更有效地利用资助进行创新,因此,假设 H8 成立。

最后,采用匹配后的样本同时检验企业性质、规模、管理层持股、年龄、研发基础的调节效应(见表 5.18 全变量模型回归中的 M4、M5、M9、M10),假设 H5a、H5b、H5c、H6、H7、H8 亦成立。

本研究的假设与检验结果见表 5.19。

表 5.19 假设与检验结果列表

实证研究一:政府科技资助的动机			
市场失灵假设	H1	政府科技资助更青睐那些规模较小、发展时间越短、盈利能力越差、人力资本较高的企业	不支持
竞争性假设	H2	政府科技资助更青睐那些规模较大、研发经验较多、盈利能力较好、人力资本较高、国有性质的企业	基本支持
生存性假设	H3	政府科技资助更青睐那些规模较大、发展时间较久、盈利能力较差、国有性质的企业	不支持
实证研究二:政府资助影响企业创新的直接效果			
杠杆效应假设	H4a1	在其他条件不变的情况下,相比没有获得政府科技资助的企业,获得政府科技资助有助于提高企业的创新水平	支持
	H4a2	在其他条件不变的情况下,政府科技资助强度越大,企业的创新水平越高	支持
替代效应假设	H4b1	在其他条件不变的情况下,相比没有获得政府科技资助的企业,获得政府科技资助不利于提高企业的创新水平	不支持
	H4b2	在其他条件不变的情况下,政府科技资助强度越大,企业的创新水平越低	不支持

(续表)

实证研究三:影响政府资助效果的企业异质性因素			
规模和性质的联合调节假设	H5a	在其他条件不变的情况下,企业规模越大,获得政府科技资助的企业,其技术创新水平越强,即企业规模能正向强化政府资助的杠杆效应	支持
	H5b	在其他条件不变的情况下,相比非国有企业,政府科技资助对国有企业的创新激励作用被弱化,即国有性质会负向弱化政府资助的杠杆效应	支持
	H5c	在其他条件不变的情况下,企业规模的正向调节作用还依赖于企业性质。相比非国有企业,随着企业规模的增加,政府资助对国有企业的创新促进作用被弱化,即国有性质会弱化企业规模的正向调节作用	支持
管理层持股的正向调节假设	H6	在其他条件不变的情况下,管理者持股比例越高,政府科技资助对企业创新的促进作用越大,即管理者持股比例能正向强化政府资助的杠杆效应	支持
企业年龄的负向调节假设	H7	在其他条件不变的情况下,相比发展时间越长的成熟企业,政府科技资助更能促进发展时间短的年轻企业的创新水平,即企业年龄会负向弱化政府资助的杠杆效应	支持
研发基础的正向调节假设	H8	在其他条件不变的情况下,企业研发人员规模越大,政府科技资助对企业创新的激励作用越强,即研发人员规模能正向强化政府资助的杠杆效应	支持

6 国内外财政科技政策的经验比较

科技政策是国家或地方省(区、市)为实现一定历史时期的科技任务而规定的基本行动准则,是确定科技事业发展方向,指导整个科技事业的战略和策略原则,对于区域经济与社会发展具有重要的战略意义。本章系统地分析和对比了国内外发达地区的财政科技政策的特点,力求从中发现政府科技政策优化和改进的空间。

6.1 国内财政科技政策的经验对比

本节重点概括上海张江科技园区与北京中关村、深圳高新区、苏州高新区等可比地区的财政科技政策。实践操作中,国家、地方政府及各园区内的政府科技补贴形式多样、名目繁多,补贴对象和补贴标准各不相同,以上海浦东科技发展基金为例,该基金包含20多项不同的补贴政策:"创新资金"重点资助具有良好研发基础的高科技项目;"知识产权资助"重在鼓励企业申请国内外专利;"孵化器资助"旨在对引进和培育初创企业成效显著的孵化器给予补贴;"企业家创新领导力计划"则对科技创新型企业的企业家提供培训补贴等。笔者综合考虑各地区涉及的不同补贴项目,并按照要素聚集、功能提升和环境营造三大类别,对现行科技政策进行梳理和对比,由此探讨国内科技政策的先进做法和成功经验。

6.1.1 要素聚集类政策

本部分将从科创人才政策、重大科创项目政策以及科技金融政策这三个方面,比较分析中关村示范区、张江示范区以及国内其他主要高新区促进集聚科创要素的相关财政政策。总的来说,各地区都围绕科创战略,促进人才、项目、资金等各类要素在区内集聚,具体情况如下。

第一,高度重视高级科创人才的引入和服务。

建设规模宏大的高素质人才队伍,形成具有中国特色的国际化人才高地是园区持续发展的基础与动力。目前,各科技创新示范区纷纷根据地区经济社会发展和产业结构调整的需要,为了有针对性地引进一批海外高层次人才,都陆续颁布了多种科技人才政策。例如,北京中关村启动了"中关村高聚工程""雏鹰人才工程"以及海归人才计划,上海张江设立了上海领军人才计划,深圳高新区推出了海外高层次人才的"孔雀计划",苏州高新区实行了姑苏创新创业领军人才计划、海外高层次人才引进工程等等。

以上四个科技创新示范区的高层次人才引进政策都具有代表性,通过对科技人才政策的人才计划、组织管理、激励与优惠、配套项目四个方面的对比(见表6.1),可以发现,深圳高新区的人才政策比较全面,设置了完善的配套政策。

表6.1 国内科技人才类政策梳理与对比

人才计划	组织管理	激励与优惠	配套项目
(1)从政策颁布的行政等级来看,各科技创新示范区均设置了国家级"千人计划"、省级高层次人才计划、市级领军人才计划。	(1)北京中关村、深圳高新区以及苏州高新区均成立专业人才引进工作组,由园区管委会以及省级组织部、人事部等委办局组成,负责人才选拔、引进与管理工作。	(1)北京中关村、苏州高新区重视对各种人才引进、奖励政策的颁布与实施,具体的人才服务政策资助方式主要包括一次性资金奖励、房租补贴、社会保障、户籍及子女教育等服务。	(1)各示范区均设立了人才发展支持项目,深圳高新区的政策较全面,除人才发展基金外,还设置专业人才学术研修津贴、产业发展与创新人才奖等。

(续表)

人才计划	组织管理	激励与优惠	配套项目
(2) 从政策资助对象的人才类别来看,涉及不同专业领域的领军人才。 (3) 均重视优秀海归人才的引进	(2) 上海张江示范区没有披露相关人才计划的组织管理	(2) 上海张江园偏重于人才公共服务于人才培育政策,设立了人才服务机构资助政策、人才基地建设与人才公寓资助政策	(2) 各示范区在解决专业人才住房政策方面,北京和上海主要提供住房租赁,但是深圳对高层次人才提供住房补贴,此外,深圳高新区还解决就业和子女教育等问题

在人才计划方面,从政策颁布的行政等级来看,各科技创新示范区均设立了不同层次与类别的科技人才政策,都设有国家级的"千人计划"、省级高层次人才计划以及市级领军人才计划。从政策资助对象的人才类别来看,涵盖了不同专业领域的领军人才,如上海张江的领军人才计划中涵盖了基础研究类、应用开发类、社会科学和文化艺术类、经营管理类等不同专业人才。值得一提的是,各示范区高度引进优秀的海归人才,如深圳高新区推出的海外高层次人才"孔雀计划",以此实现人才资源配置和产业优化升级的高端化、高匹配,从而充分发挥出海外人才创新创业的示范效应。

在组织管理方面,除上海张江示范区没有披露相关信息外,北京中关村、深圳高新区以及苏州高新区均成立专业人才引进工作领导小组,成员由示范区管委会以及省市级组织部、发改委、科技局、人事局、财政局等委办局组成,具体负责人才的选拔、引进与管理等工作。

在激励与优惠方面,中关村示范区和苏州高新区重视对各种人才引进、奖励政策的颁布与实施。例如,中关村示范区实行了人才三大工程计划——中关村海归人才创业扶持工程、中关村海内外优秀人才创业扶持工程("雏鹰人才工程")、中关村高端领军人才聚集工程("中关村高聚工程"),辐射了示范区内各类的高素质人才,具体的政策资助方式包括直接的一次性资金奖励、房租补贴、社会保障、户籍及子女教育等服务(如"中关村高聚工程"中的战略科学家、科技创新人才、创业未来之星均可以享受社会保障、户籍及子女教育等服务)。

在配套项目方面,各示范区均设了人才发展支持项目,深圳高新区的政策较全面,除人才发展基金外,还设置专业人才学术研修津贴、产业发展与创新人才奖等。各示范区在解决专业人才住房政策方面,北京和上海主要提供住房租赁,但是深圳对高层次人才提供住房补贴,此外深圳高新区还解决配偶就业与子女教育等问题。

第二,重大科创类政策具有相似性。

国家重大科创专项是为实现国家战略目标,选择若干重大战略产品、关键共性技术和重大项目,通过核心技术突破和资源整合,在一定时限内取得成果,实现以科技发展的局部跃升带动生产力的跨越发展,并填补国家战略空白。从这个意义上来说,国家重大科技专项是我国科技发展的关键。该专项设立的依据主要来源于《国家中长期科学和技术发展规划纲要(2006—2020年)》。目前,上海张江示范区与北京中关村示范区均设立了重大科创专项资金,从而率先提升自主创新能力,全面推进以自主创新为核心的"二次创业",积极营造创新氛围。

总的来说,上海张江和北京中关村的重大科创专项政策差别不大,多为国家政策的配套政策,在目的与依据、使用与管理原则、预算管理以及监督管理这四个方面具有相似性(见表6.2),但上海正积极探索以市场机制为导向的项目发现新机制。

政策目的与依据:上海张江和北京中关村的重大科创专项均根据《国家中长期科学和技术发展规划纲要(2006—2020年)》确立重大科创项目的政策目的。其中,上海颁布的《上海中长期科学和技术发展规划纲要(2006—2020年)若干配套政策》(沪府〔2006〕15号)中,提出促进上海创新成果产业化的举措,以扶持园区主导产业进一步优化发展。北京的"科技北京"行动计划(2009—2012)和《北京市中长期科学和技术发展规划纲要(2008—2020年)》中强调要把握科技重大项目。

使用与管理原则:这两个园区在此方面也具有相似性。具体表现在:①倡导多元化的资金来源渠道,如中央财政及市财政拨款、区县政府配套资金、单位自筹资金以及从其他渠道获得资金;②坚持集中财力、突出重点的项目遴选原则,重点支持那些有利于实现创新驱动、转型发展的重点领域和薄弱环节的项目;③推行单独核算、专款专用、全程监督、绩效评价的项目管理过程,切实提高重大专项资助的使用效益,值得注意的是,上海张江园区积极探索和引入了市场发现机制,建立多渠道的项目发现机制,充分发挥市场在资源配置中的力量,该做法在国内具有前沿性和开创性,值得学习和借鉴。

预算管理:两示范区均重视预算管理流程,涉及预算申请、预算评估与预算批复。但张江示范区在预算评估时,强调可以委托第三方机构实施。

监督管理:重大科创专项要接受管委会、市财政局、市科委、市发改委、牵头组织部门(单位)和示范区内的项目(课题)承担单位共同监督管理。

表6.2 国内重大科创类政策的基本特点

政策目的与依据	使用与管理原则	预算管理	监督管理
(1) 共同点:设立的重大科创专项都依据《国家中长期科学和技术发展规划纲要(2006—2020年)》。 (2) 不同点:各地区制定了相应的科技发展规划,例如《上海中长期科学和技术发展规划纲要(2006—2020年)若干配套政策》重点促进创新成果产业化,《北京市中长期科学和技术发展规划纲要(2008—2020年)》强调科技重大项目	(1) 共同点:在资金来源渠道方面,倡导多元化原则;在项目遴选方面,集中财力、突出重点;在项目管理方面,实行单独核算、专款专用、全程监督与绩效评价。 (2) 不同点:上海张江探索市场化的项目发现机制,探索多渠道发现项目模式	(1) 共同点:都重视预算管理流程,涉及预算申请、预算评估与预算批复。 (2) 不同点:上海张江园强调可以委托第三方机构提供预算评估	不同点:重大科创专项要接受管委会、市财政局、市科委、市发改委、牵头组织部门(单位)和示范区内的项目(课题)承担单位共同监督管理

第三,围绕中小企业融资困境建立不同层次的科创金融政策。

各创新示范区根据地区经济社会发展和产业结构调整的需要,出台了相应的金融服务政策。围绕破解普遍存在的高科技中小企业"融资难"这一难题,各地方政府因地制宜,勇于开拓,探索性地设立不同层次与类别的灵活多样的金融服务政策,以改善园区内企业的融资环境。

比较上海张江、北京中关村、苏州高新区三个具有代表性的科创示范区,总的来说,张江的科技金融政策的政府主导性更强,中关村的市场化程度更高,而苏州的服务性更强,各示范区实行了各具特色的多层次、多类别的金融服务政策(见表6.3)。例如,中关村侧重依靠政府资本撬动民间力量撬动金融服务,在创业投资机构服务上实现双管齐下——天使投资支持资金补贴+创业投资支持资金补贴;在新技术新产品推广应用和中小科技型企业投标承接重大建设工程项目上给予很大的金融支持,不仅促进了技术理论成果转化和新产品推广,还有助于企业借此活动创新现金回报,形成创新投入和产出的良性循环,利于企业可持续性发展;难能可贵的是,中关村与时俱进,针对互联网金融单独制定了相应的财政政策。与之不同的是,张江注重依靠政府的强大力量主导金融平台的建设,尤其在保险机构服务和创业投资机构服务方面,年度最高补贴可以达到500万元。另外,张江的金融服务建设更全面,财政引导政策大力支持科技融资服务平台、科技支行、保险机构服务和创业投资机构服务等方面。而就苏州高新区而言,则侧重省级相关配套政策,重视引导资金专项用于引导和支持创业投资机构向初创期科技型中小企业投资,另外在其基础上制定补充性和针对性的政策。

表6.3 科技金融政策对比

政策区域	北京中关村	上海张江	苏州高新区
综合评价	(1)侧重依靠政府资本撬动民间力量撬动金融服务。 (2)与时俱进,针对互联网金融单独制定了相应的财政政策	(1)注重依靠政府的强大力量主导金融平台的建设。 (2)在金融服务建设上更全面	(1)重视创业投资机构服务的建设。 (2)鼓励高新技术产品出口。 (3)重视企业投标承接重大建设工程

6.1.2 功能提升类政策

为提升企业科创能力,各地区都努力加强资源整合。笔者将分别

6　国内外财政科技政策的经验比较

围绕产学研合作、改制上市与并购支持、科技服务平台、国际化促进等四类政策,对中关村示范区、张江示范区以及国内其他主要高新区的功能提升类财政政策进行系统梳理与比较,具体情况如下。

6.1.2.1　创新产学研合作模式、完善产学研的合作机制

长期以来,各园区都非常重视对产学研的资助和补贴。例如,张江示范区积极探索产学研合作中新兴产业急需人才培养的新机制,着力开展人才培养产学研联合实验室建设试点。同时,为进一步提高高校科技成果转化的积极性,充分发挥高学在区域创新体系建设中的重要作用,一方面支持产学研部门系统实施科技成果产业化,另一方面对产学研部门协同实施科技成果转化项目给予资助。北京中关村推出《加快推进高等学校科技成果转化和科技协同创新若干意见(试行)》(简称"京校十条")对高等学校科技成果转化体制机制创新力度较大,但对产学研人才队伍建设支持较少。天津高新区也出台了产学研相关意见(办法),较注重加强科技基地与国际合作,引入国际先进技术,较注重科技服务于企业,助力企业转型升级,充分发挥高校和科研院所的优势,积极打造协同创新高地,探索促进产学研结合的新路子。

笔者从公共服务与支持机制两个角度,比较各园区的产学研合作政策(见表6.4),并从中发现,北京中关村的政策支持力度较大。

寻求产学研合作新模式:在公共服务方面,张江人才培养产学研联合实验室建设试点以推进联合实验室建设为载体,探索高层次人才培养的实践模式、新兴产业急需人才的定向培育模式和学科、产业与人才队伍建设融合发展的模式为主要内容。中关村出台的京校十条,鼓励高校、科研机构、企业等共同建设"首都科技条件平台",为各类创新主体开放服务资源;鼓励高校、科研机构、企业等共同建设实验室,联合开展重大科研项目攻关。天津市形成支持科研院所创新发展实施意见,通过财政资金支持,促进科技型中小企业发展壮大。

完善产学研资助机制:在支持机制方面,张江主要对企业与高校、科研院所联合实施科技成果产业化的项目给予资助;对新兴产业领域龙头企业牵头构建的产业技术创新联盟,根据其整合资源的规模和效益给予

补贴;对联合实验室项目资助补贴。中关村支持企业建立高等学校学生实践训练基地,联合培养研究生。天津市形成天津市滨海新区产业技术创新战略联盟评估办法,天津市支持科研院所创新发展实施意见。

表6.4 国内产学研合作政策对比分析

政策区域	北京中关村	上海张江	天津高新区
综合评价	(1) 对高校科技成果转化体制和机制的创新力度较大。 (2) 对产学研人才队伍建设支持较少	(1) 相应政策制定与实施较薄弱。 (2) 一方面支持产学研系统实施科技成果转化,另一方面对产学研部门协同实施科技成果转化项目予以补贴	(1) 较注重加强科技基地与国际合作,积极引入国际先进技术。 (2) 较注重科技服务于企业,帮助企业转型升级

6.1.2.2 出台改制上市与并购政策,丰富相关资助方式

为支持和鼓励科技企业改制上市与并购,北京中关村、上海张江、深圳高新区、天津高新区等各园区都普遍出台了相关补贴政策,其中张江和深圳的补贴力度较大,而中关村和天津高新区的补贴力度相对较小(见表6.5)。

表6.5 国内改制上市与并购制度政策对比

政策区域	北京中关村	上海张江	深圳高新区	天津高新区
综合评价	(1) 设立了企业在改制、上市、并购过程中产生费用的补贴。 (2) 补贴力度最小。如对企业境外上市一次性补贴50万元	(1) 设立了企业在改制、上市、并购过程中产生费用的补贴。 (2) 补贴力度最大。如对企业境外上市补贴300万元	(1) 设立了企业在改制、上市、并购过程中产生费用的补贴。 (2) 补贴力度较大。例如,企业实现境外上市一次性获取补贴210万元	(1) 设立了企业在改制、上市、并购过程中产生费用的补贴。 (2) 补贴力度较小。例如,企业实现境外上市一次性获取补贴100万元

1. 出台上市和并购制度,开辟企业融资新渠道

为了帮助企业逐步建立现代化企业制度,通过由所有制向股份制的改造,实现上市以开辟一条新的融资渠道,同时实现企业的职业经理人管理模式,提高企业经营管理水平。目前,国内一些科技创新示范区均出台了改制上市与并购政策,对成功实现改制上市、境内外并购的企业进行补贴资助。其中,上海张江示范区、北京中关村示范区、深圳高新区与天津高新区的改制上市与并购政策具有代表性。

2. 采用改制资助、上市资助、并购资助,丰富资助方式

在资助方式和额度上,上海张江和北京中关村均采用改制资助、上市资助、并购资助,设立了企业在改制、上市、并购过程中产生费用的补贴。相较而言,上海补贴力度最大,例如,企业实现境外上市一次性获取补贴300万元。北京补贴力度最小,例如,实现境外上市资助,每家企业支持50万元。深圳高新区和天津高新区设立了企业在改制、与上市过程中产生费用的补贴,没有公布并购补贴。

6.1.2.3 借助多种服务平台优化科技服务

出于整合公共服务平台资源、完善服务功能、扩大服务规模、提升服务水平的目的,各示范园区纷纷设立了相应的财政资助政策,以吸引企业借助公共平台提高创新能力。具体来说,张江高科技园区推行《上海张江国家资助创新示范区专项发展资金使用和管理办法》等,而中关村科技园区推行《中关村国家自主创新示范区大学科技园及科技企业孵化器发展支持资金管理办法》《中关村国家自主创新示范区创业服务体系发展支持资金管理办法》以及《中关村国家自主创新示范区产业发展资金管理办法》等。

围绕公共技术服务平台、科技中介服务平台、创业企业孵化服务平台的相关政策进行对比分析(见表6.6),可以发现,上海张江和北京中关村的差别不大,前者更注重对设备等硬件的投入,而后者则更关注服务效果;深圳的政策相对单一,主要集中在孵化平台建设上。

表 6.6 国内科技金融政策对比

公共技术服务平台	科技中介服务平台	创业企业孵化服务平台
(1) 张江注重对平台设备采购的资助,并根据平台为园区企业提供的服务给予同一比例的资助。 (2) 中关村则依据平台建设目的与运行效果进行对应的资助,并根据平台提供服务类别予以对应的补贴	(1) 张江对平台提供的数字化系统进行资助;对企业提供签订服务合同服务的平台资助。 (2) 对产业技术联盟或枢纽型联盟组织开展的各项服务进行补贴	(1) 张江明确了对上年度优秀平台进行补贴的政策;对创业企业提供的基础性服务进行补贴;对成功培育企业平台进行资助。 (2) 中关村对创业孵化平台(购入设备、平台维护、承办会议)补贴;对创业企业提供的基础性服务进行补贴;对成功培育企业平台进行资助。 (3) 深圳园区重点资助融入国家和广东省孵化体系的平台;对提供的场地进行租金减免或相关增值服务进行补贴

1. 加强公共技术服务平台的建设、运行和服务效果

首先,在平台建设资助政策上,张江注重对平台设备采购的资助,如可共享的仪器设备和更新数据库、检索系统、无线局域网(WLAN)、建设第三代移动通信(3G)、TD-LTE 规模技术试验网等;而中关村则依据平台建设目的与运行效果进行对应的资助,如针对关键共性技术服务平台和新兴产业促进平台的建设的资助政策的力度相对较高,而对园区内开放实验室要在评估合格后进行一次性资助。其次,在平台提供的服务上,张江根据平台为园区企业提供服务给予同一比例资助,如提供优惠价格的技术开发、试验、加工、检测、产品推广及设计、设备共享等服务的事后一次性补贴额,补贴额均为不超过实际收费额的 30%,每个平台每年最高补贴 500 万元;而中关村根据平台提供服务类别给予对应的补贴,如关键共性技术服务平台和新兴产业促进平台提供的服务,可以按照不超过总合同金额或实际投入金额的 30%,提供最高不超过 300 万元的补贴;开放实验室为企业提供的用于自主创新和新产品研发等服务,可以按照不超过市场价格的 50% 的优惠金额进行补贴,并设置了单笔和总金额的上限。

2. 注重对科技中介服务平台的建设资助和服务补贴

一方面,在建设资助政策上,张江对平台提供的数字化系统进行资助,如共享数据库,向企业提供数字教育工程、法人信息共享应用系统、建设服务新业态项目等;而中关村则为多主体共同参与设立的重大科技成果转化基金提供引导资金支持,具体来说,支持设立重大科技成果转化基金,并给予不超过基金资本总额30%的引导资金支持,重点支持中关村科技园区内的高校院所、开放实验室等进行科技成果转化。另一方面,在平台提供的服务上,张江对企业提供签订服务合同服务的平台和开展股权激励试点的企业进行补贴,例如,为园区企业提供信息中介服务的合同,则按工作内容配置金额的50%给予事后一次性补贴;中关村对产业技术联盟或枢纽型联盟组织开展的各项服务进行补贴,支持产业技术联盟开展行业交流、市场推广等服务,积极承担中关村重点产业促进工作以及实施重大应用示范项目等。

3. 鼓励建立提供技术、场地等服务的新型创业企业孵化平台

各园区都推出了鼓励新型孵化机构的资助政策,以鼓励创业企业孵化器的创办和建设。张江、中关村和深圳均明确了对平台内的共享技术设施的补贴政策,补贴金额相差不大,除此之外,张江明确了对上年度优秀平台进行补贴的政策,中关村对创业孵化平台,特别是购入设备、平台维护、承办会议等方面进行补贴,而深圳对于融入国家和广东省孵化体系的平台出台了相应政策,以拓展孵化载体的发展空间;在对孵化器平台提供服务的补助政策中,三个地区均对创业企业提供了基础性服务和成功培育企业的补贴政策,此外,深圳还明确了对于孵化器平台的优先用房用地要求以及对入孵企业的场地租金给予减免优惠或者提供相关增值服务的补贴政策。

6.1.2.4 推行企业国际化市场的开拓和发展

为加快推进具有全球影响力的科技创新中心,实施国际化战略,提高中关村核心区企业国际竞争力,中关村示范区制定了《中关村国家自主创新示范区国际化发展专项资金管理办法(试行)》,进一步完善和规范有关扶持资金管理。但是,张江示范区以及其他高新区没有披露相应政策。

从具体政策来看,中关村国际化促进政策主要体现在境外展览、国际市场考察、境外设立分支机构、境外法律咨询服务、国际研发合作、国际会议、国际机构引入、国际品牌建设推广几个方面。其中,境外展览包括展位费、公共布展费、展品运输费和参展人员补助几个方面,资助方式以一次性现金补贴为主。

6.1.3 环境营造类政策

国内主要高新区都不断完善管理制度,努力构建新型绿色科创环境,本部分将从生态园区政策、知识产权政策、企业信用政策三个方面,比较分析中关村示范区、张江示范区以及国内主要高新区的相关财政政策及方法。

6.1.3.1 加强产业生态园建设

1. 明确产业定位

从发展历程、发展特色、未来展望这三个方面对张江和中关村的产业定位进行对比(见表6.7)。就出台的相关政策而言,目前,中关村示范区和其他地区高新区并没有披露生态园区建设的相应政策。而张江示范区积极颁布《上海张江国家自主创新示范区创建国家生态工业示范园区资助办法(试行)》,鼓励企业走新型工业化道路和生态低碳经济发展模式,侧重资助创建国家生态工业示范园区各阶段重点工作和资源集约利用、环境污染控制、生态信息平台建设等重点项目,优先资助生态园区建设中新产品、新技术、新模式、新业态的创新运用。但基于发展现状,相比而言,中关村聚焦互联网,产业门类较多,张江优势产业不明显。

2. 分阶段和类别进行资金支持

从生态园区具体资助阶段和类别来看,上海张江主要分为申报创建阶段、批准创建阶段和持续建设阶段,而资助项目包括规划和技术服务,认证服务,环境监测,土地、能源、水资源集约利用,水污染、大气污染、固体废弃物污染控制,生态信息平台建设等多方面。

表6.7 国内产业定位对比

政策区域	上海张江	北京中关村
产业定位	(1) 2011年年初,国务院正式批复张江高新区创建国家自主创新示范区。 (2) 立足信息技术、生物医药、文化创意、低碳环保等主导产业的良好基础,着力打造医药产业和"e产业"	(1) 2009年3月,国务院正式批复建设中关村国家自主创新示范区。 (2) "641"产业集聚(六大优势产业集群:下一代互联网产业、移动互联网和新一代移动通信产业、卫星应用产业、生物和健康产业、节能环保产业、轨道交通产业);四大潜力产业(基层电路产业、新材料产业、高端装备与通用航空产业、新能源和新能源汽车产业);一个现代服务业

6.1.3.2 形成多层次的知识产权补贴政策

各地区都致力于加强知识产权保护,并出台相应的知识产权专项资金政策,并切实推动政策实施。例如,张江示范区一方面支持企业提高知识产权运用能力和建设创新品牌,具体包括支持企业加强自主知识产权的创造和运用,推进专利技术成果的产业化;支持企业或专业机构建设国际技术转移转化中心并实施科技成果的转移转化;支持企业创造品牌产品。另一方面对知识产权的创造和运用项目进行资助,具体包括对自主知识产权数量增长较快的企业;对企业牵头组建专利联盟构建的专利池,向联盟成员开展专利许可交易发生的许可费;对国际技术转移转化中心实施技术评估并与企业成功对接的项目,给予事后一次性补贴。中关村示范区颁布了《中关村国家知识产权制度示范园区知识产权专项资金使用管理办法》,旨在进一步规范中关村国家知识产权制度示范园区知识产权专项资金管理,提高资金使用效益,支持企业进行创新创业活动,营造良好的创新创业环境。深圳市颁布了《深圳市知识产权专项资金管理办法》,并制定了资助细则,规范和加强知识产权专项资金的使用和管理,通过激励和引导,提升企业对知识产权的创造、运用、管理和保护水平。

对比上海张江、北京中关村、深圳高新区的知识产权的具体补贴内容(见表6.8),上海张江主要包括培训课程补贴、技术服务补贴、法律维权补贴、知识产权创造与应用补贴,多采用一次性补贴方式;北京中关村从专利费用减缓、专利促进、专利创业专项资金、园区"专利引擎"试点企业、知识产权服务业联盟等方面进行了资助政策,资助额度根据不同内容10万~100万不等;深圳高新区从专利、商标注册、计算机软件著作权登记的资助,"深圳市知识产权优势企业"的资助、市专利奖及配套奖励、知识产权宣传培训、分析预警及版权备案等公共服务资助、知识产权产业联盟建设资助等方面都制定了资助细则。总体而言,上海张江的知识产权政策整体较薄弱。

表6.8 国内专利资助政策对比

政策区域	上海张江	北京中关村	深圳高新区
专利资助政策	(1)培训课程补贴 (2)技术服务补贴 (3)法律维权补贴 (4)知识产权创造与应用补贴	(1)专利费用减缓 (2)专利促进资金 (3)专利创业专项资金资助 (4)园区"专利引擎"试点企业资助 (5)知识产权服务业联盟资助	(1)专利、商标注册、计算机软件著作权登记的资助 (2)"深圳市知识产权优势企业"的资助 (3)市专利奖及配套奖励 (4)知识产权宣传培训 (5)分析预警及版权备案等公共服务资助 (6)知识产权产业联盟建设资助

6.1.3.3 强化企业信用建设

为促进企业诚信发展,必须加强企业信用建设,这对营造区域创新创业氛围,构建诚信体系有着重要作用。在这方面,上海张江和北京中关村这两大示范区均制定了企业信用政策,主要涉及五个方面:信用管理服务、采集征信数据、信用评价制度、信用产品创新和应用、企业信用融资。其中,包括加强对信用管理、征集、评价资助,信用产品创新和应用资助,企业信用融资资助。

但各园区在企业信用政策的内容上,侧重点不同(见表6.9)。中关村示范区重视企业信用运用,按照"以信用促融资、以融资促发展"的思路,积极探索促进企业信用融资的有效模式,更好地把企业信用资本与科技金融资源有机结合起来。中关村每年都会进行企业信用星级评定,通过公开公平的标准和流程,培育一大批信用等级高,具有行业影响力的信用品牌企业。张江示范区重视企业信用建设,建立了企业信用管理制度、信用档案、信用评价、信用风险防范机制、信用共享系统,努力营造诚实守信的创新环境。

表 6.9 国内企业信用政策对比

政策区域	北京中关村	上海张江
信用政策	(1) 对信用管理机构没有出台具体的补贴细则。 (2) 企业信用融资资助	(1) 信用管理、征集、评价分别进行资助。 (2) 对信用产品创新和应用资助 (3) 企业信用融资资助

6.2 国外财政科技政策的经验对比

本节依然从要素聚集、功能提升和环境营造三个方面,同时选取了具有代表性的美国硅谷、伦敦科技城、以色列特拉维夫、德国巴登符腾堡等科技园区,中国台湾、加拿大、芬兰等国家和地区作为国际经验分析的对象,从科技企业发展和科技创新规律出发,分析相关先进经验和实施办法,以期对中国地方政府政策设计提供借鉴。

6.2.1 集聚项目、人才与金融等要素资源

6.2.1.1 科创机构实力雄厚,获得持续的经费支持

1. 具备雄厚的科研实力,研发机构多层次、多类型

科创高地云集大量创新要素和人才的原因之一在于,集聚了大批顶尖的高校、研发中心和实验室。为推动科创研发活动,培育高级技术人才和管理人才,各国各区域均投资建设和吸引了不同层次类型的科技研发机构,并为一流大学和国家实验室提供持续的财政支持。

在高校方面,美国硅谷附近的大学就很多,共计 13 所大学,其中一

些还是世界级的名校,既有斯坦福大学、卡耐基梅隆大学、旧金山大学、金门大学等知名私立大学,也有加州大学伯克利分校、加州大学旧金山分校、加州大学戴维斯分校、加州大学圣克鲁兹分校、圣何塞州立大学、旧金山州立大学等著名公立大学。此外,硅谷附近还有9所专科学院和33所技工学校。伦敦是世界顶级大学数量最多的城市,其中帝国理工学院、伦敦大学学院、伦敦国王学院、伦敦经济学院、伦敦大学玛丽皇后学院等5所大学跻身世界大学前500强。除上述5所大学外,伦敦还有24所自治的大学、12所专业性的高等学校和39所继续教育学院,高等教育资源极为丰富。以色列有包括世界知名的希伯莱大学在内的7所研究型大学,其在全球学术的排名比较靠前。

在研发中心和实验室方面,美国硅谷有包括航空航天局艾姆斯研究中心、能源部劳伦斯·利弗莫尔国家实验室、能源部劳伦斯·伯克利国家实验室、斯坦福线型加速器中心、农业部西部地区研究中心5个国家实验室和施乐帕克研究中心、智能辅助研究中心,还有谷歌、苹果、英特尔等企业的研发中心。以色列7所研究型大学拥有众多的研究所、研发中心,不仅从事社会科学研究,而且还从事自然科学和技术领域的研究。德国亥尔姆霍兹研究中心联合会下建有柏林亥姆霍兹中心、海洋资源研究所以及13个亥尔姆霍兹青年科学家小组,马普协会下成立马普老年生物学研究所。芬兰政府在全国各地建了16个软件产品专业技术中心。加拿大拥有供应医疗同位素和原子能公司的乔克河实验室。

2. 设立科技研发计划,提供持续的经费投入

为促进尖端科研课题攻关,提高企业创新研发水平,各国和各地区纷纷建立相应的科技攻关计划,并配套相关研究经费及一整套的政策措施,以促进计划实施出成效。例如,以色列政府2011年启动了"创造未来工程"计划,投资13.5亿谢克尔(约合3.6亿美元),创建了20多个卓越研究中心,专门攻关科研难题。中国台湾2002年推出"鼓励岛外企业在台设立研发中心计划"和"鼓励岛内企业在台设立研发中心计划",采取补助经费、协助人才引进、提供人力、单一窗口等新的服务策略和租税优惠等措施。加拿大成立创新基金会(CFI)支持高校、

学院、研究型医院和非营利科研机构的建设。

6.2.1.2 推行创新战略规划，侧重重大科创项目

1. 以创新战略规划来带动新兴产业发展

各国均出台了创新战略规划，来引导重点产业领域发展，抢占科技制高点。例如，英国伦敦2011年底发布《促进增长的创新研究战略》，包括了一系列推进科技创新的重大措施，试图让英国在科创领域保持领导地位；以色列推出的《纳米技术：以色列的国家战略》建议书，考察了在以色列和国外的纳米技术工作，推出和分析了优先领域和分配资源；德国2010年通过了《2020高科技战略》，汇集了德国联邦政府各部门最新的研究和创新政策举措；加拿大政府2011年启动《数字经济战略》，目的是促进产业对信息通讯技术的使用，加强数字技能开发，并促进数字产品的推广。

2. 为重大科创项目提供金融服务保障

财政资助项目主要涉及：①直接项目资助是帮助所选研究领域达到国际先进水平；②间接项目资助则旨在增强科研队伍的实力、优化科研基础设施等；③对合作项目的资助可以促使诸多的创新主体组成一个科研网络，对一些急、难、愁的重大课题进行联合攻关，共同发挥企业、大学、科研机构的力量和优势。例如，德国政府先后通过了两部中小企业"解除法"，为中小企业创新提供资金，解除束缚，将中小企业的创新资助纳入"中小企业重要创新计划（ZIM）"，同时设立投资创新和风险投资基金，在"中小企业创新和新项目"的框架下，积极引导创新企业在非特定技术行业内进行具有市场针对性的创新，帮助企业融资。加拿大政府在2011—2013年，分别向信息通讯技术和数字技能开发两个领域投入8 000万和6 000万加元，并且每年拨款1亿加元用于数字产品展销；2014年向"汽车创新基金"（AIF）拨款5亿加元，用于进行新的汽车技术相关的战略性、大型的研发项目。

3. 提高对创新产品的采购力度

政府通过订单方式，向科技公司进行政府采购，以拓展科技创新产品的市场需求，弥补市场缺陷，引导企业创新方向，激发企业创新动

力。例如，从20世纪50年代始，美国政府高度重视导弹研发，加大对电子产品的国防需求，使仙童半导体公司等当时比较年轻的一批高科技公司发展壮大。晶体管方面亦是如此，美国航天事业迎来发展高峰，使硅谷的很多科技公司获得了美国政府的订单。由于美国政府对科技创新产品的巨大采购需求，使硅谷的科技企业获得了前所未有的发展机遇，其科技效率也大为提升。

6.2.1.3 实行宽松的移民政策，促进知识流动和人才集聚

1. 推行宽松的移民政策，放宽高技术人才的签证政策

国际化人才比例高是科技创新区域和中心的重要特征之一。科技人才偏执的梦想和创新精神改变了世界，创新文化散发着独特而迷人的文化魅力。例如，美国是典型移民国家，其相对宽松的移民政策为造就硅谷奇迹提供了大量高科技的人才。杜克大学的一份研究显示，美国有52%的创业公司创始人是移民。2005年，由移民创立的企业为美国创造了45万个工作岗位。同时，谷歌、微软等高科技企业为招到足够的合格员工，在美国国会展开大量游说工作，促成政府放宽高技术人才的签证政策，帮助弥补高端劳力缺口，为今后发展"蓄力"。以色列为欢迎世界各地的创新创业者，推行了"创业型签证"，允许来自全球的创业者在以色列停留至少3个月，而后再根据创业效果将停留时间逐渐增加至6个月或9个月，最长时间则为1年。同时，鼓励欧美国家的犹太人移民回国，通过一系列措施帮助他们尽快纳入社会阶层。德国2000年推出引进2万名IT高技术人才的"绿卡"政策，目的是要吸引IT高技术人才赴德工作；2005年1月1日推出新"移民法"并开始实施；2012年联邦政府引入了居住头衔"蓝卡"，持有蓝卡的第三国高校毕业生，可以在找工作期间享受6个月的居留许可。芬兰政府和企业都极为注重人才引进，在留学签证、长期居住等方面制定了系列优惠政策，吸引外国留学生留学、旅居芬兰。

2. 开展创新创业培育项目，推动知识流动与转移

各国均采用了一系列措施支持青年项目，以加速培养科研后备力量。英国伦敦政府积极鼓励年轻人在科技创新上发挥重要作用，大力

实施"青年展望"和"教学公司"等项目,搭建有效的创新创业平台,加快科技知识创新。同时,英国伦敦政府采取有效措施,发挥研究机构和高校的优势来支持中小企业进行知识和技术转移,并帮助研究机构的科研人员和高校学生进一步了解中小企业科技创新的活动和环境。德国政府通过对特殊研究领域的青年研究小组(Nachwuchs-gruppen in SFB)、研究生院项目(Graduiertenkollegs)、埃米·诺特计划(Emmy Noehter_Programm)、哈森贝格计划(Heisenberg_Programm)、青年教授席位(Junior professur)、青年科学院(Junge Akademie)等拨款,大力支持基础教育及其科研创新活动。

3. 形成人才培育和吸引的双规策略,加快人才集聚

为推动人才集聚,实行培育本地人才和吸引海外人才的双轨策略。例如,中国台湾高度重视对科技人才的延揽,一方面大力发展高等教育,根据产业需求,积极培育科技人才;另一方面积极鼓励在美、日、欧等发达国家或地区工作学习的人才返台,通过加大资金投入,优化人才住房、子女教育、医疗卫生等环境,积极吸引海外人才来台工作。德国启动了针对年轻人的职业教育培训,从培训的行业来讲,制造业在所有的行业分支中占比最高,约为35.3%;鼓励更多知识女性参与到MINT领域(即数学—自然科学等对工业有着重要意义的领域),并鼓励更多年轻人在高等教育中选择工程师职业;为鼓励、吸引国际化的专业人才,启动专业人才门户网站,并在印度、印度尼西亚和越南也启动了类似的项目。

4. 营造科技创新氛围,活跃科学文化

一方面,设立各类人才支持奖项,鼓励科技创新创业行为。如加拿大实施了首席科学家项目,通过给全世界顶尖的科技人才提供优厚的条件,吸引他们到加拿大的高校和研究机构工作。据悉,加拿大在这个项目上每年投入约3亿美元,设立了新的企业家奖项,用于奖励和激励加拿大企业家的成就、领导和风险担当精神。建立年轻企业基金,通过指导、专家建议、提供学习资源和初创期资金支持,帮助年轻的企业家成为未来的领导者。

另一方面,营造科学文化氛围。如英国伦敦有着浓厚的创新创业文化,由高等院校、研究机构、政府部门、企业等共同参与的科技论坛、创新活动、创业聚会等交流平台很多,形成了一个又一个开放的创新创业圈子,营造了良好的科学文化氛围,促进了伦敦经济和文化的发展。

6.2.1.4 构建合理的税收制度,引导建立科技投融资体系

1. 加大财政支持力度

政府支持对高新技术产业发展尤其是新兴产业发展起到极大的促进作用。例如,在美国硅谷,联邦政府通过制定法律法规、科技政策以及对地方研究活动实行直接资助等方式来鼓励和资助其高科技的发展。除联邦政府外,地方政府也会为高科技企业提供贷款担保等。英国则出台创业贷款计划,帮助初创企业成立。特别是伦敦,通过设立市长资金,积极推动新知识、新技能的普及性培训,培训者可享受一定程度的税负减免,在学时上也采取弹性制。

在税收方面,各国政府都提出了要建立了一个富有竞争力、操作简易的税收制度。例如,英国政府从2011年起就开始降低企业税率,其中小规模企业利润税率降至20%,企业主税率降至27%。英国公投脱欧后,加快了削减企业税收的进程。同时,英国政府积极建设有利于中小企业科技创新的税务体系,除了对研发投入继续执行原有的税收减免政策外,进一步加大对小企业研发投入的税收减免力度,营造一个支持创新的税收环境。以色列也十分注重通过税收优惠来支持创新活动,早在1985年,以色列就颁布了《鼓励工业研究与开发法》,确立了科技立国的战略。根据以色列的相关税法,鼓励高科技公司进行创新投资,力度非常大,如果符合条件,在税收上可以在应纳税所得中减去全部的投资额。同时,税法对个人从事研发也可以实现税收优惠,鼓励个人进行技术创新。

2. 引导建立科技投融资体系

政府通过设立相应的科技投资基金,吸引各类风险投资,为科技企业拓宽融资渠道。例如,硅谷活跃着全美大量的风险创业基金,这些基金为硅谷高科技的发展提供了充足的资金支持,极大地促进了高科技企业的发展。伦敦设立了不同层次的基金,成为欧洲风险投资的极

佳场所。"创新投资基金"重点支持技术型企业,通过进行间接投资,助力具有高增长潜力的技术型企业加快发展。而"小企业创新基金"主要是重点支持中小企业,帮助其解决融资困难的问题。中国台湾通过积极推动创投基金优先参与投资研发公司及其衍生公司,并通过设立"中小企业发展基金"来支持地方成立的中小企业中心。以色列政府1991年启动了总值为1亿美元的YOZMA(希伯来语意为倡议)基金,作为基金的基金(母基金),创立了10个2 000万美元左右的YOZMA可退出风险投资基金,这10个基金的目的是通过政府支持和吸引外国投资机构来扶持本地的高技术创新公司。整个YOZMA基金共吸引了2.5亿美元,向200个创新企业进行投资,由其运作和管理的各类资金多达50亿美元,实现财政资金效益最大化,有力地促进了风险投资在以色列科技创新领域的投资。芬兰科技方面的风险投资基金有国家研究与发展基金(SITRA),主要侧重于高科技开发,重点支持中小型技术公司,通过种子和启动基金等方式支持创新、研发以及成果转化等活动,项目取得收益后主要用于扩大投资。加拿大2013年建立风险投资计划,在7~10年从实施期限投资4 000万加元,在母基金中吸引私营部门投资10亿加元。

3. 完善科技金融服务体系

建立健全多元化科技金融服务体系,强化银行促进科技创新的作用,大力开展诸如科技银行、科技保险、科技担保、科技小贷、科技债券、知识产权质押贷款等融资项目,同时建立严格的风险控制体系,控制坏账率,风险阻隔,加强担保。例如,硅谷银行成立于1983年,当时注册资金仅500万美元,经过几十年的发展,现已是一家综合性的金融集团,资产规模达到50亿元,是成立时的一千倍。硅谷银行是支撑硅谷创新创业活动的重要力量。硅谷银行的业绩十分亮眼,平均资产回报率高达17.5%,比美国银行业平均水平高出5个百分点,风险控制得很好,坏账率也控制在较低水平,这要归功于硅谷银行采取行之有效的风险管控机制。一方面,硅谷银行依靠实践了30多年的风险评估体系,主要调查企业的影响力、团队经验与背景等;另一方面,加强与风险投资机构等外部力量的合作,通过合作使将投资风险降到最低水平。

德国银行以混业经营为主,其对科技的支持力度非常大。德国政府为更好发挥银行对科技企业发展的支撑作用,建立了比较完整的信用担保体系。这套体系有着数十年的历史,运作机制也十分成熟。第一层次由各州的担保银行进行担保,担保银行以市场化方式进行运作,并得到州政府支持;第二层次由各州政府进行担保,第三层次由联邦政府进行担保,这两个层次都是由财政部门或代理机构直接向需求企业提供信用担保。经过多年的发展,德国的担保银行形成了一整套行之有效的风险分担机制,担保银行承担主要的贷款风险而商业银行仅需承担一小部分的贷款风险。通过这一整套机制,德国担保银行有效改善了放贷银行的风险,有力地撬动了数十亿欧元的银行贷款,极大地优化了中小企业的融资环境。

上述四个方面的对比分析的内容概括如表 6.10 所示。

表 6.10　要素聚集类财政科技政策的国际对比

关键词	国际科创中心(区域)比较
科创人才	(1) 伦敦:为培养一流的科学家、工程师和技术人员提供强大的支持。 (2) 特拉维夫:创新企业促进(Tnufa)计划,为个人创业者提供创业基金,在其创业初期给予支持。 (3) 巴登符腾堡:通过对特殊研究领域的青年研究小组、研究生院项目、埃米·诺特计划、哈森贝计划、青年教授席位、青年科学院等拨款,大力支持基础教育。 (4) 中国台湾:实行培育岛内人才和吸引海外人才的双轨策略,补助岛内攻读学位的博士生到岛外进修,为博士后研究提供进修奖金,补助博士生赴岛外开展研究。 (5) 加拿大:加拿大首席科学家项目,设立新企业家奖项,支持年轻的企业家。 (6) 芬兰:政府和企业都极为重视人才引进,在留学签证、长期居住等方面制定了系列的优惠政策
重大科创项目	(1) 伦敦:重点支持生命科学、高附加值制造业、纳米技术和资讯技术等英国目前明显优势并有发展前景的四大关键技术领域。 (2) 特拉维夫:生物技术(Noffar)计划 (3) 巴登符腾堡:任何国家级大型科研项目,必须至少有一个中小企业参加,否则不予批准。 (4) 加拿大:加强在基因组学方面的研究,支持加拿大原子能有限公司(AECL)

(续表)

关键词	国际科创中心(区域)比较
科创机构	(1) 硅谷:联邦政府研发经费对硅谷的大学、实验室和私人企业的投入支持了硅谷关键技术的发展,促进了硅谷地区的技术创新。 (2) 伦敦:为英国一流大学和国家实验室提供持续的财政支持;为确保大学和国家实验室的先进研究能力提供持续的研究经费。 (3) 特拉维夫:政府部分以下属机构形式建立研发中心;建立地区性研发机构;建立众多的企业研发机构;建立大学研发机构或技术转移公司。 (4) 巴登符腾堡:在马普协会下成立马普老年生物学研究所;亥尔姆霍兹研究中心联合会下新建柏林亥尔姆霍兹中心、海洋资源研究所以及13个亥尔姆霍兹青年科学家小组。 (5) 中国台湾:推出"鼓励岛外企业在台设立研发中心计划"。 (6) 加拿大:加拿大创新基金会(CFI)主要支持加拿大高校、学院、研究型医院和非营利科研机构的建设。 (7) 芬兰:政府在全面各地建立16个软件产品专业技术中心
科创金融	(1) 硅谷:是美国风险创业基金的主要活动中心,吸收了全美风险投资的37%;政府在一定条件下会为高科技企业提供贷款担保以及税收优惠;允许养老基金投资于风险投资;改革风险投资公司组织形式;推行小企业投资计划,向风险投资者和风险企业提供无偿资助;联邦资金对硅谷创业和技术进步的推动具有重要作用。 (2) 伦敦:设立市长资金、企业资本基金(ECF)和地区增长基金(RGF);努力构建更具竞争力的、简易的税收体制;增加政府对R&D的投入,从现在R&D占GDP的1.9%增加到2014年的2.5%,增加企业对R&D的投入,从现在占GDP的1.25%增高到1.7%。 (3) 特拉维夫:拥有完善的科技投融资体系和风险投资体系(YOZMA基金);对投资在以色列风险资金公司中的外国资本予以免税。 (4) 巴登符腾堡:德国银行对国家经济的发展起着不可替代的作用;形成了较为完善的风险分担体系。 (5) 中国台湾:建立健全多元化科技金融服务体系;设立"中小企业发展基金";开放政府科技项目计划;成立发展基金和发展银行。 (6) 加拿大:注重通过资助机构的常规项目来资助加拿大国内的研究;设立加拿大创新基金会(CFI)、科学研究及实验开发税收优惠计划、加拿大技术伙伴计划(TPC);加强本国的风险投资体系。 (7) 芬兰:设有政府背景的芬兰国家投资基金、国家研究与发展基金(SITRA)

6.2.2 为企业开拓合作、服务、融资、国际化渠道

6.2.2.1 创建产学研合作新模式

1. 建立产学研合作网络,形成科、技、产三位一体的发展模式

网络式合作组织具有多层次、多渠道的特点,涉及横向的、纵向的、宏观的、微观的层面,是一种渗透性网络式合作。在科学、技术、产业三位一体的发展模式中政府起着重要的中介力量,通过启动科技合作计划,使大学、科研机构知识技术优势和企业的经营管理经验的优势互补,实现了科技链和产业链的融合。例如,美国硅谷建立了政府、创新企业、风险资本投资公司、学校和公共机构之间的合作,形成了发展的内在动力,改变了生产力结构,使生产力中劳动者的结构以及生产工具的性质和功能发生了变化。另外,英国伦敦实施"孵化器网络服务"计划,促进大学热门研究领域与关键产业和战略地区合作;建立"创新群基金",共同开发新的增点,扩大成功典范的影响;成立"知识天使"组织,为中小企业无偿提供"金点子",并协助他们申请创新基金。同时,英国政府自20世纪80年代起,推出了联系计划(LINK)、法拉第伙伴计划等一系列研究计划,加强包括大学在内的公共部门和私营部门之间的联系。以色列特拉维夫启动了磁石(Magnet)计划和小磁石(Magneton)计划,该项政策的重点是鼓励企业和研究机构组成研发联盟,共同进行研发攻关,促进先进技术的产业化。政府对研发联盟提供部分资金资助,条件是研发成果归社会共享。中国台湾推出了"产学合作研究计划实施要点""产学合作研究计划申请注意事项"及"推动研究机构开发产业技术办法"以鼓励整合学术资源、研究机构及产业界的研发人力与资源。

2. 搭建创新平台,加强科技合作保障

科技创新平台由于具有整合创新资源、培育科创主体、增强服务能力等多种功能,使政府、企业、高校、研究机构等能够共同参与创新活动,并为其互相之间的联系互动提供有效途径,而成为国家(区域)创新体系的一个重要构成要素。例如,英国已搭建起众多创新平台,如中小

企业在线创新平台等,同时,建立国家级的、主要由产业界资助并领导的新型非营利性知识产权中心。在德国,企业十分重视加强与高校的科研合作,政府对此也持鼓励态度,支持建立众多的校企合作研究中心,比较成功的如 E. ON 能源研究中心(E. ON Energy Research Center);校外科研机构方面建立四大校外科研组织("弗朗霍夫联合会""马克斯·普朗克联合会""莱布尼兹联合会"和"亥姆霍兹联合会"),侧重于应用技术的研究,这种合作模式可以很好地结合教育和生产的优势,将学术资源迅速转化为生产力。

在科技合作保障上,芬兰政府通过科技计划、配套资金等方式,支持企业创新活动;同时,充分利用一大批私人风险投资公司来资助创新创业企业,取得了比较明显的效果,一大批中小企业的技术研发和应用能力得到了提高。德国在科技合作保障上的一大特色是建立了完备的法律体系,大学生能够参与更多的社会实践,企业也乐于接受大学生参与科技创新活动。德国政府还在国家层面对高校和研究机构等投入资金,保障其科研活动。

6.2.2.2 完善的风险投资退出机制

成熟的资本市场应为风险投资公司提供一套完整的退出机制。以硅谷为例,其中两个最重要的途径是公开发行(IPO)和并购(M&A)。前一种方式,风投公司可以获得较高的收益,并能保持较高的独立性。后一种方式,相对来说,退出时间更快,资金更安全,但收益相对较低,适合那些想尽快退出的风投企业。芬兰的股票市场非常狭小,因此投资企业后退出的主要方式是将公司卖掉,而不是上市,因此投资周期较长,一般为5~8年,即投资公司会与被投资企业共同发展较长时间。

目前,以色列特拉维夫形成了政府、孵化器、企业互利共惠的分配机制。孵化业务成功后,分别按一定比例分配给创业企业家、孵化器、投资者和企业雇员,同时将其中的3%返还给政府的孵化基金,使政府能够用活这笔资金,投入到新一轮的孵化服务中。这套分配机制兼顾了各方利益,调动了各方积极性。

6.2.2.3 健全科创服务体系和研发平台

1. 建立创业服务体系,培育科技创业企业

健全的创业服务体系应包括创业孵化体系、中介机构服务网络等,各地都建立企业育成中心,提供实验和办公空间,提供法律、商务、筹资、技术、投资等方面的咨询、辅导,以及政策上的优惠,帮助创业者和中小企业推动其事业。以硅谷为例,有着众多孵化器,这些孵化器在技术和决策上对创业企业进行支持。硅谷还有着种类繁多的中介服务机构,这些机构具备较高的专业水平,组织形式灵活多样,适应能力强,可以为企业提供有用的信息、技术等不同服务,有力地促进了硅谷创新创业的繁荣。以色列特拉维夫在孵化器政策方面做得也很好,经过多年的发展,目前已拥有各种创业孵化器200多个,项目成功率为50%。特拉维夫的孵化器政策重点支持初创阶段的创新型企业。该政策要求每个孵化器运行至多10~15个项目,最长孵化时间为2年,且每个项目最多不超过15万美元。德国巴登符登堡政府为了扶持中小企业创业与发展,在全国开展创业园计划,使初创中的企业能够获得一些必要的支持,比如租赁到价格优惠的办公场所等。加拿大孵化器有MaRS创新中心、魁北克生物技术创新中心、渥太华生物技术孵化中心,主要目标是促进地区经济发展,促进技术成果转化,减缓人才流向美国的速度。

2. 整合研发资源,形成研发支持平台

以孵化培育为基础,整合研究中心、图书馆、培训辅导中心等各类有助于研究开发的资源,形成相应的服务平台。例如,中国台湾建立实验研究院科学技术资料中心(后更名为"科技政策研究与资讯中心",STPI)、工研院图书馆、产业辅导中心、技术交易市场、开放实验室等,为科技研发提供信息的搜集、处理和分析服务,提供各种创新服务,协助传统产业技术发展转型,整合咨询媒体机制,提供良好的合作研究空间。芬兰在国家层面设立贸易协会(Finpro)并在50多个国家设有办事处,引领芬兰企业国际化,将芬兰的创新型产业与服务推广至全世界,同时在城市层面建立奥塔涅米推广中心、中芬金桥创新中心、中关村管委会创新中心,是大赫尔辛基地区一批新兴服务平台,向其他国家介绍芬兰,并将芬兰与全球第二大经济体——中国进行技术服务对接。

6.2.2.4 加强国家科技合作和宣传

1. 加强国际科技合作,形成合作框架计划

跨国科技合作已成为推动科技创新的重要手段。各国、各地区都在加强国际科技合作,支持发展新型国际合作伙伴关系,推动创新知识和技术走向世界。以英国为例,英国形成了诸多合作框架,一方面继续加强与欧洲国家的合作,另一方面加强与新兴国家的合作。特别是英国脱欧后,为应对科研的不确定性,英国采取积极措施,深化国际合作,继续对世界开放,寻找新的国际合作机会。以色列高度重视国际科技合作,分为政府、企业和高校三个层次来开展,政府方面,与世界科技先进国家建立密切的合作关系,参与多边国际合作机制,充分利用国际资金,助力本国科研发展;企业方面,吸引跨国公司和海外人才,积极开展研发活动;高校方面,加强与国外顶尖高校、研究机构的交流合作。

2. 重视国际化发展,加强国际研究宣传

在当今全球化的大趋势下,各国重视国际化发展,在全世界范围内寻找自己的技术研发空间和市场空间。政府应鼓励企业适应国际化的潮流,努力将服务对象由本地区扩展到国际,以最强的比较优势获得效益。例如,加拿大形成技术加速器行动计划,用于支持创新型企业与国际投资者的联系,并分别在纽约、波士顿和硅谷建立中心。政府支持该类计划,旨在为加拿大企业提供更多的机会。芬兰国家技术开发与创新中心不仅鼓励芬兰的企业和科研机构参与全球性的研发项目,而且非常注重支持芬兰的中小企业参与包括技术开发、技术转让和产品研制等方面的国际合作项目,中小企业在进行国际项目合作中可以从芬兰国家技术开发与创新中心申请获得启动资金,同时还为芬兰的企业和科研机构进行国际科技合作提供专家服务。

上述四个方面的对比分析内容的概括见表6.11。

表 6.11　功能提升类财政科技政策的国际对比

关键词	国际科创中心（区域）比较
产学研合作	（1）硅谷：在科学、技术、产业三位一体的发展模式中政府起着重要的中介力量。 （2）伦敦：积极促进产学研合作，重点支持科学研究跨越创新的"死亡之谷"；实施"孵化器网络服务"计划、建立"创新群基金"以共同开发新的增点；推动建立由产业界领导的新型知识产权中心。 （3）特拉维夫：完善促进产学研合作的科技计划体系——磁石（Magent）计划和小磁石计划。 （4）巴登符腾堡：在校企合作方面，政府积极参与并倡导校企合作，成功建立多个校企合作研究中心；在校外科研机构方面，德国四大校外科研组织除了培养自己的科研团队，还通过雇佣学生员工等方式，为大学生提供多种参与科研实践的机会。 （5）中国台湾：推出"产学研合作研究计划实施要点""产学合作研究计划申请注意事项"以及"推动研究机构开发产业技术办法"，来鼓励整合学术资源、研究机构及产业界的研发人力与资源。 （6）加拿大：支持研究界和产业界建立合作伙伴关系；支持中小企业研究商业化。 （7）芬兰："以狭小领域的高新技术产品占领广阔国际市场"来发展高新技术产业为战略指导思想，发挥企业在"产、学、研"结合中的主导和桥梁作用
上市与并购	（1）硅谷：创业资金拥有成熟的风险退出机制和途径，主要有公开发行上市（IPO）和并购（M&A），包括为高科技企业开辟的纳斯达克市场。 （2）特拉维夫：孵化企业成功后按以下比例分配股权：创业者得 50%、孵化器得 20%、投资者得 20%、职工得 10%，同时，其市场销售额的 3% 返还给政府的孵化基金。 （3）中国台湾：台湾"经济主管部门"积极协调放宽科技类企业上市、上柜的资格规定，由证期会公布实施技术研发成功即可上市、上柜
科创服务	（1）硅谷：拥有高度发达的创业服务体系，包括成熟的创业政策体系、法律服务体系和中介机构服务网络等。 （2）伦敦：为创新型中小企业提供建议和支持服务；成立"伦敦创新中心"，使之城市创新的旗舰和展示窗口；建立"知识码头"，专门推荐创新中心的服务。 （3）特拉维夫：共有 200 多家大小不一的各类创业孵化器和加速器，其中，以微软的创业加速器最为有名。 （4）巴登符腾堡：德国致力于整合政府直属研究机构的职能与任务。 （5）中国台湾：设立实验研究院科学技术资料中心、产业辅导中心、中小企业创业育成中心等。 （6）加拿大：加强培育企业家人才和思想的创新枢纽；实施工业研究辅助计划（IRAP） （7）芬兰：成立芬兰国家技术开发与创新中心（Tekes）；芬兰科技园以高效的管理机制和服务、团队合作精神以及完善的设施形成自己的特色

(续表)

关键词	国际科创中心(区域)比较
国际化	(1) 伦敦:重点加强与欧洲国家等发达国家和地区的合作,并重视与中国、印度、巴西和南非等新兴经济体的合作。 (2) 特拉维夫:凭借美国的中东战略以及与以色列的关联关系,使以色列长期得到美国科技与资本的支持;建立了工业研究与开发中心(MATIMOP)。 (3) 巴登符腾堡:通过政府担保支持高技术产品出口;支持中型企业开展国际合作;加强德国作为国际研究、创新基地的宣传。 (4) 加拿大:加拿大孵化器高度重视国际化发展;实施加拿大技术加速器行动。 (5) 芬兰:芬兰国家技术开发与创新中心为芬兰公司及科研机构进行国际科技合作提供专家服务

6.2.3 营造良好的科技公共服务、教育培训、文化氛围

6.2.3.1 完善知识产权制度和信息提取方式

1. 建立知识产权的完整框架

保护知识产权有利于保护创新者的权益。美国建立了一套成熟的知识产权保护制度。在立法方面,美国以对知识产权保护的立法严格著称于世,先后颁布了《拜杜法案》《联邦技术转移法》等一系列保护知识产权的法律。从实践看,美国的知识产权保护体系的特点是执法严格。英国对知识产权保护也十分重视,构建了一套完整的支持科技创新的知识产权框架。作为最早实施知识产权保护的国家,英国对知识产权保护的意识深入人心。英国设有专利地方民事法院,能够为解决知识产权纠纷提供法律保护。此外,英国政府还在审查专利申请时利用外国专家的优势,确保质量。以色列在知识产权保护方面也十分得力,先后制定了《产权法》《版权法》《商标条令》等法律法规,严格保护知识产权。中国台湾在知识产权保护法律制度方面主要借鉴了美国的做法,除了著作权法、商标法、专利法等之外,还制定了一系列配套法规。同时,设立知识产权法院,对专利等加强审查。

2. 完善信息数据收集和提取方式

优化知识产权信息数据的收集和提取方式,便于为企业的科技创新与创业提供专业化的咨询服务。例如,英国要求各研究理事会的计划要与研究的最终用户建立更紧密的伙伴关系,与最终用户的需求相结合。同时,继续提高高校和研究机构知识转移和技术转让的能力。以色列特拉维夫市政府建立了一个庞大的数据库,各类企业的基本信息都可以轻松查询到。任何创业者都可以通过这个数据库,获得对自己有用的信息,从而使各种资源实现最佳配置。特拉维夫市政府为创业者提供优质的基础创业咨询服务,而收取很少的费用。因此,在这座城市,任何创业者只要有一点创新创业的想法,都可以得到政府的帮助,获得相关信息的咨询。特拉维夫市政府还提供了全城免费的 wifi 覆盖,方便创业者进行创新活动。此外,芬兰有众多的有影响力的科技园,这些科技园之所以那么成功,归结于他们既不是主要追求产值和利润,也不是吸引大企业落户到园区内,而是提供优质的创新创业咨询服务,这些服务普遍比较专业。此外,园区还为企业提供各类推介活动,帮助企业的研发成果"走出去"。

3. 对知识的商业化予以资助

中小企业和社会创新是经济增长的重要驱动力,需要给予大力支持。例如,加拿大政府通过学院研究、学院和社会合作、知识专业和商业化等项目积极促进商业化和企业创新,2011—2014 年加拿大实行的"经济行动计划"为科技创新项目提供的资助预算中,涉及知识及技术商业化的补贴共累计接近 190 亿加元,约占 4 年预算总额的 65.4%,而仅 2012 年支持企业研发的补助就超过 36 亿加元[①]。

6.2.3.2 加大对高级科技人才的教育投入

为培养高新技术人才,各地均重视教育培训,积极培育高科技人才。例如,以色列作为一个人口资源小国,却在科技创新领域取得举世瞩目的成就,被全球公认为创新国家。以色列对教育和研发投入比重

---

① 裴瑞敏,胡智慧. 加拿大"经济行动计划"成效及其科技创新政策分析[J]. 全球科技经济瞭望,2014,29(12).

在世界上是最高的,因此,以色列每百万人中科学家和工程师的比例也是全世界最高的。同时,以色列中学生毕业后一般要完成两三年的义务兵役,而现代国防力量对士兵有着更高的技术要求,以色列国防军(IDF)会通过一些措施来培养人才。中国台湾也十分重视对科技人才的培养,特别是在培养国际化高级人才方面,资助学生海外留学和进修,对研究人员也提供补贴,帮助他们对外开展研究。芬兰较重视教育,教育经费持续增加,教育支出在国家预算中占第2位,仅次于福利支出,多渠道培养人才。

在教育投入的基础上,许多地区一方面成立专项基金计划,一方面鼓励教师去企业任职,同时形成校企合作的职业培训计划。例如,美国硅谷一直与周边的高校进行良性互动,斯坦福大学甚至允许教师去硅谷的科技公司兼职。硅谷的科技公司也经常为周边的高校提供资金支持,反哺教育。英国政府实施了创新券计划,主要针对中小企业对知识的需求。政府通过这项政策,鼓励广大的中小企业与相关高校、研究机构开展合作,获取创新知识。创新券计划推行以来,成效显著,也使高校、研究机构的创新活动更能符合市场需求。在德国,企业和高校、研究机构的合作关系较为稳定,巴登符腾堡成立"精英大学"专项基金,用来资助"精英大学"建设,通过选修、实习、国外受训等形式培养人才。高校鼓励大学生参加社会实践和创新学习,而企业则鼓励科技人员加强在职培训和转岗培训。

6.2.3.3 开拓技术交流新途径

1. 创新交流形式

加强科学家之间进行跨国家和跨区域的互动合作,以利于科学攻关。在以色列,建立了首席科学家制度,政府在各部门均设有首席科学家办公室(OCS)。在这一制度下,另设有首席科学家论坛,由以色列科技部长担任论坛主席,主要负责科技方面的规划、决策、协调等工作,通过各部门之间的沟通交流,共同商讨科技创新政策等重大议题,避免出现科技政策重复或遗漏等情况。同时,每年举办生物技术周和生物技术年会(BioIsrael),促进相关科学家互动。目前,英国对海外人才的政策措施还不够吸引人,因此,英国政府将优化包括移民政策在内的政策措施,并通过积极改善科研环境和基础设施建设,来增强对外国科学家的吸引力。

2. 推行企业家交流机制

积极组织各类活动,促进企业家进行跨行业间的交流。例如,以色列特拉维夫每年都会举办"DLD特拉维夫创新节",作为国际性高科技行业的盛会,将在一周内举办上百项国际创新活动,方便众多来自全球的创新公司、风投基金、天使投资人和大型跨国企业等参与创新讨论。德国政府要求国内的金融机构为创业者举办"新创企业家"讲座,并且为其提供发展创业的金融支持。同时,为加强科技界与社会公众的对话,德国政府经常组织高校和科研机构开展"科学对话"等活动,让社会各界了解最新科技成果;积极举办各种科技论坛,组织科学家和企业家等人士就科技成果应用前景展开讨论,提高社会公众的科学素养。加拿大形成网络活动方式,包括企业高管圆桌会议、企业专题研讨会、企业家网络交流活动、企业家沙龙等。

6.2.3.4 科技文化与艺术

1. 形成开放活力的科学文化氛围

弘扬科学精神,营造积极的科学文化氛围,有助于大力推动区域创新。以硅谷为例,硅谷文化的基本内涵是"繁荣学术,不断创新;鼓励冒险,宽容失败;崇尚竞争,平等开放;讲究合作,以人为本"。硅谷也是充满企业家精神的地方,大量创新创业成功的例子就在硅谷创业者的身边,这些成功的创业者被理所当然地视为英雄,创业者们耳濡目染着这些英雄的光辉事迹,在这种氛围下,激励这些创业者去积极进取、不畏失败,在竞争中不断提高自身能力。同时,硅谷这里十分看重团队精神,在这样的氛围下,其创新力一直保持世界前列。芬兰认为拥有具备企业家精神的人才非常重要,并且国家也在不断地为培育这种人才和氛围而创造环境:除了提供创业和发展资金、各种商业化服务,还从学校教育开始培养企业家和不可缺少的商业技巧。

2. 强调人文文化传承

文化基因对整个国家的科技创新有积极影响,深厚的科学基础与人文文化密不可分,在它们共同作用下,促进科学与艺术的碰撞。如以色列有着深厚的历史文化底蕴,其文化基因中的军人精神和企业家精神,培养了以色列人善于创新的本能和欲望。其自由思辨的特性使犹太人有强烈的奋斗精神,在困难条件下,积极开拓创新,创造奇迹。英国也有着深厚的历史文化底蕴,工业革命发端于英国,英国有许多享誉世界的科学家。英国很注重科技文化的培育,主要表现为:倡导"服务创新全过程"的创新文化,积极营造一种创新文化氛围,注重创新与学术自由。德国巴登符腾堡通过实施"学习文化与能力开发计划"和"工业技术人员能力新要求计划",促进企业形成高效、常态的学习文化,提高雇员的从业能力,提高劳动过程中的自主学习、实践经验学习的积极性。

上述四个方面的对比分析内容概括见表6.12。

表6.12 环境营造类财政科技政策的国际对比

关键词	国际科创中心(区域)比较
科技公共服务	(1) 硅谷:拥有成熟且不断完善的知识产权制度;改善硅谷的交通状况及住房建设,使住房价格合理化。 (2) 伦敦:建立了支持创新和创造力的知识产权框架;强化研究诚信准则;引入"一进一出"系统和"旧落条款",确保法规数量不再增加,使新增的法规负担最小化;及时取缔不必要的法规和管理者。 (3) 特拉维夫:提供近乎免费的基础创业咨询服务;建立详细和完备的各类企业发展情况数据库系统;拥有良好的硬件设备支持。 (4) 巴登符腾堡:成立德国标准化学会(DIN);实施"联邦技术专业计划";制订"尤里卡计划"。 (5) 中国台湾:基于知识产权"专庭""专股"①,建立了"智慧财产权法庭",此外,设置了经济部智慧财产局、财团法人亚太知识产权发展基金会、信息知识产权协会等,积极促进研发和知识产权商品化,强化审查品质和效能。 (6) 加拿大:促进企业创新以及中小企业发展;加强加拿大科研试验发展税收激励计划(SR&D)的影响;政府通过采购支持创新

---

① "专庭"或"专股"是指中国台湾自1992年司法院开始陆续发函各级法院设立"专庭"或"专股",以专业审理知识产权相关案件。

(续表)

关键词	国际科创中心(区域)比较
教育与培训	(1) 硅谷:为鼓励创业和成果转化,斯坦福大学和硅谷联合出台了很多鼓励政策。 (2) 伦敦:实施中小企业创新券计划。 (3) 特拉维夫:犹太民族有着重视教育的优良传统;全民兵役制。 (4) 巴登符腾堡:成立了"精英大学"专项基金;逐步发展和完善校企合作的"双元制"职业培训形式;推出"个人创业计划"。 (5) 中国台湾:"行政院劳委会职训局"规划实施短期职训计划;"行政院青辅会"提供职训课程,协助大专青年毕业后的职业生涯辅导以及就业技能训练;"行政院经建会"制定短期、中期科技人才供需预测系统来设计科技人才供需策略。 (6) 加拿大:政府为吸引和支持研究人员,加大人才培训和教育力度,先后推出了一系列措施。 (7) 芬兰:重视教育,确保教育经费的投入,多渠道的培养人才
文化与交流	(1) 硅谷:其文化的基础内涵可概括为"繁荣学术,不断创新;鼓励冒险,宽容失败;崇尚竞争,平等开放;讲究合作,以人为本"。 (2) 伦敦:倡导"服务创新全过程"的创新文化;注重创新与学术自由。 (3) 特拉维夫:成立首席科学家论坛;每年举办生物技术周和生物技术年会。 (4) 巴登符腾堡:要求各金融机构举办"新创企业家"讲座;举办国际化大型技术展览会;加强科技界和社会公众的对话。 (5) 中国台湾:在内湖科技园区规划建立"地方产业创新交流中心",为企业提供"异业合作、跨域育成"的平台。 (6) 加拿大:孵化器中积极塑造创业文化并推行企业家交流机制
科技与艺术	(1) 伦敦:以深厚的科学技术和人文文化为根基。 (2) 特拉维夫:对整个国家的科技创新产生积极影响的以色列的文化基因——军人精神、企业家精神、自由思辨的特性;2010年后正式将特拉维夫定位确立为"永不停息的创新创业城市"。 (3) 芬兰:为企业技术创新创造良好环境;意识到具备企业家精神人才的重要性,并且致力于为培育这种人才而创造氛围

7 财政科技政策的对策研究

7.1 明确财政科技资助政策的基本思路

面对当前我国企业自主创新能力不足、政府科技投入成效整体依然有限的现状,基于本书的研究与发现,结合国内外科技资助政策的经验总结,对完善我国及地方政府科技政策的制定、优化财政资源的配置、提升科技投入的使用效率,具有一定的指导和借鉴价值,对上海建设具有全球影响力的科技创新中心意义重大。

7.1.1 建立财政科技资助的财政生态

当前,我国各级政府的科技资助政策任重道远,在不断加大财政科技投入的同时,还要完善财政政策和优化支出结构,打造有利于科技创新的财政生态环境。

完善财政政策旨在以营造优质创新创业环境、促进经济发展方式转变、提高区域综合竞争力为着力点,完善与科技服务、科技产品、科技企业、科技投入、科技人才等有关的一系列财政扶持政策。

同时,优化支出结构主要是指集中财力办大事,优化财政资源配置,优先保障重大科学设施和重大创新功能型平台建设以及重大项目落地,重点支持市场不能有效配置资源的基础前沿、社会公益和重大共性关键技术等公共科技活动。

7.1.2 形成科技资助政策支撑体系

根据科技创新的基本规律,优化整合财政科技政策,从财政科技政策的横向条件结构、财政科技政策的纵向生命周期结构、财政科技政策的项目来源结构这三个角度,构建财政科创政策支撑体系(见图7.1)。

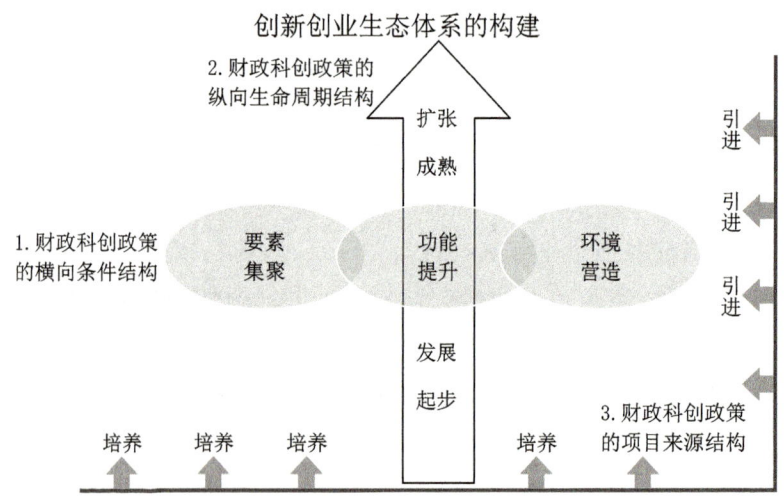

图 7.1　财政科创政策的支撑体系

1. 财政科创政策的横向条件结构

根据科技创新的基本条件,将财政科创政策划分为要素集聚、功能提升和环境营造三大类。政策举例如表7.1所示:

表 7.1　财政科创政策横向结构体系

政策类型	政策主要构成	政策内容
要素集聚	科技创新机构	引入和设立高端研发机构等
	科技创新项目	对影响地区发展的重大创新项目的支持与配套等
	科技创新人才	科技创新人才奖励、科技人才公寓等
	科技金融	鼓励天使投资引导基金、创业投资引导基金、产业投资基金、知识产权质押融资、科技银行等的发展

(续表)

政策类型	政策主要构成	政策内容
功能提升	产学研合作	产学研合作项目支持,产学研合作平台建设等
	支持上市与并购	上市融资支持、并购支持等
	科技创新专业服务	研发公共服务平台、科技企业孵化器、众创空间、知识产权服务、科技咨询培训等科技中介服务机构的支持措施
	国际化	跨境并购科技企业与机构,科技产品和服务的海外推广等
环境营造	科技公共服务	高新技术企业认定与支持、知识产权保护、企业信用体系建设、信息与网络设施、大数据开发与利用等
	教育与培训	培育、强化、引入高端科技教育和科技培训机构,建立并完善科技教育体系等
	交流与合作	国际顶尖学术会议、科技会展等
	文化与艺术	支持围绕科技创新的文化艺术活动等

2. 财政科创政策的纵向生命周期结构

根据科技企业、科研机构的生命周期特征,建立覆盖全生命周期的财政科创政策体系,即在要素集聚、功能提升和环境营造的基本政策分类体系中,要考虑到处于不同生命周期阶段的企业的特殊需求。以要素集聚类政策中的科技金融政策为例,考虑到不同发展阶段科技企业的融资需求差异以及市场投资机构的定位差别,应分别设立天使投资引导基金、创业投资引导基金,以及产业投资引导基金。

3. 财政科创政策的项目来源结构

一方面要重视世界一流的科研机构、科技企业、科技人才、科技服务机构、科技项目的引进;另一方面更要重视本土科研机构、科技企业、科技人才、科技服务机构、科技项目的培育和提升。在具体政策设计上,应兼顾引进和培养。

此外,加强信息化对财政科创政策的支撑和保障。为进一步提高财政科技资金的科学管理水平,规范运行流程,实现对财政科技投入资金全过程管理,努力建设科技管理信息系统,将分散在各地区、各部门的科技专项、科技扶持政策等信息在这个平台上集中发布,并且统一受理企业的申请,有效避免重复享受科技专项、科技扶持政策等情况。享受到科技专项、科技扶持政策等财政支持的企业信息也将在这个平台上予以公开,方便社会公众监督。同时,这个信息化平台也将为制定完善财政科技政策、整合跨部门科技专项资金等工作提供信息参考。

7.2 确立财政科技政策的设计原则与管理机制

在明确财政科技资助政策的基本思路的前提下,要进一步确定财政科技政策的基本原则、决策及管理机制,以促进科技创新的财政生态和财政科创政策三维体系的建设。

7.2.1 财政科技政策的基本原则

1. 重基础性投入、弥补市场失灵的原则

政府投入应尽量从弥补市场失灵角度出发,以维护市场自行调节和良性运转为本,这应是政策设计的基本原则之一。基础领域的科学研究因周期长、风险大,如果没有政府支持,很少有企业愿意大规模投入,但是基础研究是重大科技创新的摇篮,政府应加强对这一环节的重视。

2. 重平台建设、优化环境的原则

在上海建设具有全球影响力的科技创新中心的大背景下,让创新能生根发芽、开花结果,不能仅靠"浇水"(给钱),要培育适合科技创新的环境,这意味着必须培育各种有助于促进科技创新的平台、载体、空间、服务、软件、硬件、教育、文化、精神构筑起来的环境和土壤,如果过于强调对企业或者机构或者项目个体的投入,一方面会让政府陷入无穷无尽的项目审批,且难以保证审批的专业性和客观性;另一方面会引发企业寻租,引发腐败和公平公正问题。

3. 点面结合、聚焦重点的原则

财政科技投入若如同"撒胡椒面"一样,覆盖范围追求"广而全"的话,势必会不断增加资金管理的难度,而且资金使用分散也使效果难以凸显。因此,财政科技投入应设法使面上投入与重点投入相协调,既不能过于集中于特定一些企业和机构,以防有失公允,以减少投资失败风险;又不能过于分散,起不到聚焦与重点支持的作用。

4. 改革体制机制、发挥市场主体作用的原则

加大财政投入并不必然带来科技繁荣。科技创新的主体并不是政府,是企业、是科研机构。现实情况是,妨碍企业科技创新和发展的问题多是体制机制问题,而非财政投入不足。例如,有国资介入的科技企业在兼并收购、工商注册变更中遭遇的诸多瓶颈。因此,财政科技资金使用效果的显现与放大还有赖于在与企业发展与创新有关的体制机制上的不断优化和进步。

5. 强化监督、注重绩效的原则

加强对财政投入"问效",是因为用的是纳税人的钱,必须通过建立和完善财政科技投入的绩效评价体系,加强对受资助企业和项目的跟踪、监督、检查和绩效评价,实施全面绩效管理,让用钱的人兢兢业业用好财政资金,产出承诺的创新成果。

7.2.2 优化财政科技投入的决策与管理机制

7.2.2.1 明确财政科技投入的定位

应充分发挥企业和市场在创新活动中的主导地位,坚持政府引导、市场驱动,变财政投入为政府引导,避免大包大揽,防止越位取代,充分发挥财政资金"四两拨千斤"的杠杆撬动作用。在市场机制能有效发挥作用的领域,公共财政应坚决退出,切勿"越位",同时,重视政府的有限参与和引导作用,完善市场机制。在市场失灵的地方,财政一定要保障到位,补足"缺位",发挥政策的引导作用。具体做法有:

1. 财政科技资金应"有所为,有所不为"。财政科技资金应尽快从经营性、竞争性领域退出,转向投入基础研究、关键共性技术研究以及

科教文卫事业、资源环境、农业等社会性、公益性领域,并努力通过政策导向作用,吸引社会资金。

2. 减少对创新经济组织的干预。一方面,减少对企业创新主体创新活动的干预,减少直至停止对一般企业的亏损补贴,发挥企业的科技主导地位;另一方面,减少对科技孵化器、产学研合作、中介服务机构等科技支撑载体的行政干涉。

3. 减少财政资金投资和商业化运作的程度。例如,在风险投资领域,应注重积极引导,而非直接参与,大力鼓励各类投资机构的发展,充分发挥市场的资源配置效率。

4. 注重对科技创新关键领域的投入。如构建企业科技产品市场开拓平台,推动成果转化和产业升级。

7.2.2.2 优化财政科技投入的结构

1. 加大对基础研究的投入。一方面,加强对具有战略性、长远性、公益性的关键和共性技术的研发支持,继续加大对国家科技计划(基金)等的支持力度,确保自然科学基金(自然科学基金的80%用于支持基础研究项目)、973计划等重大项目主要面向基础研究。另一方面,鼓励并资助企业开展基础研究或建设基础研究实验室,扶持高校院所与企业联合承担基础研究项目,并形成稳定扶持机制。政府在加大基础研究投入的同时,要注重利用政策模式,积极鼓励和支持社会各方力量的投入与参与。

2. 加大对企业技术成果商业化的资金扶持力度。针对当前财政投入"重研发轻市场"的现状,政府应加大对企业市场开拓费用的补贴、展会补贴等,从而促进其技术成果的转化,有助于调动企业加大研发投入的主动性和长期持续性。

3. 注重对"人"的创新软环境的支持。政策制定者要科学把握人在科技活动中的精神活动特点和规律,把财政经费供给的规律和科技事业发展内在的规律有机结合起来,从创新环境、研究氛围、制度保障、资源配置等各个方面,全方位地营造更加符合创新规律、更能调动科研人才积极性的环境与氛围。

7 财政科技政策的对策研究

4. 建立中小企业科技创新活动资金扶持的稳定增长机制。相对于大企业,中小企业先天不足,自身投入能力有限,市场融资能力欠缺,所以,政府应提供适当的政策优惠与资金扶持,提高对中小企业科技创新活动的投入比例和成效。

7.2.2.3 合理选择科技资助的对象

要充分考虑企业异质性的特征对政府资助与企业创新的互动关系,提高科技资助的针对性,以充分发挥资助效率,降低创新资源的浪费。

第一,在考察资助对象时,应优先选择具有一定规模的非国有性质企业,尤其是规模较大的本土民营企业。它们出于保持和领先市场地位的目的,迫切需要加大创新投入和提升创新成效,并凭借已有的创新实力,充分发挥创新资源的利用效率。

第二,政府资助应多向内部治理机制完善、研发人员比重较高、年轻且充满活力的企业倾斜。管理者持股是衡量企业内部治理完善程度的重要方面,管理层持股越多,其个人利益与企业利益就更加"趋同",更愿意从考虑企业发展的长远利益出发,重视企业创新活动,也会严格监督和有效利用政府资助。

第三,企业的研发人员越多,意味着企业的研发基础越雄厚,为其有效利用政府资助提升创新水平提供了必要支持,也影响着政府资助对企业创新的激励程度。处于初创期和成长期的企业,为了快速应对环境的变化,往往具有较强的动态调整能力,而知识吸收能力也不断加强,从而能更好地利用政府资助进行创新。

7.2.2.4 创新财政科技资助的投入方式

1. 善于运用"以奖代补"的方式

政府要善于借助"以奖代补"的方式,或者"只认定、不补贴""只挂牌,不补贴"等形式的支持方式。一方面,能有效缓解资金供需矛盾,用足用好政府的公共资助资金;另一方面,便于企业发挥声誉效应,提高其无形资产,从而赢得消费者、关联利益者、金融机构、政府监管部门的青睐。

2. 积极探索建立"投贷保奖补"五位一体的财政科技投入体系

根据政策目标功能的不同,采取不同扶持方式,采取"投贷保奖补"多元化财政科技创新投入方式,逐步降低无偿补贴扶持方式的比重。其中,财政补贴主要用于国家、地区扶持政策的配套、对重点产业和企业的扶持以及对部分功能类项目的支持;以引导基金为代表的投资类方式主要用于高科技产业的各个环节,通过财政资金的功能导向作用,弥补科技创新链条中存在的市场失灵,通过构建融资服务平台,专门解决中小创新企业融资难等问题;通过担保、奖励等方式降低间接融资门槛,鼓励企业直接融资,在防范金融风险的前提下,有效缓解企业融资难度。

3. 借鉴国外经验,结合我国国情,推动建立再保险机制

相比政府直接建立融资担保机构以及其他政府直接资助的方式,提供再担保可以在政府财政资金有限的情况下,更充分地发挥政府资金的杠杆作用。具体来说:①由政府出资建立信用保险基金,并引入较高资信能力的社会担保机构为科技型企业提供借款担保,以此撬动银行贷款进入企业;②政府可适当地补贴担保费用,以避免担保费用增加企业融资成本;③对担保机构进行与企业信誉相关的奖励。当企业获得再保险的贷款按期偿还以后,信用保险基金可以补贴相应的担保机构,作为一种奖励手段。

4. 充分发挥政府创业引导基金的杠杆作用

政府创业引导基金已成为许多地区推动风险投资发展的重要手段,但在其运作过程中存在不少问题:引导目标与企业的战略目标难以吻合;基金规模有限,对风险投资产业助力有限;基金地方色彩重;产生成本高和道德风险。对此,具体的建议是:

第一,细分政府引导基金。为高效率分配引导基金、促进产业平衡发展,政府应当细化宏观的产业发展目标,并设立针对性的创业投资引导基金,明确各自的引导目标。以产业、领域为划分标准,如高科技型创业投资引导基金、文化建设创业投资引导基金等;以创投企业性质为划分标准,如中小企业创业投资引导基金、大学生自主创新创业引导基金等。

第二,"入"要增加资金来源渠道,"出"要完善资本退出机制。为有效发挥引导基金的融资杠杆作用:首先,从"入口"的角度,政府应该进一步拓宽引导基金的资金来源,如国有银行、社保基金甚至国际风投等金融机构,同时适当调低风险投资中政府资金的比例;其次,从"出"的角度,健全政府引导基金的推出机制,通过证券市场上市、创业投资企业回购、产权交易市场出售股份等渠道,及时有效地退出。

第三,打破地域限制。从风险投资管理机构的角度,这有利于社会资本行业性整合,也有利于管理机构的成本控制、资源配置以及投资标的甄选。从地方政府的角度,这有利于吸引优秀的风险投资管理机构,充分发挥引导基金的融资杠杆效应,放大基金规模。从国家的角度,这有利于与国外风险投资资本合作,获取国际风险投资的经验。

第四,设定明确的甄选标准和评级机制。借鉴中国台湾的《创业投资事业适用标准》,建立地方性或者全国性的创投企业选择标准,只有符合标准的创投企业才能纳入信息数据库。设定风险投资管理机构的信誉评级标准,约束风险投资管理机构的代理行为,政府也可以选择高评级等级的风险投资管理机构进行合作投资,尽可能降低政府引导基金的代理风险。

第五,优化设计创业投资引导基金治理结构。一方面,组建政府主导的创新投资企业,履行政府创新投资管理职责,并作为政府投资引导基金的母基金管理人,面向全国吸引子基金开展创新投资;另一方面,母基金管理人以市场化方式选择专业投资管理机构作为子基金管理人,在明确对应的权利、责任和收益分享机制的基础上,具体实施政府引导基金以外的社会资本筹集。此外,坚持政府出资与社会资本同股同权、收益共享,政府出资原则上跟投到底,不设置优先退出机制,对社会资本不另行给予风险补偿或标准化的让利措施。

5. 革新政府采购机制

充分发挥政府采购在推动科技企业发展中的重要作用,贯彻实施创新产品政府首购和订购政策,并通过采购价格、采购数量、采购标准等,体现政策导向,吸引风险投资。一则政府采购在条件允许的情况下,优先采购本战略性新兴产业的新技术和新产品,帮助企业打开和扩大市场,激发供应商(包括企业、高校、科研机构等)自主创新的积极性。二则加大对中小科技型企业产品和服务的采购,从经济与社会事业发展的需要出发,出台面向中小科技型企业的政府采购计划,对中小企业的研发、新技术中试和产业化给予扶持,扩大中小企业参与政府采购的数量和规模,着力提高企业自主创新能力。

7.2.2.5 健全财政科技资助的评估与监管机制

1. 注重项目评估的系统论证

在预算申报阶段,从项目的定位、计划、管理、结果四方面进行系统论证,并就量化或可说明的绩效目标明确支出责任。

2. 建立完善的项目择优机制

将有限的资金用在真正优质的企业和项目上,这一机制的优势:一能够部分地缓解科技发展基金面临的资金压力;二有利于集中力量培养本土的明星企业,夯实地区产业发展的核心竞争力;三有利于提高政策吸引力,形成企业之间的竞争机制。例如,在孵化器资助资金使用上引入竞争机制,通过客观数据收集、孵化企业评价等方式,评价孵化器服务功能和质量,并择优予以重点支持。在科技公共服务平台补贴中,建立平台的评估考核和良性淘汰机制,对运行良好、受广大企业欢迎的平台应加大扶持力度。在知识产权资助资金中,通过专家评审机制,对各领域专利和专利试点、示范企业形成评估评审机制,对优质专利和优质企业予以重点扶持。在人才政策中,对专家评审优选出来的人才应重点支持,突出亮点和重点,增加人才的积极性。

3. 注重评估机构的独立性和专业性

一方面,政府部门下属的评估机构实行独立预算,由中央和地方政府直接拨款;另一方面,从原来主要靠行政组织项目评审向多渠道、市场化的项目发现机制转变,鼓励机构保荐,充分发挥投资机构、金融机构、中介机构等社会力量参与评估。

4. 加强对受资助项目的监督检查和绩效评价

应加强对受资助企业和项目的跟踪、监督、检查和绩效评价。

第一,形成有效的监督约束机制,提高补贴资金使用效率。对科技投入和创新产出成效较高的受资助企业进行奖励,反之,要给予适当惩罚,以减少企业的机会主义行为。

第二,及时掌握资助使用效果的实际情况,不断优化政策设计和执行。不仅要将相应结果反馈给企业,让企业及时了解自身的执行情况,还要在系统梳理和总结各单位项目管理和实施经验及案例的基础上,对项目申报单位和立项单位开展系统培训和辅导,以提升政府企事业单位的科技管理能力。

第三,建立相对完备、权威的财政科技投入绩效评估数据库。借鉴国外数据收集、处理、分析和利用的经验,逐步建立适合财政绩效评估的信息采集体系。一是选定不同行业、不同类型的财政支出项目评价工作初始数据源,做好数据信息的分类管理;二是制定各类财政支出绩效评价的分类标准,扩大评价数据信息收集范围,推动社会公众信息指标和标准的研究制定工作;三是改进评价数据信息采集方法,重点收集大中型财政支出项目从立项决策、项目实施到生产经营等的各类技术经济指标和数据资料,确保评价数据信息采集的有效运转;四是开发评价数据处理软件,促进提高数据处理效率;五是运用评价数据信息研究测算综合评价和行业评价标准值。

第四,从原来主要靠行政组织项目评审向多渠道、市场化的项目发现机制转变,充分发挥投资机构、金融机构、中介机构等社会力量参与评估。

7.2.3 完善财政科技投入的配套措施

1. 建立财政科技投入顾问委员会

由于财政科技投入的资助领域通常是情况复杂、变化迅速的高科技领域,因而投入的分配和管理难度很大。对此,建议成立财政科技投入顾问委员会,聘请科技管理经验丰富、熟悉政府和企业运作的资深专家担任顾问,对财政科技投入整合和项目的设计、实施细则的制定以及运作机制构建等重大问题提供咨询和建议,使财政科技投入的作用能够得到充分发挥。

2. 强化科技服务功能

进一步强化对相关企事业单位的科技管理服务。科技项目申报、审核、审批、监督、验收、考核等一系列工作使基金操作部门掌握了大量的素材、资料、数据和案例。建议科技投入执行部门充分利用这一优势,加强对相关单位的指导和服务。例如,向企业和机构的专利管理人员和技术人员提供系统的知识产权培训,提高企业和机构的专利开发和管理能力;与上市办等机构合作,向拟改制上市的科技企业提供股改辅导,协助企业完成审批程序,为企业上市提供多层次的深度服务等等。

3. 支持民间信用互助担保

民间金融与正规金融相比,具有槛较低、信息对称、风险性较低等优点,政府应采取适当的措施,在充分发挥市场机制作用的前提下,使其成为优化资源配置、缓解企业融资的重要手段。具体扶持政策:第一,注重建立服务体系,完善监管机制。政府在立法整顿担保业的同时,优化民间信用互助的发展环境。一则构建面向担保机构供需双方的信息服务平台,建立全方位、多层次的服务体系,使民间信用互助的市场机制有效运行。二则建立检测通报系统和长效监管机制,强化约束机制,将民间信用互助担保纳入到公开、透明的监督体系中。第二,组建信用互助联盟,在正规金融机构和自发组织的信用互助联盟之间牵线搭桥。政府不必强求信用互助的规模和形式而指派较大型的科技型企业进行联盟,致使互助形式化,政府应在完善信息传递机制的基础上,使科技型中小企业在更透明有利的条件下自发结盟,并与正规金融机构搭建沟通平台,从而获得时间更长、成本更低的资金来源。

4. 拓宽中小企业融资渠道

第一,大力推行中小企业信用担保体系,设立科技中小企业信用担保机构的担保补贴和代替损失补偿。第二,面向国有银行出台贷款业务"窗口指导政策",将对中小企业的支持作为重要的考核指标。第三,鼓励中小企业进入二板市场,鼓励中小企业通过发行债券直接融资,进一步健全为中小企业服务的产权交易市场。第四,大力发展专门面向中小企业,特别是高新技术企业贷款的"小企业银行"。

5. 以深化国企改革为契机提升国企创新动力

国有企业是财政科技政策的资助重点,为确保国有企业有效利用政府资助提高创新水平,就要充分调动其自身的创新动力。一方面,进一步深化国企改革方向,提高经营者从事创新的热情,完善有关经营者的长期薪酬激励设计,构建包括股权、股票、限制性股票股权、延期奖金机制等方式并存的多元化薪酬体系,同时可考虑增加机构投资者的持股比例和引入外部股东,完善公司治理结构;另一方面,减轻国有企业的社会性和政策性负担,维持市场公平的竞争环境,这意味着减轻对国企强有力的行政控制、干预与过度资助,帮助其甩掉历史包袱,轻装上阵,还要实现高管任命和升迁的市场化而非行政化的安排与选择,提高国有企业参与市场竞争的意识和能力,努力扭转国企"生产效率"和"创新效率"双重损失的局面。

6. 完善知识产权市场机制

第一,完善知识产权质押融资的政策法律环境。一方面,修订知识产权相关法律,建立现代担保物法律体系,为知识产权可抵押、担保、质押等做出明确规定,为中小企业及金融机构操作提供法律依据。另一方面,建立完善的知识产权价值评估制度。合理确定评估人员,组成由商标、专利、著作权领域的专家学者、各行业或商业界代表,资产评估师、律师、会计师及相关管理机构参加的评估组进行评估;逐步建立严格的评估人员"后责任"制度,因评估人员过错产生的责任应由其承担损害赔偿责任,情节严重构成犯罪的应依法追究刑事责任。

第二,推进规范统一的知识产权交易市场建设。加快统一的知识产权市场交易的建设,加快知识产权质押融资中介服务发展。引入和发展风险投资基金收购知识产权,增强知识产权的变现能力。鼓励有条件的评估、交易等中介机构做大做强,扶持中小企业评估、交易等中介机构快速发展。尤其要推进统一规范的知识产权价值评估机构的健康发展。

7. 全力推进科技人才高地建设

第一,促进国际一流的科技人才交易中心建设。尤其使北、上、广、深成为国内外人才发展和发现高地,同时,围绕人才市场整合要素市场,使人流、资金流、物流聚焦并带动科技创新和产业发展。

第二,启动高科技人才生态建设。从高科技人才发展规律出发,长远谋划,优化和整合财政投入,启动高科技人才生态建设。首先,加大宣传和教育投入力度,着力培育社会各界的创新意识和创新精神;其次,着力改善高科技人才的人文环境、居住环境、教育环境、医疗环境等条件,培育与国际接轨的人才发展生态。

第三,通过产学研联合培养和扩大科技人员储备。重视大学生的创新意识和专业技能培育,通过在企业设立工作室、建立风险实验室及辅导机构等措施,为大学生和研究生创造实习创新的机会,弥补研究开发与商业化运作之间的间隙。促进高校、科研机构与企业间在创新人才培养方面的合作,鼓励研究生联合培养,促进高校、科研机构与企业间人员流动。

8. 优化高科技园区的管理体制

合理借鉴国内外科技园区和开发区的管理经验,立足现状,构建服务型的管理体制。第一,以服务为宗旨,做好园区环境和基础设施建设,减少限制性规定,扩大个人和组织活动空间,简化审批环节,出台多样化的鼓励政策,鼓励人才和技术的引进,培育和发展社会中介组织。第二,改革组织结构和用人机制。一方面,按照"精简、高效"的原则,精简机构,强化服务,避免相互扯皮,机构重叠,采用"小机构,大服务"的管理方式,坚持"一条龙""马上办"的服务理念,为园区企业提供方便;另一方面,采用符合国际惯例的新型用人机制,中层正职由政府主管部门提名、考核、聘任,实行竞聘上岗,其他人员由中层正职提名和任命,全体人员实行聘用制,考核奖惩制,实现"能上能下、能进能出"的用人机制。第三,政府对高科技园区应多支持、多服务、少干扰,减少对高

7 财政科技政策的对策研究

科技园区的事务性活动,使园区人集中精力抓发展。

9. 探索产、学、研合作新体制

第一,围绕培育战略性新兴产业,鼓励企业联合开发关键核心技术,以创新联盟、虚拟研发组织等新型合作组织,走配套、协作之路,共享成果和共担风险。第二,解决好产学研合作的权益分属问题,探索个人研发成果的专利所有权制度,个人的技术研发成果可以归属个人,而不是所在单位所有,以此激发个人的创新动力。第三,鼓励高校科技成果转化,一则鼓励高校教师、科研机构人员自主创业,或进入企业任职及兼职;二则设立高校科技成果转化奖、技术推广奖等奖项;三则设立高校成果转化专项基金,对一些技术成熟度高、市场前景好、可靠性高的成果进行资助,帮助其完成转化及推广工作。四则鼓励高等院校和科研院所培养技术人才。第五,发挥科研企事业单位创新孵化作用,加强共性技术研发和公益性服务。

总之,政策制定者应从创新环境、研究氛围、制度保障等各方面为企业营造健康良好的创新生态系统,加强知识产权保护,注重基础研发投入,减少对企业创新的行政干涉,鼓励各类投资机构的健康发展,健全科技资助的绩效评估机制,形成促进企业加大创新投入和产出、提高成果转化和产业升级的市场环境。在2012年国务院颁布《十二五国家战略性新兴产业发展规划》(国发〔2012〕28号)的政策文件中,明确提出"市场主导、政府调控"的原则,将发挥市场基础性作用与政府引导推动相结合,在整合和充分利用政策资源的基础上建立稳定的财政投入增长机制,继续完善技术创新和人才政策、营造良好的市场氛围,随着该政策的实施和推进,也会在一定程度上不断和持久地提高企业创新动力和创新水平。

需要强调的是,我国地区间经济发展水平、市场化进程、行政效率、创新环境差异较大,鉴于本书的研究背景和样本来源,上述的政策建议更适合市场经济发展较好的发达地区,因此其他地区科技资助政策在相互借鉴的同时需因地制宜,不宜一概而论。

8 总结与讨论

理论界有关政府科技资助与企业创新的研究层出不穷,大量实证研究发现,政府资助对企业创新的影响并非只是简单的杠杆效应或替代效应,而是受到经济发展、竞争程度、制度环境以及企业规模、所有制性质等多种因素的影响。已有研究仍存在许多争论,并且在样本选取和研究方法上也有很多不足。长期以来,为鼓励企业创新和加快经济发展,各国政府纷纷对企业的创新活动予以资助和扶持,尤其在转型经济阶段,补贴和资助是政府发挥"扶持之手"(helping hand)最重要、最直接的手段之一(Frye 和 Shleifer,1997)。当前,我国政府将"提高自主创新能力,建立创新型国家"作为国家发展战略的核心,由此也带动了对科技创新的大力支持。然而,相对于巨大的财政投入,企业的创新水平却增长缓慢,重大突破性的研发活动仍不活跃,而且在资助政策的实施过程中,存在着补贴制度不健全、信息披露机制不完善、政府企业双向寻租等诸多不利因素。我们不禁要问,政府科技资助到底给了哪些企业?它们对企业的创新水平到底产生何种影响?什么样的企业能够更有效地利用政府资助进行创新?有关政府科技资助的补贴动机、直接效应、影响资助效果的条件与机制的研究仍有待更加系统、丰富和深入,对这些问题的回答更具有重大的实践价值。

8.1 研究结论

本书基于企业异质性的视角,结合资源基础理论、委托代理理论、信

8 总结与讨论

号传递理论,提出了研究政府科技资助与企业创新的更加系统的分析框架,并以上海张江园区的2006—2009年2 211家企业共计5 693条观测值为研究样本,采用更加科学和严谨的统计方法,开展因果相连、逐层递进的实证检验,从而得出具有较强突破性的研究发现。主要结论如下:

第一,从企业的角度,分析了影响政府科技资助决策的因素和特点,发现政府选择资助对象时更多出于"促进竞争"的目的。政府科技资助是完全出于解决技术创新中的市场失灵问题吗?实际活动中,政府官员或专家代表无法完全正确判断企业技术创新活动的前沿性和社会性收益,难以选择那些社会收益高而私人收益低的项目,但却要考虑促进地方经济发展、稳定就业、增加税收、个人升迁等现实问题。因此,对政府科技资助动机的研究,为放松公共产品理论的前提假设,或寻求新的理论解释来研究政府科技资助进行铺垫。结果表明,一方面,政府科技补贴对象多集中在那些有研发经验、规模较大、人员素质较高、年轻有活力,而盈利能力有限、国有性质为主的企业,这基本体现出资助目的是"扶优扶强"和"促进地方竞争",并非出于解决市场失灵的初衷。进一步分析发现,政府会给那些研发经验丰富、人力资本较高,而盈利能力较差、规模较小的年轻企业更高的科技资助强度,从资助力度而言,又具有干预市场失灵的特点。

第二,采用更严谨、更有效的处理政府资助内生性的方法后,再次验证了政府科技资助对企业创新水平的影响具有互补效应。在政府科技资助目的满足竞争性假设的前提下,科技资助对企业创新水平到底能直接产生什么样的作用?本书采用处理政府资助内生性问题的更有效的方法——PSM法,通过提高有资助和无资助企业在资助可能性方面的可比性,达到在"准实验"条件下的研究效果。结果证明,不论是否处理政府资助内生性问题,科技资助与否和科技资助强度都分别对企业专利申请数和专利授予数具有显著的促进作用。需特别说明的是,若不处理政府资助的内生性问题,通常会高估科技资助政策的作用效果。最后,基于PSM法,根据匹配后政府科技资助平均处理效应ATT值可知,企业获得科技资助后,专利申请数量平均增长

0.611%，专利授予数量平均增长 0.323%。

第三，企业规模、所有制性质、管理者持股、发展时间以及研发基础都分别在政府科技资助与企业创新水平之间发挥调节作用。上述发现的政府资助的杠杆效应又受到什么因素的影响呢？带着这个问题，本书仍从企业异质性的视角出发，寻找影响政府资助促进企业创新的条件和机制，并得出丰富的研究结论，证明了四种调节机制：

（1）企业规模和所有制性质具有联合调节作用，首先，企业规模越大，政府资助对企业创新的激励效果越好，即企业规模具有正向强化效应；其次，与非国有企业相比，科技资助对国有企业创新的促进作用较弱，即国有性质具有负向调节效应；最后，企业规模对政府补贴和企业创新的调节作用还依赖于企业性质，相比非国有企业，随着企业规模的增加，政府资助对国有企业的创新激励效果被弱化，即国有性质会削弱企业规模的正向调节效应。

（2）管理者持股比例有正向调节作用，即随着管理者持股比例的提高，政府科技资助的杠杆效应增强，这说明管理者持股不仅可以提高管理层支持企业创新的动力，还能督促管理者加强对政府科技资助的利用效率。

（3）企业年龄有负向调节效应，意味着政府科技资助对年轻有活力的企业更有效，因为发展时间较短的企业，在创新中面临巨大的资金缺口，更珍惜政府的科技资助，并能更好地借助其良好的动态调整能力和吸收能力，来充分发挥出创新潜力。

（4）企业研发基础有正向调节作用，即研发基础越强的企业，政府科技资助的作用越好。这说明当企业研发人数的规模足以支持研发活动，并帮助其更好地实现创新收益时，政府科技资助才能发挥出更积极的效果。

8.2　理论贡献与创新

本书从企业微观层面，基于企业异质性的视角，构建出更完整和系统的政府资助与企业创新的分析框架,深入地研究了政府科技资助的动机、直接效应以及影响科技资助效果的因素与条件。综观上述各章节的理论分析、模型假设、实证检验及结果讨论,本书的理论贡献与创新之处有以下几方面:

创新点一:对政府科技资助动机展开更有针对性和系统性的研究。以往文献直接假定政府科技资助的目的在于解决技术创新中的市场失灵问题(David 等 2000;Kleer,2010;Clausen,2009),但这种假定与实际并非完全相符,这是因为,一方面,政府无法轻易判断出企业技术创新的前沿性和社会性收益,从而难以选择那些社会收益高远于私人收益的创新项目;另一方面,政府官员往往要考虑发展地方经济、稳定就业以及个人升迁等现实问题,因此科技资助难免夹杂更多其他的意图和目的。个别研究已指出政府科技资助的动机并非完全出于市场失灵,并对政府资助的市场失灵假设给予解释:当政府更愿意向那些发展时间较短、融资能力较差、企业规模较小、人力资本较高的企业提供科技资助时,才更能体现干预市场失灵的目的(Blanes 和 Busom,2004)。还有些学者对更大范围的政府补贴的动机进行研究,例如,唐清泉和罗党论(2007)认为政府补贴目的在于经济效益和社会效益,那些高纳税、提供公共产品、员工较多、国有性质的企业更容易获得政府扶持;邵敏和包群(2011)对 2000—2006 年中国工业企业的实证研究表明,政府补贴的对象更多体现了"扶持强者"的特点,而政府补贴程度则出于"保护弱者"的目的;王红建等人(2015)考察了政府补贴与企业亏损之间的关系,以 2001—2013 年亏损的上市公司为样本,证明了政府倾向补贴亏损较严重的国有企业,补贴亏损较轻的非国有企业,并且在行政干预程度较高的地区,政府对国企的救穷行为更加突出。但上述这些本土研究并非直接针对政府科技资助的动机,即使有学者考察影响政府科技资助的因素,但更多是出于分析政府资助的内生性问题(秦雪征等,2012;张小红、逯宇铎,2014)。本书基于前人的研究,系统性地梳理和阐述了三种政府科技资助的动机:市场失灵假设、竞争性假设、生存性假设,实证检验后发现,上海地方政府科技资助的动机更多体现出"促进竞争"的目的。

创新点二:从企业异质性的视角,围绕政府科技资助动机、科技资助的作用效果以及影响科技资助发挥作用的机制和条件,构建出更完整的政府资助与企业创新的分析框架,并发现了更多影响政府科技资助发挥杠杆效应的条件和因素。论证并检验了企业规模和所有制性质在影响政府科技资助作用效果中具有联合调节效应,弥补已有研究分别单独从这两点进行分析的不足。一些研究已发现,企业规模不同,政府投入对企业创新的影响程度不同,例如,Ali-Yrkkö(2004)、Klette 和 MÁ En(2012)、Poti(2012)、白俊红(2011)都证明,政府科技资助对大企业研发投入的诱导效应要高于小企业,这是因为企业规模越大,其资金优势和抗风险能力越强,企业越愿意进行创新投入,因此政府资助的杠杆作用才更容易发挥出来,与此相反的观点是,小企业虽然有研发积极性,但却受限于资金不足,而政府资助恰好能缓解其资金困境,有利于降低研发风险(许国艺等,2014),或者可以帮助小企业向外界传递有利信号,证明其创新的收益性和经营的合法性,利于企业对外融资(Kleer,2010;Meuleman 和 Maeseneire,2012),最终提高了企业的创新投入。两种观点各有道理,有关企业规模的影响仍需深入的挖掘。本书不仅证明了企业规模在政府资助与企业创新之间发挥正向调节效应,而且又结合所有制性质,进一步分析影响企业规模发挥调节效应的条件,一方面,国有性质的企业不利于政府资助发挥更强的杠杆效应,国有性质具有负向调节作用,这与杨洋等(2015)、李玲和陶厚永(2013)的结论一致;但另一方面,企业性质又会影响企业规模杠杆效应的作用程度,即证明了所有制和企业规模的联合调节机制。相比国有企业,民营企业的代理成本更低,为了企业长远发展,其创新积极性更高,因此对于规模较大的企业,非国有性质企业的创新成效受政府资助的激励作用更强,这能更好地解释当前我国经济转型时期多种所有制和经济主体并存的情况下,政府科技资助激励企业创新的原因。与此同时,本书分别从管理层持股、企业年龄、研发基础这几个企业异质性特征,发现更多影响政府科技资助发挥杠杆效应的条件和因素。首先,本书发现,管理者持股比例越高,科技资助对企业创新的作用效果越好,这说明管理者持股不仅可以提高其支持企业创新的动力,还能督促他们加强对政府科技资助的利用效率,这与李玲和陶厚永(2013)的部分结论相类似。其次,本书证明了企业年龄从中具有负向调节效应,即政府科技资助对年轻有活力的企业更有效,意味着发展时间短的企业,在创新中面临巨大的资金缺口,更珍惜政府的科技资助,并充分发挥出创新潜力,这一发现与 Massimo 等(2008)以1994—2003 年意大利的 550 家高科技企业为样本的实证研究结论不谋而合,而本书以发展中国家为研究背景,增强了这一结论的普适性。最后,本书还发现了企业研发基础的正向调节机制,即研发基础越强的企业,政府科技资助的作用越好,这说明企业研发人数的规模必须足以支持研发活动,并帮助其更好的实现创新收益时,政府科技资助才能发挥更好的效果,这同梁莱歆和曹钦润(2010)、邹彩芬(2013)等人分别以上市公司为研究样本得出的结论相似。本书以非上市公司为样本,采用同一套数据,从企业内部因素出发,分别发现了上述调节机制,不仅提高了这些研究结论的说服力,更细化和丰富地揭示出政府资助发挥作用的复杂因素系统。

创新点三:样本选择更合理,研究方法更严谨,研究结论更有说服力。首先,以往研究的样本代表性有限,不论是来自上市公司(李玲、陶厚永,2013;王红建等,2015),还是中国工业数据库(杨洋等,2015;肖文、林高榜,2014),都不能充分反映我国企业的整体特征,只能代表已取得较好经营绩效或者规模已达到一定程度的企业,而本书选用了大量非上市企业为研究样本,小型和小微型企业占过半比重,经营水平良莠不齐,虽然张江园区在地域上有一定的特殊性,且企业数据是非公开性的,有较高的保密性要求,使用时效受到限制,但相比上市公司或中国工业数据库而言,本书的企业样本在整体结构上有更好的代表性,研究结论的说服力也更强。其次,本书采用PSM法,在样本匹配的基础上就政府资助对企业创新的互补效应进行了更加严谨的分析。与传统处理政府资助内生性问题的方法不同,倾向值匹配能提高受资助企业和不受资助企业的可匹配性,从而实现在"准实验"的状态下,尽可能地控制影响企业创新水平的其他因素,能更加科学和针对性地考察政府科技资助的作用效果和影响机制,并再次验证了政府资助对企业创新具有杠杆效应的研究结论。

创新点四:从企业微观层面和衡量企业创新水平的多样化上丰富了政府科技资助效果的实证研究。一方面,以往本土研究大多使用省级或行业层面的数据,从宏观层面展开分析,而基于企业微观个体的考察相对不足。企业是技术创新的主体,宏观层面的研究无法排除高校、科研机构的创新贡献,以及由于创新溢出导致行业间的相互影响。本书以企业个体为样本,进一步丰富了国内该学术领域微观视角的经验证据。另一方面,已有研究更多关注政府科技资助对企业创新投入(尤其是企业 R&D 投入)的影响,但研发投入是创新活动的初始阶段,不能完全代表创新水平和能力,并且科技资助能否通过企业研发投入来影响创新产出,这才更能进一步地体现科技资助的作用效果,本书选用企业专利成果来衡量创新水平,能更有针对性地分析政府资助对企业创新产出的影响。

最后,本书对国内外财政科技政策进行了系统和深入的对比研究,在此基础上,为上海更好地通过地方科技政策推动区域在科技创新、成果转化与产业转型发展方面提供建议。

8.3 研究局限与展望

受笔者学术水平和数据样本的限制,本书仍存在一些不足和局限性,并有待未来进一步深入地探讨和完善。

第一,没有细化和讨论科技资助的不同方式对企业创新产生影响的差异性。如事前补贴和事后资助、补贴设备或补贴人员、政府采购合同和市场推广资助等补贴方式利弊各异,对企业的作用效果亦有不同。而且,张江园区内涉及的科技资助政策形式多样,种类繁多,不免有重复设置、过度补贴的嫌疑,非常有必要进行系统分类与对比研究。

此外，不同地区政府的资助动机存在差异，本书只能证明上海政府科技资助的动机主要体现"扶优扶强"，并不代表其他地区的政府资助也出于同样目的。本书所收集的数据仅包括上海地方政府给予企业的科技资助总额，没有细分不同的资助项目和类型，也没有其他省市地区的政府资助数据和企业信息，故无法深入探讨不同资助政策的效果和不同层面与地区政府机构资助动机的差异性。如果有条件扩大企业样本的地区范围，收集不同资助项目的金额数据，就能便于开展分类和对比研究，甚至在政府科技资助目标差异性的视角下，考察不同层面和不同地区科技资助的作用效果，就能为科技政策的制定与完善提供更有价值的决策依据，从而优化科技补贴的政策设计和资源配置。

第二，只考察了企业所有制性质在政府资助发挥创新激励中的作用，而没有细化分析所有权结构的影响。技术创新的决策过程是企业所有者和经营者进行协商的结果，企业的所有权结构和性质影响着企业技术创新的动力和决策。企业的创新决策主要由公司董事会讨论制定，经营管理者负责具体实施，因此，企业的治理结构作为一种制度安排，无疑会影响到利益相关者的创新决策和创新行为。未来研究可以从股权集中度、政府持股、高管层持股、机构持股、家族持股及其比重等多个方面同时分析政府资助产生创新激励效应的条件和机制。

第三，对政府科技资助影响企业创新的作用过程和内部机理的研究不足。本书从企业异质性视角，虽然发现了许多影响政府科技资助杠杆效应的调节机制，但缺少对中间过程作用路径的深入剖析。科技资助对企业创新水平的作用机理非常复杂，例如，既可以通过向外界传递有利信号以吸引外部投资人进而加大创新投入（邹彩芬等，2013；Kleer，2010），又可以通过降低企业的感知风险和资金风险来增强其创新动力（廖信林等，2013；刘虹等，2012），还有可能会纵容企业向外购买技术而降低自身对创新的努力程度（郑世林，2013），因此，各路径之间的关系仍是一个"谜团"，而大量关于政府资助对企业创新的实证研究仍停留在对科技资助效果的分析，对其中的影响机理和传导机制的考察非常有限，这更有待在今后对此给予更多关注并开展系统和深入的研究。

第四,对政府科技资助长期影响的动态研究还有待加强。本书采用了2006—2009年4年的企业数据,相较于在1年或者2年的周期中观察政府资助的作用已经有了较大进步,但仍然无法对政府资助的长期影响进行追踪式研究。创新是一个持续投入和不断积累的复杂过程,未来的研究应更加重视对政府科技资助对企业创新水平甚至竞争能力提升的长期影响。

第五,在研究设计上,数据并非最新,创新水平的测量比较单一。本书采用了2006—2009年张江园区的企业样本,由于是来自政府的非公开数据,对数据的保密性有严格的要求,因此影响了数据的使用时效,但相比中国上市公司或中国工业数据库,本书采用的样本在企业性质、规模、年龄等方面代表性较强。此外,本书选择了经常使用的专利数据来衡量企业创新水平,而没有同时采用新产品产值或新产品销售等更能体现其技术成果转化和产业化的指标。专利成果往往是企业从创新投入到创新产出的一个中间过程,并且受行业特点所限,许多企业只有软件著作权或者产品设计图等,故专利数量无法完全代表其创新水平和成效。未来的研究需要探讨政府资助对企业不同方面的创新影响,从而发现在企业创新过程中科技政策发挥作用的环节和关键点。

参 考 文 献

[1] 安同良,施浩,Alcorta Ludovico.中国制造业企业R&D行为模式的观测与实证——基于江苏省制造业企业问卷调查的实证分析[J].经济研究,2006,(2):21-30.

[2] 安同良,周绍东,皮建才.R&D补贴对中国企业自主创新的激励效应[J].经济研究,2009,(10):87-98.

[3] 白俊红.企业规模、市场结构与创新效率——来自高技术产业的经验证据[J].中国经济问题,2011,(5):65-78.

[4] 白俊红.中国的政府R&D资助有效吗?——来自大中型工业企业的经验证据[J].经济学(季刊),2011,(4):1375-1400.

[5] 曹建海,邓菁.补贴预期、模式选择与创新激励效果——来自战略性新兴产业的经验证据[J].经济管理,2014,(8):21-30.

[6] 曹裕,陈晓红,万光羽.基于企业生命周期的上市公司融资结构研究[J].中国管理科学,2009,(3):150-158.

[7] 陈林,朱卫平.出口退税和创新补贴政策效应研究[J].经济研究,2008,(11):74-87.

[8] 程聪,曹烈冰,张颖,等.中小企业渐进式创新影响因素结构分析——资源基础还是能力制胜?[J]科学学研究,2014,32(9):1415-1422.

[9] 程华,赵祥,杨华,等.政府科技资助对我国大中型工业企业R&D产出的影响——基于省际面板数据的研究[J].科学学与科学技术管理,2008,(2):24-27.

[10] 程华,赵祥.政府科技资助对企业R&D产出的影响——基于我国大中型工业企业的实证研究[J].科学学研究,2008,(3):519-525.

[11] 程华.外部性、技术创新与政府作用[J].经济问题探索,2000,(8):67-69.

[12] 德姆塞茨.企业经济学.中国社会科学出版社,1999:2-8.

[13] 董红星.公司治理与技术创新:一个文献综述[J].科技进步与对策,2010,(12):

157-160.

[14] 董晓庆,赵坚,袁朋伟.国有企业创新效率损失研究[J].中国工业经济,2014,(2):97-108.

[15] 凤进,韦小柯.西方企业生命周期模型比较[J].商业研究,2003,(7):179-181.

[16] 傅利平,李小静.政府补贴在企业创新过程的信号传递效应分析——基于战略性新兴产业上市公司面板数据[J].系统工程,2014,(11):50-58.

[17] 高良谋,李宇.企业规模与技术创新倒U关系的形成机制与动态拓展[J].管理世界,2009,(8):113-123.

[18] 郭兵,罗守贵.地方政府财政科技资助是否激励了企业的科技创新?——来自上海企业数据的经验研究[J].上海经济研究,2015,(4):70-86.

[19] 郭晓丹,宋维佳.战略性新兴产业的进入时机选择:领军还是跟进[J].中国工业经济,2011,(5):119-128.

[20] 贺小刚,连燕玲,李婧,等.家族控制中的亲缘效应分析与检验[J].中国工业经济,2010,(1):135-146.

[21] 胡洁,胡颖.上市公司股权结构与公司绩效关系的实证分析[J].管理世界,2006,(3):142-143.

[22] 胡明勇,周寄中.政府资助对技术创新的作用:理论分析与政策工具选择[J].科研管理,2001,(1):31-36.

[23] 胡一帆,宋敏,张俊喜.竞争、产权、公司治理三大理论的相对重要性及交互关系[J].经济研究,2005,(9):44-57.

[24] 胡永健,周寄中.政府直接资助强度与企业技术创新投入的关系研究[J].中国软科学,2008,(11):141-148.

[25] 黄擎明,蔡宁.论企业家技术创新的行为[J].科研管理,1994,(3):28-33.

[26] 黄速建,余菁.国有企业的性质、目标与社会责任[J].中国工业经济,2006,(2):68-76.

[27] 贾戎.创新的贸易利益与企业异质性研究综述[J].经营与管理,2013,(2):72-75.

[28] 姜宁,黄万.政府补贴对企业R&D投入的影响——基于我国高技术产业的实证研究[J].科学学与科学技术管理,2010,(7):28-33.

[29] 解维敏,唐清泉,陆姗姗.政府R&D资助,企业R&D支出与自主创新——来自中国上市公司的经验证据[J].金融研究,2009,(6):86-99.

[30] 李春涛,宋敏.中国制造业企业的创新活动:所有制和CEO激励的作用[J].经济

研究,2010,(5):55-67.

[31] 李玲,陶厚永.纵容之手、引导之手与企业自主创新——基于股权性质分组的经验证据[J].南开管理评论,2013,(3):69-79.

[32] 李云鹤,李湛,唐松莲.企业生命周期、公司治理与公司资本配置效率[J].南开管理评论,2011,14(3):110-121.

[33] 李卓,宋玉.股利政策、盈余持续性与信号显示[J].南开管理评论,2007,10(1):70-80.

[34] 连燕玲,贺小刚,张远飞,等.危机冲击、大股东"管家角色"与企业绩效——基于中国上市公司的实证分析[J].管理世界,2012,(9):142-155.

[35] 梁莱歆,曹钦润.研发人员及其变动与企业R&D支出——基于我国上市公司的经验证据[J].研究与发展管理,2010,22(1):98-105.

[36] 廖信林,顾炜宇,王立勇.政府R&D资助效果、影响因素与资助对象选择——基于促进企业R&D投入的视角[J].中国工业经济,2013,(11):148-160.

[37] 林浚清,黄祖辉,孙永祥.高管团队内薪酬差距、公司绩效和治理结构[J].经济研究,2003,(4):31-40.

[38] 刘虹,肖美凤,唐清泉.R&D补贴对企业R&D支出的激励与挤出效应——基于中国上市公司数据的实证分析[J].经济管理,2012,(4):19-28.

[39] 刘楠,杜跃平.政府补贴方式选择对企业研发创新的激励效应研究[J].科技进步与对策,2005,(11):18-19.

[40] 刘瑞明,石磊.国有企业的双重效率损失与经济增长[J].经济研究,2010,(1):127-137.

[41] 刘运国,刘雯.我国上市公司的高管任期与R&D支出[J].管理世界,2007,(1):128-136.

[42] 柳剑平,郑绪涛,喻美辞.税收、补贴与R&D溢出效应分析[J].数量经济技术经济研究,2005,(12):81-90.

[43] 陆国庆,王舟,张春宇.中国战略性新兴产业政府创新补贴的绩效研究[J].经济研究,2014,(07):44-55.

[44] 罗辉道,项保华.资源概念与分类研究[J].科研管理,2005,26(4):99-104.

[45] 吕久琴,郁丹丹.政府科研创新补助与企业研发投入:挤出、替代还是激励?[J].中国科技论坛,2011,(8):21-28.

[46] 马可-斯达德勒.信息经济学引论[M].上海:上海财经大学出版社,2004.

[47] 孟繁森.国家资助中小企业技术创新项目申报程序及案例分析[M].北京:经济

科学出版,2008.

[48] 潘红波,余明桂.支持之手、掠夺之手与异地并购[J].经济研究,2011,(9):108-120.

[49] 钱昇,武健.政府补贴对知识溢出条件下竞争企业R&D合作收益的影响[J].东岳论丛,2007,(6):165-169.

[50] 秦雪征,尹志锋,周建波,等.国家科技计划与中小型企业创新:基于匹配模型的分析[J].管理世界,2012,(4):70-81.

[51] 邵敏,包群.地方政府补贴企业行为分析:扶持强者还是保护弱者?[J].世界经济文汇,2011,(1):56-72.

[52] 孙晓峰.研究与开发活动中的财政支持[J].经济学家,2005,(4):96-101.

[53] 唐清泉,卢珊珊,李懿东.企业成为创新主体与R&D补贴的政府角色定位[J].中国软科学,2008,(6):88-98.

[54] 唐清泉,罗党论.政府补贴动机及其效果的实证研究——来自中国上市公司的经验证据[J].金融研究,2007,(6):149-163.

[55] 汪秋明,韩庆潇,杨晨.战略性新兴产业中的政府补贴与企业行为——基于政府规制下的动态博弈分析视角[J].财经研究,2014,(7):43-53.

[56] 王昌林,蒲勇健.公司治理、技术创新路径与产业专业化[J].管理工程学报,2005,(3):10-14.

[57] 王红建,李青原,刘放.政府补贴:救急还是救穷——来自亏损类公司样本的经验证据[J].南开管理评论,2015,(5):42-53.

[58] 王家庭,赵亮.我国上市公司的融资约束及其影响因素的实证分析[J].产业经济研究,2010,(3):77-84.

[59] 王菁,程博,孙元欣.期望绩效反馈效果对企业研发和慈善捐赠行为的影响[J].管理世界,2014,(8):115-133.

[60] 王俊.R&D补贴对企业R&D投入及创新产出影响的实证研究[J].科学学研究,2010,(9):1368-1374.

[61] 王文华,张卓,季小立.高管持股与研发投资:利益趋同效应还是管理防御效应?——基于高新技术上市公司的实证研究[J].研究与发展管理,2014,26(4):23-31.

[62] 温军,冯根福.异质机构、企业性质与自主创新[J].经济研究,2012,(3):53-64.

[63] 温忠麟,张雷,侯杰泰,等.中介效应检验程序及其应用[J].心理学报,2004,36(5):614-620.

[64] 文芳.企业生命周期对R&D投资影响的实证研究[J].经济经纬,2009,(6):86-89.

[65] 吴超鹏,吴世农,程静雅,等.风险投资对上市公司投融资行为影响的实证研究[J].经济研究,2012,(1):105-119.

[66] 吴晓园,钟俊娟.政府补贴与企业技术创新:文献综述[J].科技和产业,2010,(12):45-48.

[67] 吴延兵.国有企业双重效率损失研究[J].经济研究,2012,(3):15-27.

[68] 肖丁丁,朱桂龙,王静.政府科技投入对企业R&D支出影响的再审视——基于分位数回归的实证研究[J].研究与发展管理,2013,(3):25-32.

[69] 肖文,林高榜.政府支持、研发管理与技术创新效率——基于中国工业行业的实证分析[J].管理世界,2014,(4):71-80.

[70] 徐传谌,闫俊伍.国有企业委托代理问题研究[J].经济纵横,2011,(1):92-95.

[71] 许国艺,史永,杨德伟.政府研发补贴的政策促进效应研究[J].软科学,2014,(9):30-34.

[72] 许治,师萍.政府科技投入对企业R&D支出影响的实证分析[J].研究与发展管理,2005,(3):22-26.

[73] 杨华,程华.政府科技投入对企业R&D支出影响的实证分析[J].经济论坛,2008,(1):4-6.

[74] 杨洋,魏江,罗来军.谁在利用政府补贴进行创新?——所有制和要素市场扭曲的联合调解效应[J].管理世界,2015,(1):75-85.

[75] 杨卓尔,高山行,江旭.原始创新的资源基础及其对企业竞争力的影响研究[J].管理评论,2014,26(7):72-81.

[76] 易靖韬,张修平,王化成.企业异质性、高管过度自信与企业创新绩效[J].南开管理评论,2015,(6):101-112.

[77] 翟海燕,董静,汪江平.政府科技资助对企业研发投入的影响_省略_Heckman样本选择模型的研究[J].研究与发展管理,2015,(10):34-43.

[78] 张东红,殷龙,仲健心.政府研发投入对企业研发投入的互补与替代效应研究[J].科技进步与对策,2009,(17):4-8.

[79] 张海洋,史晋川.中国省际工业新产品技术效率研究[J].经济研究,2011,(1):83-96.

[80] 张继良,李琳琳.R&D资助差异与企业技术创新阶段的关系研究[J].科学学研究,2014,32(11).

[81] 张维迎. 企业理论与中国企业改革[M]. 北京:北京大学出版,1999.

[82] 张兴龙,沈坤荣,李萌. 政府 R&D 补助方式如何影响企业 R&D 投入?——来自 A 股医药制造业上市公司的证据[J]. 产业经济研究,2014,(5):53-62.

[83] 张宗益,陈龙. 政府补贴对我国战略性新兴产业内部 R&D 投入影响的实证研究[J]. 技术经济,2013,32(6):15-20.

[84] 赵璨,王竹泉,杨德明,等. 企业迎合行为与政府补贴绩效研究——基于企业不同盈利状况的分析[J]. 中国工业经济,2015,(7):130-145.

[85] 郑绪涛. 公共研发政策对私人 R&D 活动的作用:基于中国高科技产业 1995—2006 年的实证分析[J]. 中国科技论坛,2009,(3):29-33.

[86] 周刚,姜彦福,雷家骕. 公司治理理论动态及研究综述[J]. 经济学动态,2000,(8):70-72.

[87] 周黎安,罗凯. 企业规模与创新:来自中国省级水平的经验证据[J]. 经济学:季刊,2005,(2):623-638.

[88] 朱平芳,徐伟民. 政府的科技激励政策对大中型工业企业 R&D 投入及其专利产出的影响——上海市的实证研究[J]. 经济研究,2003,(6):45-53.

[89] 邹彩芬,刘双,王丽,等. 政府 R&D 补贴、企业研发实力及其行为效果研究[J]. 工业技术经济,2013,(10):117-125.

[90] Acs Z J, Anselin L, Varga A. Patents and innovation counts as measures of regional production of new knowledge[J]. Research Policy,2002,31(7):1069-1085.

[91] Aerts K, Schmidt T. Two for the price of one?:Additionality effects of R&D subsidies:A comparison between Flanders and Germany[J]. Research Policy,2008,37(5):806-822.

[92] Aerts K, Thorwarth S. Additionality effects of public R&D funding[R]. FBE Research Report MSI_0811,2008:1-19.

[93] Aggarwal R, Cao J, Chen F. Information Environment, Dividend Changes, and Signaling:Evidence from ADR Firms[J]. Contemporary Accounting Research,2012,29(2):403-431.

[94] Aghion P, Zingales L. Innovation and Institutional Ownership[J]. American Economic Review,2013,103(1):277-304.

[95] 95Akerof B G. The Market for Lemons:Quality Uncertainty and the Market Mechanisms. The Quarterly,1970.

[96] Ali-Yrkkö J. Impact of public R&D financing on private R&D: Does financial constraint matter? . ETLA Discussion Papers[D]. Finland: The Research Institute of the Finnish Economy (ETLA),2004.

[97] Almus M, Czarnitzki D. The effects of public R&D subsidies on firms' innovation activities: the case of Eastern Germany[J]. *Journal of Business & Economic Statistics*, 2003,21(2):226-236.

[98] Angrist J D. Estimating the Labor Market Impact of Voluntary Military Service Using Social Security Data on Military Applicants[J]. *Econometrica*, 1995,66(66):249-288.

[99] Arrow K J. The economic implications of learning by doing[J]. *The Review of Economic Studies*, 1962,29(3):155-173.

[100] Aschhoff B. The effect of subsidies on R&D investment and success: do subsidy history and size matter? [N]. *Zew Discussion Papers*,2009.

[101] Badawy M K. Technology Management Education: Alternative Models[J]. *California Management Review*, 1998,40(4):94-116.

[102] Bagwell K, Riordan M H. High and Declining Prices Signal Product Quality [J]. *American Economic Review*, 1991,81(1):224-239.

[103] Bao N, Wang J, Chang L. IBM and the U. S. data processing industry[M]. New York: Praeger. 1983:2939-2944.

[104] Barney J B. Strategic factor markets: expectations, luck, and business strategy [J]. *Management Science*, 1986,32(10):1231-1241.

[105] Barney J B. Firm Resource and Sustained Competitive Advantage[J]. *Journal of Management*, 1991,17(1):99-120.

[106] Barney J B. Is the Resource-Based "View" a Useful Perspective for Strategic Management Research? Yes[J]. *Academy of Management Review*, 2001,26(1):41-56.

[107] Barron D N, West E, Hannan M T. A time to grow and a time to die: Growth and mortality of credit unions in New York City, 1914-1990[J]. *American Journal of Sociology*, 1994,100(2):381-421.

[108] Barry C B, Muscarella C J, Iii J W P, et al. The role of venture capital in the creation of public companies: Evidence from the going-public process [J]. *Journal of Financial Economics*, 1990,27(2):447-471.

[109] Becker B, Hall S G. The determinants of high-tech versus low-tech R&D investment: evidence from testing the pooling assumption [N]. *NIESR Discussion Papers*, 2003.

[110] Becker S O, Ichino A. Estimation of average treatment effects based on propensity scores[J]. *General Information*, 2002,2(4):358-377.

[111] Berger B N, Udell F. The economics of small business nance: The roles of private equity and debt markets in the nancial growth cycle[J]. *Journal of Banking & Finance*, 2010,22(6):613-673.

[112] Bernstein J I. The structure of Canadian inter-industry R&D spillovers, and the rates of return to R&D[J]. *The Journal of Industrial Economics*, 1989,37(37):315-328.

[113] Betz N E, Fitzgerald L F. Individuality and Diversity: Theory and Research in Counseling Psychology [J]. *Annual Review of Psychology*, 1993, 44(1):343-381.

[114] Bhattacharya S. Imperfect Information, dividend policy, and the bird in the hand fallacy[J]. *Bell Journal of Economics*, 1979,10(1):259-270.

[115] Blanes J V, Busom I. Who participates in R&D subsidy programs?: The case of Spanish manufacturing firms[J]. *Research Policy*, 2004,33(10):1459-1476.

[116] Blank D M, Stigler G J. The demand and supply of scientific personnel[M]. New York: National Bureau of Economic Research,1957.

[117] Blundell R, Griffith R, Van Reenen J. Market share, market value and innovation in a panel of British manufacturing firms [J]. *The Review of Economic Studies*, 1999,66(3):529-554.

[118] Boeing P. China's R&D Subsidies-Allocation and Effectiveness[M]. *Social Science Electronic Publishing*, 2015.

[119] Bottazzi L, Rin M D. Venture Capital in Europe and the Financing of Innovative Companies[J]. *Economic Policy*, 2002,17(34):229-270.

[120] Branstetter L, Sakakibara M. Japanese research consortia: a microeconometric analysis of industrial policy[J]. *The Journal of Industrial Economics*, 1998,46(2):207-233.

[121] Busom I. An empirical evaluation of the effects of R&D subsidies [J]. *Economics of Innovation and New Technology*, 2000,9(2):111-148.

[122] Carman J M, Dominguez L V. Organizational transformations in transition economies: Hypotheses[J]. *Journal of Macromarketing*, 2001, 21(2): 164-180.

[123] Carmichael J. The Effects of Mission-Oriented Public R&D Spending on Private Industry[J]. *The Journal of Finance*, 1981, 36(3): 617-627.

[124] Carpenter R E, Petersen B C. Capital Market Imperfections, High-Tech Investment, and New Equity Financing[J]. *Economic Journal*, 2002, 112(477): 54.

[125] Carpenter R E, Petersen B C. Is the Growth of Small Firms Constrained by Internal Finance? [J]. *Review of Economics & Statistics*, 2006, 84(2): 298-309.

[126] Cassiman B, Veugelers R. Complementarity in the innovation strategy: Internal R&D, cooperation in R&D and external technology acquisition[N]. *Mimeo Dtew & Cepr Discussion Paper*, 2002.

[127] Catozzella A, Vivarelli M. The possible adverse impact of innovation subsidies: some evidence from Italy[J]. *International Entrepreneurship & Management Journal*, 2014, 2014: 1-18.

[128] Choi S B, Lee S H, Williams C. Ownership and firm innovation in a transition economy: Evidence from China[J]. *Research Policy*, 2011, 40(3): 441-452.

[129] Cincera, Kempen M, Pottelsberghe L V, et al. Productivity growth, R&D and the role of international collaborative agreements: some evidence from Belgian manufacturing companies[J]. *Kul & Ulb Mimeo*, 2003, 46(3): 107-140.

[130] Clarysse B, Wright M, Mustar P. Behavioural additionality of R&D subsidies: A learning perspective[J]. *Research Policy*, 2009, 38(10): 1517-1533.

[131] Clausen T H. Do subsidies have positive impacts on R&D and innovation activities at the firm level? [J]. *Structural Change and Economic Dynamics*, 2009, 20(4): 239-253.

[132] Coase R H. The Nature of the Firm[J]. *Economica*, 1937, 4(16): 386-405.

[133] Cockburn I M, Henderson R M. Absorptive Capacity, Coauthoring Behavior, and the Organization of Research in Drug Discovery[J]. *Journal of Industrial Economics*, 1998, 46(2): 157-182.

[134] Cockburn I M, Henderson R M, Stern S. Untangling the origins of competitive

advantage[J]. *Strategic Management Journal*, 2000,21(10):1123-1145.

[135] Cohen W M, Klepper S. Firm size and the nature of innovation within industries: the case of process and product R&D[J]. *The Review of Economics and Statistics*, 1996,78(2):232-243.

[136] Cohen W M, Nelson R R, Cohen W M, et al. Protecting their intellectual assets: appropriability conditions and why U[M]. *Social Science Electronic Publishing*, 2000.

[137] Coles J L, Daniel N D, Naveen L. Managerial incentives and risk-taking[J]. *Journal of Financial Economics*, 2006,79(2):431-468.

[138] Czarnitzki D, Ebersberger B, Fier A. The relationship between R&D collaboration, subsidies and R&D performance: Empirical evidence from Finland and Germany[J]. *Journal of Applied Econometrics*, 2007,22(7):1347-1366.

[139] Czarnitzki D, Fier A. Do R&D Subsidies Matter? —Evidence for the German Service Sector[J]. *Ssrn Electronic Journal*, volume 2001,28(273):709-751.

[140] Czarnitzki D, Fier A. Do Innovation Subsidies Crowd Out Private Investment? Evidence from the German Service Sector[J]. *Zew Discussion Papers*, 2002,48 (2-04).

[141] Czarnitzki D, Hussinger K. The link between R&D subsidies, R&D spending and technological performance[N]. ZEW Discussion Papers,2004.

[142] Czarnitzki D, Kraft K, Thorwarth S. The knowledge production of "R" and "D"[J]. *Zew Discussion Papers*, 2009,(105):141-143.

[143] David P A, Hall B H. Heart of darkness: modeling public-private funding interactions inside the R&D black box [J]. *Research Policy*, 2000, 29 (9):1165-1183.

[144] David P A, Hall B H, Toole A A. Is public R&D a complement or substitute for private R&D? A review of the econometric evidence[J]. *Research Policy*, 2000,29(4):497-529.

[145] Demsetz H. The Theory of the Firm Revisited[J]. *Journal of Law Economics & Organization*, 1988,4(1):141-161.

[146] Diamond M. Does Federal Funding "Crowd In" Private Funding of Science? [J]. *Contemporary Economic Policy*, 1999,17(4):423-431.

[147] Dirk C, Georg L. Additionality of public R&D grants in a transition economy:

The case of Eastern Germany[J]. *Economics of Transition*, 2006, 14(1):101-131.

[148] Dodgson M, Rothwell R. The Handbook of Industrial Innovation. *Economic Journal*, 1995, 15(436).

[149] Driscoll J C, Kraay A C. Consistent covariance matrix estimation with spatially dependent panel data[J]. *Review of Economics and Statistics*, 1998, 80(4):549-560.

[150] Duguet E. Are R&D subsidies a substitute or a complement to privately funded R&D? an econometric analysis at the firm level[J]. *Revue Déconomie Politique*, 2004, 114(2):245-274.

[151] Fagerberg J, Mowery D, Nelson R. Handbook of Innovation[M]. Oxford: Oxford University Press, 2004.

[152] Feldman M P, Kelley M R. Leveraging research and development: Assessing the impact of the US Advanced Technology Program[J]. *Small Business Economics*, 2003, 20(2):153-165.

[153] Feldman M P, Kelley M R. The ex ante assessment of knowledge spillovers: Government R&D policy, economic incentives and private firm behavior[J]. *Research Policy*, 2006, 35(10):1509-1521.

[154] Frye T, Shleifer A. The Invisible Hand and the Grabbing Hand[J]. *American Economic Review*, 1997, 87(2):354-358.

[155] Gayle P G. Market concentration and innovation: new empirical evidence on the Schumpeterian hypothesis[J]. *University of Colorado at Boulder: Unpublished Paper*, 2001.

[156] González X, Pazó C. Do public subsidies stimulate private R&D spending?[J]. *Research Policy*, 2008, 37(3):371-389.

[157] Goolsbee A. Does Government R&D Policy Mainly Benefit Scientists and Engineers?[D]. *American Economic Review*, 1998, 88(88):298-302.

[158] Görg H, Strobl E. The effect of R&D subsidies on private R&D[J]. *Economica*, 2007, 74(294):215-234.

[159] Grant R M. The Resource-Based Theory of Competitive Advantage: Implications for Strategy Formulation[J]. *Social Science Electronic Publishing*, 1991, 33(3):3-23.

[160] Greve H R. A behavioral theory of R&D expenditures and innovations: Evidence from shipbuilding[J]. *Academy of Management Journal*, 2003, 46(6):685-702.

[161] Greve H R. A behavioral theory of firm growth: Sequential attention to size and performance goals[J]. *Academy of Management Journal*, 2008, 51(3): 476-494.

[162] Griliches Z. R&D and productivity: the econometric evidence[M]. Chicago: University of Chicago Press, 2007.

[163] Guellec D. From R&D to Productivity Growth: Do The Institutional Setting and The Source of Funds of R&D Matter?[J]. *Oxford Bulletin of Economics & Statistics*, 2003, 66(3):353-378.

[164] Guellec D, van Pottelsberghe De La Potterie B. Applications, grants and the value of patent[J]. *Economics Letters*, 2000, 69(1):109-114.

[165] Hall B H. The Financing of Research and Development[J]. *Oxford Review of Economic Policy*, 2002, 18(1):35-51.

[166] Hall B H, Maffioli A. Evaluating the impact of technology development funds in emerging economies: evidence from Latin America[J]. *The European Journal of Development Research*, 2008, 20(2):172-198.

[167] Hall L A, Bagchi-Sen S. A Study of R&D, Innovation, and Business Performance in the Canadian Biotechnology Industry[J]. *Technovation*, 2002, 22(4):231-244.

[168] Hanel P, de Recherche Sur La Science Et La Technologie C I. Impact of Government Support Programs on Innovation by Canadian Manufacturing Firms. Centre interuniversitaire de recherche sur la science et la technologie, 2003.

[169] Hay J R, Shleifer A, Vishny R W. Toward a theory of legal reform[J]. *European Economic Review*, 1996, 40(5):559-567.

[170] Heckman J J. Sample selection bias as a specification error[J]. *Applied Econometrics*, 2013, 31(1):129-137.

[171] Helfat C E. Evolutionary Trajectories in Petroleum Firm R&D[J]. *Management Science*, 1994, 40(12):1720-1747.

[172] Hewitt-Dundas N, Roper S. Output additionality of public support for

innovation: evidence for Irish manufacturing plants[J]. *European Planning Studies*, 2010,18(1):107-122.

[173] Higgins R S. Federal support of technological growth in industry: some evidence of crowding out[J]. *Engineering Management, IEEE Transactions On Engineering Management*, 1981,28(4):86-88.

[174] Holemans B, Sleuwaegen L. Innovation expenditures and the role of government in Belgium[J]. *Research Policy*, 1988,17(6):375-379.

[175] Hu A G. Ownership, Government R&D, Private R&D, and Productivity in Chinese Industry [J]. *Journal of Comparative Economics*, 2001, 29(1):136-157.

[176] Humphrey J, Schmitz H. How does insertion in global value chains affect upgrading in industrial clusters? [J]. *Regional Studies*, 2002, 36(9):1017-1027.

[177] Hussinger K. R&D and subsidies at the firm level: An application of parametric and semiparametric two-step selection models [J]. *Journal of Applied Econometrics*, 2008,23(6):729-747.

[178] Irwin D A, Klenow P J. High-tech R&D subsidies Estimating the effects of Sematech[J]. *Journal of International Economics*, 1996,40(3):323-344.

[179] Jaffe A B, Trajtenberg M. Patents, citations, and innovations: A window on the knowledge economy[M]. MIT press,2002.

[180] Jensen M C, Meckling W H. Theory of the firm: Managerial behavior, agency costs and ownership structure[J]. *Ssrn Electronic Journal*, 1976,3(76):305-360.

[181] Kim B, Oh H. An effective R&D performance measurement system: survey of Korean R&D researchers[J]. *Omega*, 2002,30(1):19-31.

[182] Kim D J, Kogut B. Technological Platforms and Diversification [J]. *Organizationence*, 1996,7(3):283-301.

[183] Kleer R. Government R&D subsidies as a signal for private investors[J]. *Research Policy*, 2010,39(10):1361-1374.

[184] Klepper S, Cohen W M. A Reprise of Size and R&D[J]. *Economic Journal*, 1996,106(437):925-951.

[185] Klette T J, MÁ En J. R&D investment responses to R&D subsidies: A

theoretical analysis and a microeconometric study[J]. *World Review of Science, Technology and Sustainable Development*, 2012, 9(2):169-203.

[186] Klette T J, Møen J, Griliches Z. Do subsidies to commercial R&D reduce market failures? Microeconometric evaluation studies[J]. *Research Policy*, 2000, 29(4):471-495.

[187] Klette T J, Møen J. From growth theory to technology policy: coordination problems in theory and practice[M]. Norwegian School of Economics and Business Administration, Department of Economics, 1998.

[188] Klevorick A K, Levin R C, Nelson R R, et al. On the sources and significance of interindustry differences in technological opportunities[J]. *Research Policy*, 1995, 24(2):185-205.

[189] Lach S. Do R&D subsidies stimulate or displace private R&D? Evidence from Israel[J]. *The Journal of Industrial Economics*, 2002, 50(4):369-390.

[190] Lane P J, Pathak S. The reification of absorptive capacity: a critical review and rejuvenation of the construct[J]. *Academy of Management Review*, 2006, 31(31):833-863.

[191] Lee C Y. The differential effects of public R&D support on firm R&D: Theory and evidence from multi-country data[J]. *Technovation*, 2011, 31(31):256-269.

[192] Lee M, Hwang I J. Determinants of corporate R&D investment: an empirical study comparing Korea's IT industry with its non-IT industry[J]. *ETRI Journal*, 2003, 25(4):258-265.

[193] Lee P M, O'Neill H M. Ownership structures and R&D investments of US and Japanese firms: Agency and stewardship perspectives[J]. *Academy of Management Journal*, 2003, 46(2):212-225.

[194] Lee R P, Chen Q. The Immediate Impact of New Product Introductions on Stock Price: The Role of Firm Resources and Size *[J]. *Journal of Product Innovation Management*, 2009, 26(1):97-107.

[195] Lerner J. The government as venture capitalist: the long-run impact of the SBIR program[J]. *The Journal of Private Equity*, 2000, 3(2):55-78.

[196] Levin R, Reiss P C. Tests of a Schumpeterian model of R&D and market structure. R&D, Patents, and Productivity[M]. Chicago: University of

Chicago Press, 1984:175-208.

[197] Levy D M, Terleckyj N E. Effects of Government R&D on Private R&D Investment and Productivity: A Macroeconomic Analysis[J]. *Bell Journal of Economics*, 1983,14(2):551-561.

[198] Liang X, Lu X, Wang L. Outward internationalization of private enterprises in China: The effect of competitive advantages and disadvantages compared to home market rivals[J]. *Journal of World Business*, 2012,47(1):134-144.

[199] Lichtenberg F R. The relationship between federal contract R&D and company R&D[J]. *The American Economic Review*, 1984,74(2):73-78.

[200] Lichtenberg F R. The effect of government funding on private industrial research and development: a re-assessment[J]. *The Journal of Industrial Economics*, 1987,36(1):97-104.

[201] Lichtenberg F R. The private R&D investment response to federal design and technical competitions[J]. *The American Economic Review*, 1988,78(3):550-559.

[202] Lin C, Lin P, Song F M, et al. Managerial incentives, CEO characteristics and corporate innovation in China's private sector[J]. *Journal of Comparative Economics*, 2011,39(2):176-190.

[203] Lin J Y, Tan G. Policy burdens, accountability, and the soft budget constraint [J]. *American Economic Review*, 1999,89(2):426-431.

[204] Link A N. An analysis of the composition of R&D spending[J]. *Southern Economic Journal*, 1982,49(2):342-349.

[205] Lucas R E. Adjustment Costs and the Theory of Supply[J]. *Journal of Political Economy*, 1967,75(4Part1):321.

[206] Luo Y, Zhao H, Wang Y, et al. Venturing Abroad by Emerging Market Enterprises[J]. *Management International Review*, 2011,51(4):433-459.

[207] Mailath G J, Okuno-Fujiwara M, Postlewaite A. Belief-Based Refinements in Signalling Games[J]. *Journal of Economic Theory*, 1993,60(60):241-276.

[208] Mamuneas T P, Nadiri M I. Public R&D policies and cost behavior of the US manufacturing industries[J]. *Journal of Public Economics*, 1996,63(1):57-81.

[209] Manso G. Motivating Innovation[J]. *Social Science Electronic Publishing*, 2011,66(5):1823-1860.

[210] Meuleman M, Maeseneire W D. Do R&D subsidies affect SMEs' access to

external financing? [J]. Research Policy, 2012, 41(3):580-591.

[211] Miller D, Friesen P H. A Longitudinal Study of the Corporate Life Cycle[J]. Management Science, 1984, 30(10):1161-1183.

[212] Miller D, Shamsie J. The Resource-Based View of the Firm in Two Environments: The Hollywood Film Studios From 1936 to 1965[J]. Academy of Management Journal, 1996, 39(3):519-543.

[213] Miller J S, Wiseman R M, Gomez-Mejia L R. The fit of CEO compensation design and firm risk[J]. Academy of Management Journal, 2002, 45(4).

[214] Myers B S C, Majluf N S. Corporate financing and investment decisions when firms have information that investors do not have[J]. Journal of Financial Economics, 1984, 13(2):187-221.

[215] Nagaoka S, Motohashi K, Goto A. Chapter 25 Patent Statistics as an Innovation Indicator[J]. Handbook of the Economics of Innovation, 2010:1083-1127.

[216] Nelson R R. The Economics of Invention: A Survey of the Literature[J]. Journal of Business, 1959, 32(2):101.

[217] Peng M W. Outside directors and firm performance during institutional transitions[J]. Strategic Management Journal, 2004, 25(5):453-471.

[218] Penrose B E T. The Theory of the Growth[M]. Blackwell, 1959.

[219] Porter M E. The competitive advantage of nations[J]. Competitive Intelligence Review, 1990, 1(1):427.

[220] Potì G C B. The differential impact of privately and publicly funded R&D on R&D investment and innovation: The Italian case[J]. Prometheus, 2012, 30(30):113-149.

[221] Pottelsberghe B V, Capron H, Capron H. Public support to business R&D: an integrated assessment scheme[M]. Ulb Institutional Repository, 1997.

[222] Price L J, Dawar N. The joint effects of brands and warranties in signaling new product quality[J]. Journal of Economic Psychology, 2002, 23(2):165-190.

[223] Riley J G. Silver Signals: Twenty-Five Years of Screening and Signaling[J]. Journal of Economic Literature, 2001, 39(2):432-478.

[224] Rogoff K. Bargaining and International Policy Cooperation[J]. American Economic Review, 1990, 80(80):139-142.

[225] Romer P M. Endogenous technological change[J]. Journal of Political

Economy, 1990,98(5):S71-S102.

[226] Rosenbaum P R, Rubin D B. The central role of the propoensity score in observational studies for causal effects[J]. *Biometrika*, 1983,70(1):41-55.

[227] Ross S A. The Determination of Financial Structure: The Incentive Signalling Approach Bell[J]. *Bell Journal of Economics*, 1977,8(1):23-40.

[228] Rothschild M, Stiglitz J. Equilibrium in Competitive Insurance Markets: An Essay On The Economics of Imperfect Information[J]. *Quarterly Journal of Economics*, 1976,90(4):630-649.

[229] Samuelson P A. The Transfer Problem and Transport Costs, II: Analysis of Trade Impediments[J]. *Economic Journal*, 1954,64(254):264-289.

[230] Say T. Grabbing Lightning-Building a Capability for Breakthrough Innovation [J]. *Research Technology Management*, 2008,51(5):69.

[231] Scott J. Firm versus industry variability in R&D intensity[M]//R & D, patents, and productivity. University of Chicago Press: 1984:233-248.

[232] Skinner D J, Soltes E. What Do Dividends Tell Us about Earnings Quality? [J]. *Review of Accounting Studies*, 2009,16(1):1-28.

[233] Spence M. Job Market Signaling[J]. *Quarterly Journal of Economics*, 1973, 87(3):355-374.

[234] Stam E, Suddle K, Hessels J, et al. High growth entrepreneurs, public policies and economic growth[J]. *International Studies in Entrepreneurship*, 2007:21 (4):91-110.

[235] Stock G N, Greis N P, Fischer W A. Absorptive Capacity and New Product Development[J]. *Journal of High Technology Management Research*, 2001, 12(1):77-91.

[236] Takalo T, Tanayama T. Adverse selection and financing of innovation: is there a need for R&D subsidies? [J]. *The Journal of Technology Transfer*, 2010, 35(1):16-41.

[237] Tassey G. Underinvestment in Public Good Technologies[J]. *Journal of Technology Transfer*, 2005,30(2_2):89-113.

[238] Tsai K H, Wang J C. The Innovation Policy and Performance of Innovation in Taiwan's Technology-Intensive Industries[J]. *Problems & Perspectives in Management*, 2004,2(1):62-91.

[239] Tylecote A, Ramirez P. Corporate governance and innovation: The UK compared with the US and "insider" economies[J]. *Research Policy*, 2006,35(1):160-180.

[240] Veugelers R. Internal R & D expenditures and external technology sourcing[J]. *Research Policy*, 1997,26(3):303-315.

[241] Wallsten S J. The effects of government-industry R&D programs on private R&D: the case of the Small Business Innovation Research program[J]. *RAND Journal of Economics*, 2000,31(1):82-100.

[242] Wang H, Qian C. Corporate philanthropy and corporate financial performance: The roles of stakeholder response and political access[J]. *Academy of Management Journal*, 2011,54(6):1159-1181.

[243] Wernerfelt B. A resource-based view of the firm[J]. *Strategic Management Journal*, 1984,5(5):171-180.

[244] Wernerfelt B. Umbrella Branding as a Signal of New Product Quality: An Example of Signaling by Posting a Bond[J]. *Rand Journal of Economics*, 1988,19(3):458-466.

[245] Wilson R. A Bidding Model of Perfect Competition[J]. *Review of Economic Studies*, 1977,44(44):511-518.

[246] Wolff G B, Reinthaler V. The effectiveness of subsidies revisited: Accounting for wage and employment effects in business R&D[J]. *Research Policy*, 2008,37(8):1403-1412.

[247] Wright P, Awasthi V. The Impact of Corporate Insider, Blockholder, and Institutional Equity Ownership on Firm Risk-Taking[J]. *Academy of Management Journal*, 1996,39(2):441-458.

[248] Wu Y, Popp D, Bretschneider S. The effects of innovation policies on business R&D: A cross-national empirical study[J]. *Economics of Innovation and New Technology*, 2007,16(4):237-253.

[249] Zahra S A, George G. Absorptive Capacity: A Review, Reconceptualization and Extension[J]. *Academy of Management Review*, 2002,27(2):185-203.

[250] Zahra S A, Neubaum D O, Huse M. Entrepreneurship in medium-size companies: Exploring the effects of ownership and governance systems[J]. *Journal of Management*, 2000,26(5):947-976.

[251] Zairi M, Al-Mashari M. The role of benchmarking in best practice management and knowledge sharing[J]. *Journal of Computer Information Systems*, 2005, 45(July):14-31.

[252] Zúñiga Vicente J Á, Alonso Borrego C, Forcadell F J, et al. Assessing the effect of public subsidies on firm R&D investment: a survey[J]. *Journal of Economic Surveys*, 2014, 28(1):36-67.

后　记

本书是对博士论文在反复修改完善的基础上形成的,此刻我内心激动而忐忑,激动的是终于能交出这份答卷,没有愧对导师、家人、同学和朋友的关怀与帮助,也算是对自己所有付出和努力的一份见证;而忐忑的是自身研究水平仍很有限,需要继续锻炼和提升,要在学术道路上不断前行和修炼。在我看来,做研究就是一种修行,要沉下心来,抛开私心杂念,研读真经,不断加深对问题的理解和认识,将混沌的思绪慢慢变得条理清晰,就在似乎顿悟之际,又发现新的不解,于是在模糊和清醒之间徘徊向前,逐渐就提高了修行的功力。

感谢带我进入学术这扇修行之门是我的导师——上海财经大学董静教授。几年来,董老师以全面系统的专业知识和高超深厚的研究水平对我倾囊相授,尤其在论文选题、设计、实施、数据收集和写作过程中更是给予我悉心全面的帮助和指导,每次当我在这条道路上遇到挫折,灰心沮丧的时候,与导师的一次面谈、一个电话、一份邮件顿时就能消除这些负面情绪,然后我又满血复活,鼓足勇气、充满信心、坚定不移地继续学术探索之路。董老师仰之弥高钻之弥深的学术造诣、泰而不骄矜而不争的为人风范、居之不倦行之以忠的敬业精神、博学笃志切问近思的治学态度都成为我治学和做人的典范。非常感谢上天对我的厚待,有幸成为董老师的学生,得到她在学术和生活中的无尽关怀。

感谢我的家人长期以来给予的理解和支持,先生和婆婆主动分担了很多家务,时时包容着我的急躁和坏情绪,那些鼓励和宽慰的话语更让我倍加感动,有了他们做后盾,让我的研究工作没有后顾之忧!

感谢陪我一路走来的同学。谢谢同学王柳娟,怀念和她一起在学校教室、图书馆、食堂和操场度过的美好时光,我们相互开导,相互打气,相互解压,收获了一份难能可贵倍加珍惜的深厚友谊;谢谢同学杨自伟,他给予很多方法上的支持,分享了很多了十分有价值的研究书籍和资料,尤其当我出现学术研究"拖延症"时,总是督促说"不怕慢,就怕站",这句话时刻萦绕在我耳边,提醒我不要停下研究的脚步;感谢同学杨汝梁、何勋、周晔、汪江平、汪立、吴友以及众多同门的兄弟姐妹们给予的帮助和鼓励。

还要感谢给过我宝贵指导和启发的其他老师:上海财经大学的刘伟萍老师、王玉老师、谢家平老师、贺小刚老师、吴隆增老师、关浩光老师、黄旭老师(特聘教授)。最后要感谢上海立信会计金融学院的同事和领导,在教学任务和院系活动的安排上给予了很多的照顾和便利,让我有更多时间和精力专心完成读博和研究。

修行这一路,谢谢有你们的关怀和陪伴,虽然辛苦,但并不孤独!

著　者

2018 年 8 月